KB212662

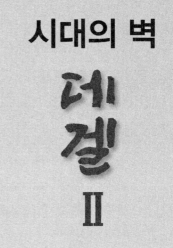

시대의 벽

데겔

II

시대의 벽 데겔 II - 크리스천 전문가의 이슈 꿰뚫어보기

발행일 ㅣ 2023년 1월 10일

엮은이 ㅣ 가스펠투데이 논설위원

발행인 ㅣ 박진석

디자인 ㅣ 김성희

발행처 ㅣ 가스펠투데이

주소 ㅣ 서울시 종로구 대학로 20, 삼우빌딩 402호

등록 ㅣ 제2021-000008호 (2021년)

홈페이지 ㅣ www.gospeltoday.co.kr

이메일 ㅣ adgt@gospeltoday.co.kr

전화 ㅣ 02-742-7447

팩스 ㅣ 02-743-7447

ISBN 979-11-974561-1-4

값 15,000원

데겔칼럼 크리스천 전문가의 이슈 꿰뚫어보기

시대의 벽

데겔

II

가스펠투데이 논설위원

AD
GT 가스펠투데이

호모 사피엔스에서 호모 심비우스로

(From homo sapiens to homo symbious)

이정원 목사(주하늘교회 담임목사)

우리가 살고 있는 세상은 참으로 위험한 세상으로 변질되어 가고 있다. 한국 교회는 그동안 이 세상의 변화를 주도해 왔다. 그러나 한국 교회는 이 세상의 변질에도 한 몫을 감당해 왔음을 부인할 수 없다. 한국 교회가 변질이 아닌 변화를 주도하는 공동체로 다시 서기를 기대하며 이 글을 쓴다.

1. 복음에 대한 바른 이해가 필요하다.

과연 복음이라는 무엇인가? 영국 옥스퍼드 대학에서 박사 학위를 받은 김 근주 박사가 쓴 책이 있다. 〈복음의 공공성〉이라는 책이다. 이 책에서 저자는 "보통 복음이라고 하면 나를 위해 십자가에 달려 돌아가신 예수님이라고 말한다." 그동안 한국 교회 안에 [나를 위해] 라는 말은 정말 단골 멘트였다. 이 말 〈나를 위해, 나의 죄를 청산하시기 위해, 나를 천국 보내시기 위해, 내게 영생 주시기 위해〉 이 말은 맞는 말인가? 틀린 말인가? 틀리지 않는 말이다.

그러나 100% 맞는 말은 아니다. 복음은 나만을 위한 것이 아니기 때문이다. 너를 위해 십자가에 달려 돌아가신 예수님, 이웃을 위해 십자가에 돌아가신 예수님이시다. 우리를 위한 복음이다.

Jim Wallis(짐 월리스)는 그의 저서 〈하나님 편에 서라〉는 책을 통하여 "복음은 결코 사적이지 않다. 예수님은 개인의 속죄만 이루신 분이 아니다"라고 외쳤다. 그가 먼저 쓴 책이 있다. 〈부러진 십자가〉라는 책이다. 이 책에서 저자는 기독교를 공적 영역으로 끌어올리기 위하여 애를 쓰고 있다.

요한복음 1장 29절, "이튿날 요한이 예수께서 자기에게 나아오심을 보고 이르되 보라 세상 죄를 지고 가는 하나님의 어린 양이로다."

우리가 너무나도 잘 아는 요한복음 3장 16절도 보시라.

"하나님이 세상을 이처럼 사랑하사 독생자를 주셨으니 이는 그를 믿는 자마다 멸망하지 않고 영생을 얻게 하려 하심이라."

"세상 죄를 지고 가는 하나님의 어린양, 세상을 이처럼 사랑하사"라고 기록되어 있지 않은가? 그런데 한국 교회가 복음의 공적 능력을 상실하고 말았다.

초대교회 시절, 이스라엘 땅의 신흥 종교이자 유대인들에게는 이단으로 취급받던 초기 기독교가 로마 제국 전역으로 퍼져가며, 수많은 사람들의 복음이 된 것은 당시에 천하고 우둔하고 연약하다는 노예, 여성, 어린이를 품었기 때문이다.

복음은 나만의 복음이 아니다. 복음은 너와 나의 복음, 우리의 복음이다. 이것이 바로 공공의 복음이다. 우리 하나님은 나만 살기를 원하지 않는다. 너도 살기를 원하신다. 아니 우리가 함께 살기를 원하신다.

2. 교회가 변해야 한다.

서울신학대학 최형근 교수는 "한국교회 안에 공적 복음이 살아나지 못하는 이유는 우상숭배 때문이다"라고 말했다. 최 교수는 우상숭배의 범위를 성공 지향적 사고, 권력 집착 행동, 육신의 정욕으로 요약하고 있다. 한마디로 말하면 〈자기중심적 성향〉이라고 꼬집고 있다. 최 교수는 "가장 본질적인 이유는 한국 교회와 그리스도인들이 의식적이건 무의식적이건 기독교 복음의 공적 차원을 사적인 영역으로 끌어내려 자기만족적이며 자기중심적인 인간적 종교로 전락시켰기 때문이다."라고 말한다.

계몽주의와 모더니즘(modernism)으로 인하여 인간의 자유성, 독립성의 추구가 자아를 극대화시켰다. 그리고 그것이 교회로 들어오면서 복음을 사유화했다. 무엇이든지 내 마음대로 되어야 한다. 내 주장대로 되어야 한다. 이것이 가장 무서운 우상숭배이다.

이 단어를 들어보았는가? 중국몽(中国梦, Zhōngguó Mèng 중궈멍, Chinese Dream).

중국의 시진핑 주석은 2012년 11월에 중국 공산당 중앙위원회 총서기로 추대되면서부터 '중국몽'이란 단어를 처음으로 사용했다. 중국몽은 미합중국과의 수평적 관계 형성, 중국식 강대국 외교를 통한 국제 사회에서 중국의 제 위치 찾기, 경제 패권국으로의 발전을 위한 패권국가로서 역할과 정체성 확립 등이 핵심이다. 소위 팍스 시니카(Pax Sinica)다. '중국에 의한 평화'는 라틴어의 뜻으로 중국의 패권에 의해 동아시아에 평화가 오는 것을 의미한다.

중국이 중국몽을 외치고 나오니 미국은 'America first and only America first'를 외치고 있다. 미국의 트럼프 전 대통령은 "make America first again"을 외쳤다. 시진핑이나 트럼프나 잘못된 역사관을 가진 지도자들이다.

그런데 이들에게만 이런 사고가 박힌 것이 아니다. 많은 기독교인들의 사고 속에 이 병든 바이러스가 침투해 있다. 〈오직 나, 내 아이, 내 가족, 내 교회, 내 나라〉 이것은 병이다. 큰 병이다. 무서운 바이러스이다. 이것은 우상숭배이다.

시편 133편 1-3절을 보라.

"보라 형제가 연합하여 동거함이 어찌 그리 선하고 아름다운고! 머리에 있는 보배로운 기름이 수염 곧 아론의 수염에 흘러서 그의 옷깃까지 내림 같고 헐몬의 이슬이 시온의 산들에 내림 같도다. 거기서 여호와께서 복을 명령하셨나니 곧 영생이로다."

하나님은 말씀하신다. "어찌 그리 선하고 아름다운고!" 공동 번역을 보면 "이다지도 좋을까, 이렇게 즐거울까!" NASB 성경에는 "how good and how pleasant, 얼마나 좋고, 얼마나 즐거운 일인가?" 중국만, 미국만 이것은 잘못된 것이다.

이화여대 최재천 교수는 "과거에는 사람을 정의하기를 〈Homo Sapiens, 호모 사피엔스, 현명한 인간〉이라고 정의했다. 그러나 21C, 지금은 인간을 정의하기를 〈Homo symbious, 호모 심비우스, 공생하는 인간〉라고 정의한다"고 말했다. 'From homo sapiens to homo symbious.'

또 다른 표현이 있다. 'Homo Empathicus(호모 엠파티쿠스, 공감형의 인간*empathy)이다. 그렇다. 우리는 사적 복음만 외치는 교회가 되어서는 안 된다. 복음의 공공성을 외치는 교회로 변해야 한다.

어떤 인류학자가 아프리카를 방문했다. 그 학자는 아프리카에서는 거의 볼 수 없는 과일 바구니를 멀리 나무 밑에 놓았다. 그리고 놀고 있는 아이들에게 말했다. "빨리 달려 1등 하는 자에게 이 과일을 다 먹을 기회를 줄 것이다. 달려!"

아프리카 아이들은 "달려"라는 소리를 듣자마자 옆에 있는 다른 아이들과 손을 잡았다. 그리고 외쳤다. "ubuntu, ubuntu, 우분투, 우분투!" 이 말은 남아프리카 줄루족의 인사말이다. "I am because you are. (네가 있기 때문에 내가 있다)." "다른 사람이 슬픈데 어떻게 나 한 사람만 행복해질 수 있나?"

인류학자는 부끄러움과 창피함에 고개를 숙이고 엉엉 울었다고 한다.

3. 세상을 이롭게 해야 한다

생태계에서 생명이 군집을 이루는 방식은 크게 세 가지라고 한다.

첫째, 경쟁(competition)이다. 비슷비슷한 개체들끼리 먹이를 두고 다투고 싸우면서 살아가는 방식이다.

둘째, 포식(predation)이다. 먹고 먹히는 관계이다. 힘이 센 놈이 약한 놈 잡아먹고, 약한 놈은 잡아먹히는 걸 자연의 이치나 운명으로 여기며 사는 군집 내 상호작용의 방식이다.

셋째, 공생(symbiosis)이다. 라틴어 symbious(심비우스)이다.

숭실대 구미정 교수는 그의 책 〈호모 심비우스〉에 이렇게 썼다.

"소위 머리 좋다는 호모 사피엔스(Homo sapiens)가 분리와 단절, 지배와 복종의 세계관을 유포시켜 마침내 천지 만물이 함께 탄식하며 함께 고통을 겪는 지경에 놓이게 되었다면, 이제 온 세상의 구원을 위하여 필요한 세계관은 연결과 소통, 공존과 연대의 그것이 아니겠냐고 부드러운 목소리로 말하고 싶었다. 그런 세계를 꿈꾸며 열어갈 사람은 필경 더불어 삶의 지혜를 아는 신인류, 곧 호모 심비우스(Homo symbious)여야 하리라. 남보다 더 많이 갖고, 더 빨리 성공하고, 더 높이 올라가기 위해서라면 무슨 짓이든 마다 않고 달려드는 하이에나 같은 인간 군상들이 그야말로 홀연히 하늘의 은총을 입어 더불어 살 줄 아는 인간으로 거듭날 때 이 지구는 얼마나 다른 세상이 될 것인가? 소유를 넘어 나눔으로, 지배를 넘어 섬김으로, 그렇게 세상의 흐름에 맞서 사는 새 사람, 호모 심비우스야 말로 성서 기자가 하나님의 형상이라는 말에 담고자 했던 본뜻이 아니었을까?"

그렇다. 하나님이 하나님의 형상을 따라 만든 사람 속에 진정으로 담겨져 있어야 할 것은 호모 심비우스이다. 악어와 물새도 공생하지 않는가? 아프리카의 아카시아와 개미도 공생하지 않는가? 그런데 만물의 영장이 공생하지 못한다는 말은 말이 되지 않는다.

포스트 팬데믹(post pandemic) 시대의 새로운 패러다임이 무엇인지를 분명히 기억해야 한다. 최재천 교수는 "박쥐, 사향고양이, 낙타 등이 우리에게 해를 끼친 것이 아니라, 그 동물들에게 먼저 다가가 동물들 생활을 방해한 인간들이 문제"라고 지적한다. 그는 "인간들이 잘살고 있는 박쥐 서식지를 침범하고, 악어 고기, 얼룩말 고기 심지어 유인원 고기까지 파는 식당이 버젓이 런던 파리 같은 대도시에 자리 잡고 있는 한, 병원균 숙주는 인류에게 뛰어 들어갈 수밖에 없다"고 강조했다.

논어 자로(子路)편에 보면 "군자화이부동 소인동이불화"(君子和而不同 小人同而不和)라는 말이 있다. 군자는 '화'(和)하는 사람이다. 서로 다른 음이 겹쳐져 화음(和音)이 되고 조화(調和)를 이뤄내는 것처럼, 군자는 같지 않다고 해서 잘라내고 쳐 내는 사람이 아니라, 다르지만 조화를 이뤄낼 줄 아는 사람이다. 반면에 소인은 '화'하지 못하는 사람이다. 결국에는 다 같은 것인데도 자꾸만 다르다고 하고, 이편저편을 가르며 불화하는 사람, 그런 사람이 소인이라는 것이다.

우리는 복음을 바로 이해해야 한다. 복음은 우리의 복음이다. 우리 한국 교회는 '나' 라는 우상을 버려야 한다. 우리는 공생해야 한다. 하나님이 만들어 놓은 남녀가 어찌 적이란 말인가? 젊은이와 노인, 가진 자와 못 가진 자, 배운 자와 못 배운 자, 부자와 가난한 자, 힘이 있는 자와 없는 자가 공생해야 한다. 모든 피조 세계와 자연 만물이 공생해야 한다.

목차

2부 ··· 세상을 보는 창

3부 … 한국교회와 새로운 길

1부

언론과 저널리즘

'사'자가 흥행되는 신드롬 시대

박진석

　요즘 핫뉴스로 보도되는 사람들이 있다. 의사, 판사, 검사, 변호사, 도지사, 교사(교수), 형사(경찰) 등이다. 그 중에 목사나 사제도 있다. 공통으로 '사'자를 쓰는 사람들이다. 사법 사상 초유로 대법원장이 사법농단 혐의로 구속되고, 미투 성폭행 직권남용 등으로 검사, 도지사, 목사들이 재판을 받고 있다. 드라마에서도 '사'자 사람들이 판을 치고 있다. 그동안 병원 의사 드라마는 인기 보증수표이다. 자식을 어떻게 해서라도 의사를 시키려는 부모들의 속된 욕망 드라마 '스카이캐슬'은 방송계 신드롬을 만들었다. 지상파가 아닌 종편 드라마인데 엄청난 인기와 수많은 패러디와 성대모사까지 만드는 신드롬을 일으켰다. 여기에 보증수표 드라마가 또 하나 탄생되었다. 최근 몇 년 동안 검사나 변호사를 주인공으로 하는 드라마이다. 드라마 '피고인, 리갈하이, 바벨' 등 검사나 변호사들이 등장하고 있다. 천주교 사제를 주인공으로 하는 '열혈사제' 드라마까지 방영되고 있으니 대부분 영화나 드라마에서 단골 메뉴처럼 '사'자 사람들이 등장하는 추세이다. 그래야 흥행되기 때문이다.

　왜? 이런 신드롬, 증후군이 일어나는가! 국정농단에 대하여 촛불혁명으로 2017년 3월 10일, 헌정사상 대통령을 탄핵인용 하였다. 바로 '법과 정의'에 대한 사회적 인식이 자리 잡고 있다. 법과 앞에 누구나 평등하며 공평한 공공의 사회를 갈망하는 마음들이 뉴스가 되고 드라마가 되어야 흥행된다는 뜻이다. 즉 법과 정의에 대한 소망이 신드롬을 만들고 있다. 이런 신드롬 배경은 '사'자를 쓰는 사람들이 법과 정의를 솔선수범하여 먼저 지키라는 사회적 열망이다. 노블레스 오블리주 정신이다. 이것이 시민사회의 기본이며 근대 자유민주주의의 출발이다. 한국교회도 이것에 예외가 될 수 없다.

그러면 한국교회는 어떤가? 법과 정의에서 보면 참담하기 그지없다. 총회 헌법 권위는 무너진 지 오래이다. 누구도 총회재판을 인정하지 않는다. 지교회나 성도들은 곧바로 패하면 사회법정으로 간다. 그래도 안 되면 용역을 불러 폭력으로 거룩한 예배당을 점거하거나 아니면 돈과 재산나누기 분립을 한다. 그런 교회를 다니고 있는 성도들이 참으로 불쌍하다. 이 모든 책임은 목사 장로 지도자들에게 있다. 먼저 솔선수범할 사람들이 저지른 죄이다. 또한 법과 정의를 다루는 법리 부서 규칙부나 헌법위원회나 총회재판국을 걸레로 만들었다고 헌법 전문가들은 비판한다. 이 법 조항과 저 법 조항이, 헌법과 규칙과 시행 규정이 서로 앞뒤가 맞지 않는다. 더구나 판결 사례가 서로 배치되는 경우가 수두룩하다. 사람마다 회기마다 해석이나 판결이 다르다. 그래서 나온 말이 법과 정의의 재판이 아니라 로비재판, 정치눈치재판, 핫바지재판, ABC도 모르는 깡통재판, 돈재판이라는 속어가 나온 것이다. 그래서 법과 정의가 걸레가 된 것이라 비판한다. 아무리 씻어내도 걸레는 걸레이기 때문이다.

물은 100도가 될 때까지 잠잠하다. 그러나 100도가 되면 무엇으로도 막을 수 없이 끓어오른다. 강제로 막으려하면 결국 터진다. 끓어오르는 것을 힘으로 막으면 물 없는 그릇이 되어 그릇은 새까맣게 타서 종국에는 버리게 된다. 한국교회가 법과 정의를 버리면 생명수가 없는 타버린 처참한 그릇이 된다. 지금 한국교회는 바로 이 지점으로 가고 있다.

모 지상파 방송에서 '해치'라는 드라마가 시작됐다. 해치(해태)는 "옳고 그름이나 선악을 구별하는 신기한 힘을 가지고 있다는 상상의 동물로 중국에서는 이 짐승을 본떠 법관의 관(冠)을 만들었다"고 한다. 법의 본질이 정의로운 심판에 있음을 상징한다는 뜻에서 궁궐 앞에 세워두고 있다. 한국교회가 지금 하나님의 말씀, 성경을 보고 있어도 법과 정의를 볼 수 없다면 경복궁이나 세상 길거리로 나가 돌상이 소리 지르는 '해치'라도 보고 눈과 귀가 열리기를 소망한다. 법과 정의가 하수처럼 흘러 교회가 세상의 희망, 신드롬이 되기를 소망한다.

'손혜원 의혹' 보도와 간음한 여인

이민규

삼성 '에버랜드 땅값' 집중 탐사보도로 역량을 인정받아 언론계에서 각종 상을 휩쓸고 있는 SBS 탐사보도 부서인 '끝까지 판다' 팀이 지난 1월 15일 더불어 민주당 손혜원 의원의 목포 부동산 투기의혹을 처음 제기하면서 손혜원 의원 관련 이슈는 모든 언론의 융단폭격과 함께 보수야당인 자유한국당이 이 사건을 정치적 게이트로 규정하면서 관련 사안은 일파만파 확산되었다. SBS는 첫날 보도에서 '의원님의 수상한 문화재 사랑'이라는 제목으로 손혜원 의원의 부동산 관련 이슈에 초점을 맞추어 집중보도하였다. 이후 SBS의 보도에 대해 반론이 제기되면서 다시 SBS는 '이해충돌 금지' 원칙에 위배된다는 점을 강조하는 프레임으로 선회하였지만 이미 손혜원 의원의 투기 프레임이 정치권까지 확산된 후였다.

SNS 유튜브 까지 가세한 다매체 다채널 시대를 맞아 이전까지 관행적으로 이어온 백화점식 언론보도 틀에서 벗어나 선택과 집중을 통해 의제를 선점하고 자사 보도의 주목도를 높이기 위해 뉴스전달 포맷을 대폭적으로 개편하고 있다. 이 같은 차원에서 탐사보도가 위기의 대안으로 주목을 받고 있다. 하지만 과유불급(過猶不及)이라고 했듯이 이번 '손혜원 의혹' 보도는 내용과 분량 면에서 전체적으로 과했다는 시각이 적지 않다.

지난 1월23일 기자협회보에서 '손혜원 의혹' 보도 관련 1월16일부터 22일까지 조선일보를 비롯한 6개 전국지와 KBS를 포함한 3대 지상파 방송의 손혜원 의혹관련 기사 사설 칼럼과 보도 등을 조사한 결과 신문의 경우 총 138건의 기사와 1면에만 17건의 기사를 쏟아냈다고 조사되었다. 한편 지상파 방송의 메인뉴스는 총 52건의 꼭지를 보도하였다. 예를 들어 조선일보는 관련 보도가 37건에 달했고 그 중에서 1면 톱만 3건, 사설은 5일 연속 게재하였다. 처음 보도한 SBS의 경우는 메인뉴스에 무려 31건의 꼭지를 손혜원 보도에 할애하였다.

 단기간에 개인의 논쟁사안을 가지고 이처럼 많은 보도를 한 것은 이례적이다. 아직까지 뚜렷하게 밝혀진 것이 없는 투기 여부와 이해충돌 소지가 있는 논쟁사안을 마치 비리를 파헤치는 게이트처럼 과열되고 일방적으로 보도하는 것에 대해서 문제가 크다고 보는 시각이 많다. 더욱이 언론의 보도 내용을 살펴보면 본질과 관련 없는 부풀리기식 보도, 투기 의혹을 정해놓고 여론몰이식 보도 관행이 작동했다는 지적이 적지 않다. 사실과 진실에 기반을 두어 공정하고 객관적으로 사안을 보도해야 하지만 마치 전쟁에서 적과 싸워 이겨야 한다는 신념으로 취재원과의 관계를 승패로 규정하고 언론이 꼭 이겨야 한다는 정의감에 휩싸여 감정적 보도가 앞서지 않았나 우리 언론의 보도태도를 되돌아 볼 필요가 있다.

 이번 손혜원 의혹 보도와 관련해서 공인 보도와 관련해 우리사회의 저널리즘의 기본을 다시 한 번 생각하게 하면서 그 해법을 성경에 나타난 예수님의 지혜에서 얻을 수 있다. 요한복음 8장에 간음하다 붙잡혀 예수 앞에 끌려 나온 이야기가 있다. 군중들은 간음한 여인을 보고 "예수께 말하되 선생이여 이 여자가 간음하다가 현장에서 잡혔나이다 모세는 율법에 이러한 여자를 돌로 치라 명하였거니와 선생은 어떻게 말하겠나이까" 이에 예수께서는 "저희가 이렇게 말함은 고소할 조건을 얻고자하여 예수를 시험함이러라 예수께서 몸을 굽히사 손가락으로 땅에 쓰시니 그들이 묻기를 마지 아니하는지라 이에 일어나 이르시되 너희 중에 죄 없는 자가 먼저 돌로 치라 하시고 다시 몸을 굽혀 손가락으로 땅에 쓰시니 그들이 이 말씀을 듣고 양심에 가책을 느껴 어른으로 시작하여 젊은이까지 하나씩 하나씩 나가고 오직 예수와 그 가운데 섰는 여자만 남았더라" 그리고 예수께서는 "나도 너를 정죄하지 아니하노니 가서 다시는 죄를 범하지 말라 하시니라" 손혜원 의혹 보도에서 얻는 교훈은 충분한 취재와 여론몰이식 보도가 아니라 저널리즘 원칙에 기반한 정교하고 세심한 보도가 필요하다는 것을 새삼 성경의 말씀에서 지혜를 얻을 수 있다.

"유튜브 저널리즘 유감"

김기태

    유튜브 저널리즘이란 신종 용어가 언론학자들 사이에서는 중요한 연구 대상으로 떠올랐다. 일단 그 영향력이 가공할 만큼 크고, 빠른 속도로 광범위하게 퍼지고 있기 때문이다. 아예 대한민국이 온통 유튜브(You Tube)에 빠져있다고 해도 과언이 아니게 되었다. 유튜브가 여론을 만들고 그 여론에 따라 세상이 움직인다. 소수의 의견이 다수의 견해로 둔갑하기도 하고, 그럴듯하게 포장한 허위 사실을 하루 아침에 중요한 사회적 이슈로 만들어 전국민을 속이기도 한다. 나중에 가짜뉴스임이 밝혀져도 아무런 제재나 불이익도 받지않고 반복적으로 유사한 거짓 소문을 퍼뜨리는 유튜버가 강력한 영향력을 인정받는 이른바 크리에이터(creater)가 되고 인플루언서(influencer)가 되는 세상이다. 유튜버 세계의 큰 손들인 이들이 사실상 우리 사회의 여론과 이슈를 선도하는 여론지배자가 되고 있다. 동영상을 통한 서비스가 유튜브의 기본 속성이기 때문에 파급력과 영향력이 다른 매체에 비해 훨씬 크고 직접적이다. 막강한 영향력을 지닌 파워 크리에이터가 생산하는 유튜브에 한번 잘못 등장했다가 아예 매장 수준의 사회적 공격을 받는 사람들이 적지 않다. 물론 그 반대의 경우도 있다. 유튜브라는 강력한 채널을 통해 하루 아침에 전국적 명성을 얻는 인사도 있다.

유튜브는 사용자가 동영상을 자유롭게 업로드 및 시청할 수 있는 구글의 콘텐츠 호스팅 웹사이트로 사용자를 가리키는 '유'(You)와 동영상을 지칭하는 '튜브'(Tube)의 합성어이다. 유튜브는 Broadcasting Yourself!(당신 자신을 방송하세요!)를 슬로건으로 내세우면서 2005년 11월 공식적으로 서비스를 시작한 후 2006년 구글이 인수한 전 세계 최대 무료 동영상 공유 사이트로 개인이 제작한 비디오 영상을 비롯한 영화와 텔레비전 클립, 뮤직 비디오 등이 주요 콘텐츠이다. 한국어 서비스는 2008년 1월 23일 시작했는데 전문가들은 유튜브와 모회사 구글이 한국에서만 연간 5조원 가량의 수익을 올리는 것으로 추산한다. 동영상을 업로드하여 사람들이 시청하게 되면 여기에 광고를 붙여 수익을 얻는 구조이다. 영상의 길이와 독자수에 따라 광고 수익은 차이가 있지만 유튜버가 55%, 유튜브 측이 45%로 지분이 구성되는 것으로 알려졌다. 우리나라 어린이들의 장래 희망 직업 순위에 유튜버가 지속적으로 상위권을 차지하고 있다는 사실에서도 유튜버의 인기와 위력을 짐작할 수 있다.

유튜브는 동영상 콘텐츠 제작과 유통은 물론이고 정치의 근간을 이루는 각종 선거 문화에도 획기적인 변화를 불러 일으켰다. 유튜브에 실린 동영상이 이메일이나 전단지에 의존하던 기존 선거전의 양상을 완전히 뒤바꿔 놓았다. 대표적으로 소셜미디어 대통령으로 불리웠던 미국 오바마 대통령은 유튜브, 트위터, 페이스 북 등 동영상 플랫폼과 SNS를 잘 활용해 대통령이 되었다는 평가를 받고 있다. 2008년 미 대선 직전 버락오바마닷컴 유튜브 채널은 2천만 건 이상의 조회를 기록했지만 당시 경쟁자인 공화당 후보 존매케인닷컴 채널은 겨우 2백만 건을 넘어선 수준이었다. 이는 매케인 지지자들의 연령이 오바마 지지자들보다 높아 유튜브를 비롯한 소셜미디어 이용이 서툴렀기 때문이기도 했지만 오바마 관련 영상물이 미국 전역에서 선풍적인 정치적 바람을 일으킨 것은 분명했다. 이런 유튜브를 이용하는 정치인들의 선거전은 우리나라에서도 예외가 아니다. 현재 유튜브 등 소셜미디어를 홍보 수단으로 활용하지 않는 정치인이 거의 없을 정도이기 때문이다. 한편, 유튜브를 선교 수단으로 잘 이용하는 교회도 많지만 유튜브를 통해 반기독교적이고 비윤리적인 정보나 메시지가 무분별하게 유포되는 각종 폐해도 적지 않다.

문제는 이렇듯 가공할 만한 위력을 지닌 유튜브를 질서있고 품격있게 이용할 만한 생산 및 소비 문화가 아직 미비하다는 점이다. 누구나 쉽게 동영상을 올릴 수 있는 무료 사이트라는 점 때문에 생산에 참여한 사람들이나 업로드하는 콘텐츠를 질서있게 걸러낼 수 있는 장치나 제도가 거의 없다. 모두 유튜버 스스로의 사회적 책임 의식과 자기 통제력에 전적으로 의존해야 하는 게 현실이다. 욕설이 난무하고 근거없는 비방이나 일방적인 자기 주장이 넘쳐나는 그야말로 저속하고 천박한 유튜브 채널이 범람하는 이유이다. 오로지 클릭수 늘리기에만 혈안이 된 일부 유튜버들이 건강하고 깨끗한 유튜브 채널의 진입과 정착을 원천적으로 가로막아 우리사회 건전한 여론 형성을 위한 공론장을 오염시키고 있다. 여기에다가 망국적인 진영 논리에 편승한 일부 사이비 정치평론가들과 출연자들이 가세해서 극단적인 편가르기식 정치논리와 막말로 이용자들의 정상적인 정보 소비를 불가능하게 만들고 있다. 자신과 다른 생각이나 의견을 가진 사람들을 모두 적으로 몰아 분노를 유발하는 반사회적 유튜버들을 추방하기 위해서라도 유튜브 등 소셜미디어를 바르게 이용할 수 있는 능력을 기르기 위한 디지털 미디어 리터러시 교육이 필요한 세상이다. 거의 자정 능력을 상실한 유튜브의 폭주를 교회가 앞장서서 계도하고 선한 방향으로 이끌어가는 유튜브 바르게 사용하기 교육과 실천을 주문하고 싶다.

2019년 언론자유지수와 한국 교회

박진석

'국경없는기자회'(RSF, Reporters Without Borders)가 발표한 세계 언론자유지수를 보면 한국은 2016년 70위까지 해마다 하락하다가 2019년 올해는 41위까지 수직 상승했다. 아시아에서 가장 언론자유지수가 높은 국가가 됐다. 상위 국가는 북유럽의 노르웨이 핀란드 스웨덴 덴마크 네덜란드 등이며 180국가 중 북한은 179위, 중국은 177위, 미국이 48위이다. 일본은 2002년 26위이다가 올해는 67위까지 더 하락됐다. 가짜뉴스를 양산하는 아베 정권의 현주소와 같다. RSF는 한국이 급락하다가 수직 상승해서 감탄하고 있다고 전한다. 하루아침에 언론자유지수가 좋아지지 않기 때문이다. 언론자유지수가 상승했다는 사실은 무척 고무적이다. RSF는 표현의 자유와 언론의 자유를 증진하고 언론인들의 인권을 보호하기 위해 설립된 국제 비영리, 비정부기구로서 1985년 프랑스 파리에서 전 라디오 기자 로베르 메나르(Robert Ménard) 등의 언론인들이 설립했다.

언론자유지수는 기자, 인권운동가, 특파원들을 대상으로 △다원주의(포용성) △취재 및 보도의 투명성 △뉴스생산구조 등 여러 기준의 설문을 돌려 매년 순위를 정하고 있다. 그러나 문제는 언론 자유의 질이다. 언론의 질을 가장 저해하는 요인은 정치적 요인, 언론 탄압이다. 2019년 세계 언론자유지수에 따르면 전 세계 인구의 10% 미만만이 만족스러운 언론 자유 수준을 가진 나라에 살고 있다고 분석하고 있다. 러시아(149위), 사우디아라비아(172위), 멕시코(144위), 인도(140위)도 이런 수준이다. 문대통령은 "언론자유야말로 민주주의의 근간이고 민주주의의 기본이다. 언론이 자유로우면서도 공정한 언론으로서 역할을 다할 때 사회가 건강하게 발전해 나갈 수 있다."고 밝힌바 있어 현 정권의 언론 정책은 긍정적이다.

그러나 한국 언론의 질을 높이고 언론자유지수를 향상시키려면 세 가지 요인, 즉 저질언론, 권력과의 공생, 편집권 독립과 재정 문제를 극복해야 한다. 첫째, 방송매체의 다양화 다변화 속에서 저질언론이 극성이다. 특히 SNS 등 일인 매체는 언론을 자유방임으로 전락시켜 공공의 책임을 심각하게 해치고 있다. 여기에서 무차별 양산되는 가짜뉴스는 개인의 인격살인과 윤리도덕적 해악을 자행하고 있으며 상생의 공동체를 파괴하고 있다. 둘째, 언론이 정치권력과 타협을 하고 공생을 하며 권력의 앞잡이 노릇을 한다. 권력은 특혜 제공이나 재정 지원이나 권력의 자리를 나눠준다. 지난 보수정권에서는 언론 탄압을 법률이나 행정 지시로 장악해서 문제가 됐지만 진보정권에서는 언론이 정권의 홍보 매체가 될 위험요소가 존재한다. 한국 언론사들의 태생이 바로 정치권력과의 타협, 공생, 앞잡이 역할이었다. 따라서 자기가 하면 사랑이고 남이 하면 불륜이 된다. 이런 논리의 이중성을 언론은 냉철하게 각인하여 공정한 언론이 되도록 힘써야 한다. 셋째, 한국의 언론은 대다수 적자 재정이다. 한국 메이저 언론들은 올해도 대부분 몇 천 억 원의 적자를 면치 못했다. 적자경영에서는 편집권 독립이 쉽지 않다. 기자들이 돈을 생각하게 되면 정론직필이 현실적으로 불가능하다. 목구멍이 포도청이라는 벽에 부딪히면 목소리나 펜은 죽어간다.

한국 교회의 언론자유지수는 어떤가? 순위를 매기면 미천하기 그지없다. 교계언론이 복음을 전하는 언론선교가 궁극적 목적이지만 그래도 기본적으로 언론으로서의 사명과 역할은 분명해야 한다. 대다수 교단 홍보

기관지이지 언론이라 말 할 수 없다. 총회 결의나 정책에 대해 비판과 감시의 기능을 올곧게 보도해야 하지만 그렇지 못하다. 특히 교단지는 총회장을 비롯하여 교단 지도자들에 대한 비리나 독선에 대해 문제를 지적하는 보도를 올 한 해 눈을 비비고 찾아보아도 없다. 가만히 앉아 있어도 교단 교회와 총회에서 주는 후원에 만족하기에 언론의 칼을 교단과 자신을 향해 겨누지 못한다. 교단 정치세력들의 눈치와 재정 후원만 바라보는 철밥통이 된다. 그러니 편집권 독립이나 언론의 자유는 애초부터 기대하기 어렵다. 사회 언론은 그래도 언론윤리강령으로 자정 능력을 키우고 있지만 교계 언론은 한 두 언론만 제외하고 한쪽 눈 감고 한 쪽 귀로만 듣는 다람쥐 쳇바퀴 도는 죽은 언론이 된다. 날씨는 알아보면서도 시대도 분별 못한다(마6:3)는 주님의 책망을 올해도 듣는 한해이다.

마녀가 필요한 사회

김윤태

    조국 장관 후보자 청문회 당시 이철희 더불어민주당 의원은 지명 후 한 달 동안 조국 후보자 관련 기사가 118만 건이라고 밝힌 바 있다. 진위 여부를 떠나 장관 후보자가 아닌 장관 후보자 딸 문제로 온 언론과 정치권, 검찰이 이토록 떠들썩했던 적은 유래를 찾아보기 힘든 것이 사실이다. 범죄 사실의 유무를 떠나, 중세시대 마녀사냥이 떠오르는 것은 필자만의 착각일까?

    중세시대 유럽인들은 악마와 계약을 맺은 인간, 즉 마녀가 있다고 믿었다. 물론 과학적으로 마녀의 존재가 입증된 적은 없다. 그럼에도 불구하고 중세시대에 마녀로 정죄되어 처형된 희생자 수는 최대 10만 명에 달했다. 다수가 근거 없이 한 개인이나 집단을 공격하는 비이성적 폭력, 마녀사냥은 도대체 왜 생겼던 걸까? "비이성의 세계사"를 썼던 정찬일은 중세시대뿐 아니라 사회가 위태로울 때면 사회적 불안을 해소하기 위해 마녀사냥은 항상 있어왔다고 주장하면서 로마 대화재의 주범으로 몰렸던 기독교인들, 관동대지진 조선인 학살, 미국의 매카시즘, 중국의 홍위병 등을 그 예로 든바 있다. 쉽게 말해, 마녀사냥은 위태로운 사회의 불안을 해소하기 위해 일종의 정서적인 하수처리장 역할을 해왔던 것이다.

    주경철은 "마녀"라는 책에서 마녀사냥은 유럽 문명 발전의 예외적 현상이 아니라 근대성에 이르기 위한 필연적 과정이라고 주장한다. 서구 근대성은 진리에 관한 엄격한 기준을 세우고 이를 어기는 세력을 억압하기 위해, 그리고 최고의 선을 확립하기 위해 최악의 존재가 필요했는데, 이 과정에서 집단적 비이성의 합리화, 마녀사냥이 고안되었다. 결국 내가 선이 되기 위해선, 그리고 우리 사회의 위험과 불안을 해소하기 위해선 눈에 드러난 악의 실체가 필요할 수 밖에 없었는데, 그것이 중세시대엔 마녀였고, 일본에서는 이지매, 한국에서는 왕따였던 것이다. 그리고 그 마녀는 오늘날 경상도 출신, 전라도 출신, 종북좌파, 친일파, 동성애자, 이민자, 등의 이름으로 여전히 우리 가운데 존재하고 있다.

이런 인간의 실존을 잘 드러내주는 영화중 하나가 나홍진 감독의 "곡성(哭聲)"이다. 영화 줄거리는 어느 시골의 작은 마을에 의문의 연쇄 사건들이 벌어지는데 그 사건의 원인이 일본에서 온 외지인 때문이라는 소문과 의심이 퍼져 나가면서 마녀사냥이 시작된다. 영화의 하이라이트는 가톨릭 부사제와 악마로 의심받는 일본 외지인이 서로 대화를 나누는 마지막 장면이다. 가톨릭 부사제가 일본 외지인에게 당신이 악마냐고 묻는다. 그러자 일본 외지인은 이렇게 말한다. "내가 누군지 내 입으로 아무리 말해봤자 네 생각은 바뀌지 않을 거야. 넌 내가 악마라는 의심을 확인하러 온 거야." 아이러니하게도 영화 곡성의 부제는 "절대 현혹되지 마라"였다. 그러나 영화를 보는 우리는 이미 현혹되어서 처음부터 일본 외지인을 악마로 단정 지어 버렸다. 영화를 보는 내내 우리는 그 의심을 확인하려고 했고, 외지인은 우리가 보고자 했던 대로 점점 악마의 모습으로 변해간다. 그런데 뜻밖에도 악마의 모습을 한 외지인이 예수님이 하신 말씀을 말하게 된다. 심지어 손의 성흔까지 보여준다. 이 모습을 보고 부사제는 "주여"라고 외치게 된다. 진짜 그가 악마였을까? 영화 전반에 걸쳐 일본 외지인이 겪는 일들은 예수님의 일대기와 매우 흡사하다. 외지인은 예수님처럼 의심받고, 핍박받고, 결국 죽임을 당한다. 2천 년 전 예수는 어쩌면 예루살렘 사람들에게 외지인이었고 악마였을 수 있다. 나홍진 감독은 곡성이 예루살렘이고 예수님이 이런 존재였을 수도 있겠다고 말한다. 결국 십자가 죽음은 2천 년 전 예루살렘판 마녀사냥이었던 것이다.

우리 사회의 악마의 두 축은 언제나 북한과 일본이었다. 남한이 선이 되려면 일본과 북한은 악마여야 했다. 우리 사회 내에서 누군가 선이 되려면 그 악마와 손을 잡은 마녀가 있어야 했다. 보수정권은 진보정권이 절대 악인 북한을 추종하는 종북 마녀이기를 원했다. 진보 정권은 보수정권이 또 다른 절대 악인 일본을 추종하는 친일 마녀이기를 원했다. 일본의 경제보복으로 촉발된 한일 갈등은 보수정권을 마녀사냥하기 더없는 호재였다. 보수정치인들의 친일 발언들이 대서특필되었고 보수정당의 지지율은 급락했다. 보수 정권과 보수 언론들에게도 반격하기 위해 또 다른 마녀가 필요했는데, 그때 마침 조국의 딸이 등장한 것이다. 정말 표창장이 위조되었는지가 중요한 것이 아니었다. 누군가 살기 위해 조국의 딸은 마녀가 되어야만 했다. 그러자 이제는 진보정권에게 또 다른 마녀가 발견되었는데, 장제원 의원의 아들과 나경원 의원의 아들이었다. 이렇게 서로 서로 마녀사냥이 한창일 때 건국 이래 최대의 미제 사건 중 하나였던 화성연쇄 살인사건 용의자가 밝혀졌다. 이 얼마나 엄청난 사건인가? 진짜 마녀가 잡힌 것이다. 그럼에도 불구하고 신문은 여전히 조국 장관과 나경원 의원의 기사로 도배되어 있다. 도대체 진짜 마녀는 누구였을까? 화성연쇄 살인범일까, 아니면 조국 장관의 딸, 혹은 나경원 의원의 아들일까? 정말 마녀가 있었던 건지, 아니면 혹시 마녀가 필요했던 것은 아닌지, 그것이 참 궁금하다. 혹시 그동안 우리는 이렇게 말해 온 것은 아닐까? "진짜 마녀가 누군지는 중요치 않아. 나를 위해 너는 마녀가 되어줘."

비판적 저널리즘과 예언자적 비관론

옥성삼

　방탄소년단이 한류의 눈부신 역사를 만드는 오늘, 한국 정치는 촛불 혁명과 수차례 남북정상회담에도 불구하고 대립적 진영논리와 갈등 패러다임에서 벗어나지 못하고 있다. 국민의 2%도 안 되는 그리스도인이 새로운 사회를 꿈꾸며 3.1운동의 구심점이 되었던 한국교회는 인구의 20%에 이르는 양적 성장에도 세상의 빛과 소금보단 조롱과 비판의 대상이 되었다. 교회 안의 목소리는 반기독교적인 시대 문화가 주된 요인이라고 말하지만, 세상 속에서 하나님 나라를 꿈꾸고 실천해야 하는 에클레시아(교회)의 본질적 현실에서 본다면 구차한 변명에 불과하다.

　근래 주요 언론의 한국교회 관련 빅 뉴스에는 이웃을 품고 삶을 위로하는 구원의 메신저 소식은 없고 교회와 성직자의 '반시대적이고 비윤리적' 사건 보도가 대부분이다. 최근 2년간 주요 언론의 종교 관련 보도 성향을 살펴보면, 천주교는 긍정 성향의 보도 비율이 높고, 불교는 긍정과 부정 성향의 비율이 함께 높으며, 개신교는 부정 성향의 보도 비율이 연평균 23% 이상으로 높으면서 긍정 성향의 보도 비율은 10%에 미치지 못하고 있다. 이는 부정적 사건 자체의 보도 빈도수를 나타낼 수도 있지만, 유사한 사건의 보도일 경우 3대 종교 중 개신교 관련 기사가 가장 부정적으로 전달될 개연성이 많다는 뜻이기도 하다. 교회를 조명하는 사회언론의 시선이 절대적 객관성을 가졌다고 할 수는 없지만, 한국교회를 바라보는 언론의 부정성 강화는 방치할 수 없는 중요한 현안이다.

개신교에 대한 언론의 부정적 프레임이 고착화된 이유는 무엇일까? 언론학자, 종교사회학자 그리고 현장 언론인의 목소리를 종합해보면, 한국 개신교 보도에 있어 부정적 프레임이 고착화되는 이유를 4가지로 관점으로 보고 있다. 첫 번째 시각은 사회문제에 대한 언론의 감시와 비판 기능에 따른 자연스러운 현상으로 본다. 1970년대부터 일간지 문화면에 종교란이 고정화되면서 종교 관련 기사가 증가하였고, 1990년대부터 기독교 관련 기사가 급증하면서 사회일원인 기독교에 대한 비판이 증가했다는 것이다. 다음으로 한국 개신교의 사회적 위상 및 가시성이 높아지고 대형교회 중심으로 하나의 권력이 되었다고 인식되고 있다. 따라서 눈에 잘 띄는 대형교회와 유명 목회자 중심으로 "부자. 보수. 기득권, 권위주의, 불통, 세속화" 등의 부정적 시선으로 교회를 보는 프레임이 강화된다는 것이다. 특히 3대 종교 중 기독교인이 약 970만명으로 가장 많고, 300개 넘는 교단 수에 12만명이 넘는 목회자 그리고 사회적으로 성공한 정치인, 사업가, 명사 중에 크리스천 비율이 높은 것은 그만큼 비판적 시각이 작용하는 바탕이 된다는 것이다. 세 번째는 천주교 및 불교에 비해 한국 개신교를 대표하는 소통 창구가 없기 때문으로 보는 시각이다. 따라서 개신교와 언론 간의 원활하지 못한 소통과 이에 대한 개신교계의 대응 부재가 문제를 악화시킨다고 본다. 네 번째 관점은 "세계화, 탈 근대화, 정보통신 사회의 고도화" 등 사회 구조적 변화에 교회가 적응하지 못한 결과로 본다. 신자유자본주의 세계화의 가속도와 경쟁에 내몰린 21세기적 생활환경에서 종교가 주는 "안식, 성찰, 힐링, 참여, 공감, 진정성, 본질성" 등에 양적 성장을 이룬 한국교회가 시대착오적인 문화지체를 보이고 있다는 관점이다.

첫 번째 시각은 1990년대 이후 종교사회학자와 언론학자 등에서 기본적으로 제시한 관점이고, 두 번째는 크리스천 언론학자 및 현장 언론인을 중심으로 넓은 공감대를 가진 시각이다. 세 번째 시각은 저널리즘 현장에 있는 기자와 개신교의 언론 관련 논의의 장에서 자주 제기되는 관점이다. 네 번째는 사회학자와 일단의 문화신학자가 보는 시각으로 세계화, 4차산업혁명, 소셜미디어 등 문명 전환기에 적응하지 못한 한국 개신교의 구조적 현상으로 본다. 단기적이고 현실적인 대응을 위해서는 언론과의 소통 문제를 해결하는 것이 효과적일 수 있다. 그러나 한국교회를 향한 비판적 저널리즘이 고착화되는 오늘, 한국교회가 정말 진지하게 성찰해야 할 것은 네 번째 시각이다. 100년 전 시대의 변화를 주도하며 민족에게 꿈과 위로가 된 교회가 이제는 유효기한이 지난 중세교회처럼 체질적이고 패러다임적인 전환이 필요하다는 지적이다.

비판적 저널리즘에 대한 한국교회 차원의 전문적이고 효과적인 대응도 필요하겠지만, 오늘 우리의 현실에 대한 하나님의 메시지가 무엇인지를 들어야 한다. 신앙 의례 및 문화를 전수하는 제사장과는 달리 하나님의 말씀을 대언하는 예언자 혹은 선지자는 메신저로서의 일상 그리고 하나님의 신탁을 대언하는 메시지 선포가 언제나 수행될 수 있도록 깨어 있는 삶을 살아야 했다. 동시에 모세, 사무엘, 엘리야, 이사야 등이 그러했듯이 시대를 분별하는 안목과 부단한 성찰을 통하여 메시지의 구체적 의미 전달과 청중과의 소통에도 권위가 있어야 했다. 하여 예언자의 메시지는 그것이 선포되는 대상에게 나쁜 소식이든 좋은 소식이든 신적 메시지로서 선포되고 또 그렇게 되어야 한다. 예언자적 비관론이란 전달 할 메시지에 하나님의 엄중한 경고와 심판이 담겼을 때 가지는 예언자적 아픔이고, 또 선포된 메시지에 변화된 결과가 없을지라도 자신의 삶을 걸고 충실한 메신저 역할을 감당해야 하는 두 가지 의미를 담고 있다. 제사장은 많은데 예언자도 메시지의 권위도 없는 오늘날, 한국교회를 향한 비판적 저널리즘의 소리가 뭘 말하는지 살펴보아야 한다. 더욱이 맘몬이즘의 위력과 이권 집단으로 비춰진 한국교회의 오늘을 난도질하는 비판적 저널리즘의 소리를 무시하고 방치해서도 안 된다. 무엇보다 한국교회의 부끄러움과 아픔을 가르며 다가서는 하늘의 메시지가 있다면, 설령 말씀의 검이 우리에게 상처를 주는 나쁜 소식 일지라도 하나님의 메시지 앞에 전적으로 엎드려야 한다. 그것이 하나님을 아버지로 믿고 따르는 신앙공동체의 도리요 내일의 최악을 피하는 길이기도 하다.

솔루션 저널리즘이 필요한 시대

이민규

　2019년을 돌아보면서 조국 전 법무부 장관 관련 보도나 일련의 현상을 극렬하게 비판하는 언론을 접하면서 사회 문제와 관련한 언론 스스로 해결방안과 시민들의 적극적인 참여를 독려하는 새로운 저널리즘이 필요하다는 개혁의 목소리가 언론계 안에서 높아지고 있다. 일명 '솔루션 저널리즘(solutions journalism)' 현상으로 뉴스는 각종 데이터를 동반한 확실한 증거에 의해 뒷받침되어야 하고, 문제에 대한 단순 지적뿐만 아니라 다양한 해법을 제대로 제시해야 한다는 주장이다. 1998년 이를 처음 제기한 베네치(Benesch)는 솔루션 저널리즘을 '특정한 사회적 문제들을 해결하기 위해 노력하는 보도'라고 정의했다. 이후 테어(Their)는 '왜 그리고 어떻게 해결 방안들이 사회적 문제에 작동하는지에 대한 포괄적인 조사를 강조하는 접근법'이라고 정의하였다. 이처럼 새로운 솔루션 저널리즘 개념에 대해서 여러 언론학자들의 논의를 종합해 보면 사회적 문제에 대한 단순 감시자를 뛰어넘어 해법에 집중하고 해법을 모색하는 저널리즘이라고 할 수 있다.

　현재 우리에게 전달되는 뉴스의 유형을 크게 세 가지로 구분해 보면 발생하고 있는 사건을 최대한 신속하고 효율적으로 전달하는 속보 뉴스가 있고, 두 번째로는 과거의 사건을 추적하고 비판하거나 폭로하는 탐사보도가 있다. 세 번째 유형으로 뉴스를 접하는 사람들에게 다양한 아이디어와 영감을 불러일으키게 하는 솔루션 저널리즘이다. 속보 형태의 뉴스가 '누가(who)', '무엇을(what)', '언제(when)' 그리고 '어떻게(how)'에 역량을 집중한다면 탐사보도는 '왜(why)'에 집중하고 솔루션 저널리즘은 '무엇을(what now)' 언론이 해야 하는지에 집중하는 보도 형식이다. 정보독점권이 사라진 디지털 환경에 접어들면서 뉴스 환경이 급변하게 되었다. '탈진실' 프레임이 팽배한 가운데 공공의 필요성보다는 자신의 욕구를 채우려는 뉴스 수용자의 자기 편향성과 스마트폰을 기반으로 한 소셜미디어와 같은 마이크로 미디어의 확산으로 너무 많은 정보가 범람하는 미디어 환경 속에서 뉴스에 대한 건강한 소비환경이 사회적 화두로 떠오르고 있다.

사실(fact)은 범람하는데 실체적 진실(truth)은 보이지 않는다"는 확증적 편향이 팽배한 '가짜뉴스' 환경 속에서 우리는 과연 무엇을 믿고, 무엇을 따라가야 하는지에 대한 깊은 고민에 빠지게 된다. 사람의 마음을 후련하게 해주는 '해장국' 언론 시대를 맞이하여 솔루션 저널리즘은 "사회 문제에 대한 반응을 추적하는 엄격한 증거 기반의 저널리즘"으로 앞으로 과연 사회가 어떻게 나아질 수 있는지에 대한 객관적인 데이터와 증거, 구체적인 정보를 제시하여 해결 방안을 같이 모색해야 한다는 장점을 가지고 있다. 지난 2011년 8월 6일 머니투데이의 '칠보 초등학교 아이들의 '주먹밥 무상급식' 보도와 한국일보 이혜미 김혜영 기자가 2019년 5월 7일 1면에 연속 보도한 '쪽방촌 뒤엔…큰 손 건물주의 빈곤 비즈니스' 보도는 대표적인 솔루션 저널리즘 보도이다. 솔루션 저널리즘은 그동안 수많은 언론 보도가 사회적 문제를 제기하는데 몰두하여 문제에 대한 해결 과정을 소홀하게 해왔다는 깊은 반성에서 출발한다. 솔루션 저널리즘은 단순하게 특종을 만들어내는 것이 아니라 계속해서 희망을 갖고 새로운 것과 더 나은 것을 모색하도록 동기를 부여하는 해결 방법을 제시하

는 언론보도 형태이다. 새해는 단순비판에서 벗어나 다양한 해결방안
을 모색하는 솔루션 저널리즘이 활발하게 전개되는 한 해가 되기를 희
망한다.

우리 시대의 영웅찾기

김기태

난세에는 영웅을 필요로 한다. 세상이 힘겹고 절망으로 가득차면 사람들은 자연스럽게 영웅을 찾는다. 나라가 위태로우면 나라를 구할 영웅을 찾고, 경제적으로 궁핍해지면 일거에 경제를 살릴 영웅을 쫓는다. 우리 역사에도 많은 영웅이 있었고, 세계사적으로도 수많은 영웅들이 등장하고 사라졌다. 국가의 존폐를 가름하는 전쟁을 승리로 이끈 영웅도 있었고, 한 시대를 풍미하는 삶의 가치와 규범을 제시한 정신적인 영웅도 많았다. 오늘날에는 많은 국민들의 사랑과 지지를 받는 대중 스타가 또 하나의 영웅과 다름 아니다. 대중 스타를 좋아하는 수많은 팬들이 자신들의 마음속에 지니고 있는 스타를 향해 보이는 지지와 사랑의 표현은 시대적 영웅을 찾는 이들의 심정과 조금도 다를 바 없기 때문이다. 세계적인 아티스트로 급성장한 7인의 젊은이로 구성된 대한민국 아이돌 그룹 방탄소년단(BTS)을 이 시대의 영웅으로 부르는 이유도 바로 여기에 있다.

방탄소년단(BTS)의 열풍이 세계를 흔들고 있다. 7명의 젊은이들이 전 세계를 돌며 펼쳐 보이고 있는 오늘의 퍼포먼스는 그 감동과 환희의 현장을 일일이 소개하기도 어려울 만큼 끝 모르게 이어지고 있다. 이들에게 열광하는 국적을 초월한 다국적 팬들은 어려운 한글 가사를 또박또박 따라 부르면서 BTS의 음악과 그 안에 담긴 메시지에 진정한 공감과 동참을 표하고 있다.

많은 전문가들이 이런 BTS 열풍과 현상의 정확한 이유와 원인을 분석하기가 불가능하다는 한계를 호소하고 있다. 그 만큼 지금의 BTS 현상은 그야말로 경이롭고 환상적이며 불가사의해 보인다. 물론 춤과 노래가 뛰어나고, 노랫말이나 메시지에 진정성이 있으며 SNS를 비롯한 글로벌 소통 환경 등이 이런 현상의 원인이라는 진단에 동의한다. 그럼에도 불구하고 방탄소년단이라는 이름의 대한민국 젊은이 7명에게 전 세계가 열광하는 오늘의 'BTS 현상'을 제대로 설명하기에는 여전히 부족하다. 그래서 지금은 우리 앞에 펼쳐지고 있는 이 엄청난 거짓말 같은 현실을 그대로 즐기고 행복해하며 마음껏 자랑스러워하고 싶다.

'21세기 비틀스'로 까지 불리고 있는 방탄소년단(BTS)의 소속사인 빅히트엔터테인먼트 기업 가치가 최대 2조3천억원으로 유니콘기업(기업가치가 10억달러 이상인 비상장 스타트업)수준으로 올라섰다는 분석이 나왔다. 현대경제연구원이 지난 6일 발표한 보고서에 따르면 빅히트엔터테인먼트의 2018년 기준 기업가치를 1조2천8백억(11억6천만달러)∽2조2천8백억원(20억7천만달러) 수준으로 추정했다. 이는 국내 증시에 상장된 엔터테인먼트 3대 기획사인 SM(1조6백4억원), JYP(9천2백96억원), YG(5천8백5억원)의 5일 시가 총액을 훨씬 뛰어넘는 수치다. 빅히트엔터테인먼트의 2018년 매출액은 2142억원이며 영업이익은 641억원, 순이익은 502억원으로 2016년 대비 6배가 넘는 성장을 기록했는데 이러한 성장 추세는 앞으로도 당분간 지속될 것으로 예상된다. 정말 믿기 어려운 일이 벌어지고 있는 셈이다. BTS 열풍은 이와 같은 경제 효과 뿐 만이 아니라 정치, 사회, 문화 등 다양한 영역에서 대한민국을 전 세계인들에게 각인시키고 있다.

지난 5월 미국 서부도시 LA의 로즈볼 구장에서 열렸던 방탄소년단의 월드투어 스피크 유어셀프(SPEAK YOURSELF) 공연을 직접 관람하고 돌아온 지인의 증언(?)은 그야말로 충격이었다. 우선 6만여 명의 관객 중 한국인의 수는 손에 꼽을 정도로 적었고, 각양각색의 국적과 인종이 포함된 다국적 관객들로 구성된 외국 팬들이 공연 내내 한글 가사를 목청껏 따라 불렀다는 것이다. 간혹 TV뉴스 화면을 통해 한글 가사를 따라 부르는 외국 관객들의 모습을 본 적은 있지만 인상적인 장면을 편집해서 보여주는 장면 정도로만 여겼지 실제라고는 생각하지 않았기 때문에 정말 놀라지 않을 수 없었다. 이런 현상은 5월4일부터 7월14일까지 영국 런던의 웸블리 스타디움, 프랑스 파리의 스타드 드 프랑스 공연장에서의 공연을 비롯한 유럽권 국가들과 미국, 브라질의 북미권 국가들 그리고 일본까지 전 세계를 돌며 이어지는 월드투어 공연 현장에서도 그대로 재연되고 있을 것이다.

방탄소년단(BTS)은 지금 열풍과 현상을 넘어 하나의 '신화'를 써가고 있다. 지금껏 경험해보지 못했고 상상도 하지 못했던 일을 현실에서 만들어가고 있기 때문이다. 그런 만큼 우선 이들이 전 세계인들에게 선사하는 아름답고 특별한 문화적 선물을 우리 국민들부터 마음껏 즐기길 권하고 싶다. 오늘의 BTS를 정치, 경제, 사회적인 갈등과 침체의 구렁텅이에서 헤매고 있는 우리 사회에 한줄기 희망으로 읽었으면 하는 바람이다. 그런데 문제는 교회가 진정한 영웅을 지키지 못하고 있다는 점이다. 방탄소년단의 인기나 지지와는 비교도 할 수 없는 영웅이 바로 예수님이다. 예수님 그 당시부터 지금까지 2천년을 한결같이 전 세계인의 영웅으로 존재하고 있는 예수님을 기억하고 따르는 사람들이 점차 줄고 있다. 방탄소년단에 열광하는 사람들을 보면서 방식과 모양은 다르지만 예수님을 지지하고 사랑하는 그리스도인들의 사라져가는 열정이 아쉽고 슬프다. 이 시대 영웅으로 다시 예수님이 가장 높은 자리에서 전 세계 사람들에게 영향력을 행사하고 사람들의 변화를 이끌어내는 새로운 영웅 찾기가 필요한 세상이다.

일본의 두 얼굴

안기석

지난 8월 초에 일본 오사카 지방에 가려다가 포기한 적이 있다. 한일 관계가 악화되는 외길로 치닫는데 그 외길을 따라 구태여 성급하게 다녀올 필요가 없었기 때문이다. 일본 여행을 몇 차례 다녀올 때마다 느끼는 것은 묘한 이중성이었다. 현지에서 만나는 일본인들은 친절한데도 인간미를 느낄 수 없었고 비록 시골이라도 깔끔한 건물과 도로 주변 관리는 배울만하다고 느끼면서도 정감이 배어든 매력을 느낄 수 없었다.

일본과 일본인에 대한 이중적인 느낌은 편견과 현실의 차이 때문이었을까?

90년대 중반 첫 일본 도쿄 출장길에 일본에서 유학하고 돌아온 한 선배가 야스쿠니신사 옆의 전쟁기념관을 반드시 들려보라고 권유해서 관람한 적이 있다. 전쟁기념관을 들어서는데 일본 시골에서 올라온 중년의 남녀들이 손수건으로 눈물을 훔치며 나왔다. 안으로 들어가 보니 그들은 가미카제 특공대의 일대기를 담은 다큐영화를 본 것이었다. 기념관 안에는 2차 세계대전 당시 일본 여학생들이 수천 마리의 종이학을 접어서 애틋한 편지와 함께 가미카제 특공대에 보낸 전시물로 가득 차 있었다. 관람을 마치고 나오면서 '일본이 경제는 1등, 정치는 2등이라면 정신적으로는 자기성찰이 없는 3등 이하이구나'라는 느낌을 지울 수 없었다.

2000년대 초반에 들어서 기독교인들과 함께 나가사키를 방문한 적이 있었다. 일본의 가톨릭 순교자들을 기리는 성당 옆에 자그마한 박물관이 있어서 들어갔더니 일제가 조선인들을 학살하고 억압했던 자료들을 모아 전시해둔 곳이었다. 일본인이 운영하는 개인박물관이었다. 나오면서 만약 서울에서 한국군이 베트남에 파병되어 민간인들에게 저지른 일들을 전시해놓은 박물관이 있다면 온전했을까 하는 자괴감이 생겼다.

집단적으로 자기성찰이 없는 일본인과 개인적으로 용기있게 자기성찰을 하는 일본인을 어떻게 조화시킬 수 있을까? 아베정권의 저돌적 행태를 보면서 일본인들의 집단의식 밑바탕에는 신도로 포장된 샤머니즘적 집단이기주의가 여전히 똬리를 틀고 있다는 생각을 지울 수 없었다. 그러나 일본 지식인이나 기독교인 중에는 그런 정신세계의 노예가 되지 않고 자기 비판적인 사고와 행동을 할 수 있는 사람들이 꽤 있다는 것도 알게 되었다.

한일 정부의 지도자들간에 어차피 기 싸움이 시작되었으니 밀려서는 안 되겠지만 일본을 만만히 봐서는 이길 수 없다는 뼈아픈 기억이 떠올랐다.

88서울올림픽을 앞두고 일종의 사전 행사로 국제 학술대회가 당시 수유리에 있던 크리스찬아카데미하우스에서 열렸다. 세미나를 마친 후 나는 노벨문학상 수상자인 오에 겐자부로 선생과 김지하 선생을 모시고 대담을 진행했다. 인상적이었던 것은 두 분의 태도 차이였다. 오에 겐자부로 선생은 일본 작가이면서도 일찍이 서구 문학에 깊은 영향을 받고 천황제를 비롯해서 일본의 정치와 사회에 대해 비판적인 입장을 지니고 있던 지식인이었다.

대담을 시작할 때 김지하 선생은 소파 의자의 등에 한껏 기댄 채 다리를 꼬고 앉아 느긋한 자세를 취했다. 오에 겐자부로 선생은 소파 의자에 다소곳이 앉아 앞으로 구부린 겸손한 자세였다. 대화가 무르익어가자 김지하 선생이 질문을 던졌다. "우리나라 사물놀이의 꽹과리 소리를 들어보셨습니까?. 몇 분의 몇 박자인지 아세요? 무한대분의 일박자입니다. 이런 신명이 넘치는 민족이 왜 일본의 식민지가 되었다고 생각합니까?" 오에 겐자부로 선생은 다소곳이 숙였던 몸을 일으키더니 역질문을 했다. "김지하 선생님, 한국 사람 개개인은 일본 사람들보다 크고 강합니다. 그런데 양국 간에 정치든 경제든 협상을 하면 한국이 번번이 지는 것을 봤습니다. 왜 그렇다고 생각하십니까?" 김지하 선생은 아무런 대답도 하지 못했다. 이번에는 우리나라가 오에 겐자부로의 역질문에 당당하게 답변하는 모습을 보여줄 수 있기를 기대해본다.

(2019. 8. 30)

임계점에 도달한 우리 사회와 교회

박진석

요즘 언론보도를 접하거나 집회시위 현장을 보면 무법천지라는 생각이 든다. 민주주의 사회에서 누구나 언론출판, 결사, 집회시위의 자유가 있지만 이래도 되는가 하는 심각성과 위험성을 느낀다. 차마 입에 담을 수 없는 욕설과 거짓뉴스가 난무하고 있다. 특히 공권력에 대한 모욕과 비난은 이것이 국가인가 하는 의심을 하게 된다. 작년 11월에는 대법원장에 대한 화염병 테러 위협이, 최근에는 서울중앙지검장을 살해 협박하는 유튜브개인방송도 있었다. 서울중앙지검장 자리는 사실 검찰 권력의 상징이다. 그런데 살해 협박을 한다? 전례가 없던 사건이다. 그래서 경찰에게 신변보호 요청을 했단다. 청와대를 다이너마이트로 폭파하자는 국회의원도 있으니 더 할 말은 없다.

이런 현실에 대하여 모 신문사 기자는 전문가들의 주장을 인용하여 "한국사회가 임계점에 도달한 경고음"이라 했다. 임계점이란 고체가 액체로, 액체가 기체로 변하는 것처럼 물질의 구조와 성질이 다른 상태로 바뀔 때의 온도와 압력을 일컫는 말이다. 임계점을 넘어서 고체가 액체로, 혹은 액체가 기체로 변하고 나면 임계점 이하로 내려가지 않는 한 다시 액체나 고체로 돌아가지 않는다고 한다. 이를 인문학에 적용해서 임계점을 설명한다.

근래 우리 사회 구석구석에서 임계점에 도달한 현상이 일어나고 있다. 그 현상은 국회를 '동물국회'라 말하는 데에서 극명하게 나타났다. 패스트 트랙, 신속처리법(안)을 두고 국회의원들이 국회의사당에서 마치 동물의 왕국에 짐승들처럼 막고 휘두르고 부수고 난리쳤다. 현재 잠자고 있는 상정된 법률안만 1만 3600여개에 된다고 한다. 그런데 국회의원들은 자기들 의원 수, 밥그릇 싸움을 하고 있다. 본연의 임무는 아랑곳하지 않는다. 민주주의의 기본, 타협과 대화, 배려와 협력이 실종된 지 오래이다. 바로 정파의 욕심과 이익을 위해서는 권위나 책임은 뒷전이다. 정치도 임계점에 도달했다. 어디 정치뿐이겠는가! 무고한 이웃을 죽고 다치게 하고 폭행하고 불을 놓는 사건들이 언제 어디서 터질지 모르는 사회이다. 사회도 임계점에 도달했다.

임계점에 도달한 현상은 한국 교회도 마찬가지이다. 얼마 전 서울의 모 대형교회에서는 당회를 방해하기 위해 유리창을 깨고 소화 분말기를 쏘아대는 일이 또 발생됐다. 그 교회 담임목사를 지지하는 자들은 작년에 용역들을 동원하여 2층에서부터 8층까지를 현재까지 점령하고 있다. 사회 법원 1심과 2심에서 담임목사는 직권정지, 직무정지를 당하여 법원은 직무대행자로 일반 변호사를 당회장 대리인으로 파견했다. 참으로 일어나서는 안 되는 사건들이다. 거룩한 성전을 폭력으로 점령하는 것이나 변호사가 당회장을 대행하기까지 이르렀다는 것은 이미 교회로서의 임계점을 넘은 것이 아닌가! 교회 제도나 목사로는 교회 내분이나 분쟁을 조정할 수 없다는 사회 법원의 판단이니 이미 교회의 임계점을 넘겼다는 반증이다.

임계점에 도달한 우리 사회와 교회에 던지는 하나님의 메시지는 무엇인가? 먼저, 사람이든 조직이든 임계점에 이르면 통제 불능이 된다. 우리 사회와 교회는 법과 기존 원칙으로는 통제 할 수 없다. 이 때 통제 불능을 변화시키는 유일한 길은 진정성 있는 자기희생이다. 마치 예수 그리스도의 성육신 탄생이 인류 역사의 전환점이 된 것처럼 임계점에 이른 사회나 교회가 할 수 있는 길은 먼저 문제의 핵심에 스스로 낮아져 다가가는 실천이다. 말로 하는 외침은 우리 시대에서는 능력을 상실했다. 둘째, 임계점에서의 선택은 차라리 임계점을 넘어서는 기폭제가 되는 것이다. 즉 새로운 판짜기를 위해 융합의 촉매제가 되는 것이다. 새로운 생명 네트워크를 만드는 데 주체가 되는 것이다.

역사는 임계점을 기다려주지 않는다. 성서적으로 교회사적으로 보면 임계점에 도달한 현상들이 나타나면 그 선택은 결단이다. 그것이 예언자의 길, 남은자의 길이다. 임계점에 도달한 우리 사회와 교회를 위해 부름받아 나선 자는 죽음을 헤치고 아낌없이 드리는 결단을 한다.

'논란의 교회'가 된 오늘의 교회

박진석

　최근 JTBC 정규 뉴스에 '논란의 교회'라는 제목으로 공개 토론이 있었다. 이는 방송 역사상 의외였다. 제2차 코로나 집단전염 확산의 책임이 '교회이다, 아니다'는 소위 맞불토론이 방송됐다. 한동안 신천지 이단사이비 집단이 국민들의 엄청난 공분을 샀는데 이번에는 사랑제일교회 전광훈, 그리고 그의 추종자들의 8.15 광복절 집회가 제2차 코로나 전염병 확산의 통로가 되어 정부는 사회적 거리 2.5 단계를 선포하고 두 주간 뉴노멀의 일상이 됐다. 교회내의 논란이 뉴스 토론이 됐다는 점을 한국교회는 진지한 자기 분석과 성찰이 필요하다.

　먼저, 한국교회(개신교)는 무한 책임이 있다는 출발점에서 시작해야 한다. 적어도 기독교는 종교사회학 측면에서 고등종교이다. 막스 베버는 문화적 존재로서의 인간[Kulturmensch]은 물리적 생존욕구와 구분하여 '정신적' 생존욕구 또는 '구원'욕구를 가지고 있다며 종교, 특히 고등종교는 인간의 문화적 본성에 내재한 이러한 구원 욕구를 충족시켜 주는 고도로 정교한 의미체계라 했다. 해석하면 고등종교란 자기중심적 기복신앙으로 자기만 생존하려는 1차적 물리적 욕구를 넘어 공동체 이웃인 타인을 섬기는 고도로 성숙된 의미의 정신적 욕구의 신앙이다. 이 욕구가 자신을 구원하고 성화시킨다고 믿는 것이 기독교신앙이다. 그래서 이웃의 고통과 슬픔에 대해 배타적이지 않는다. 또한 고통의 원인을 신이나 남에게만 의지하거나 도피하지 않고 자신의 잘못으로 인식하고 자기 스스로 극복해가는 정신적 자세를 갖는 것이 고등종교이다. 따라서 금번 2차 코로나 대확산의 책임이 교회에게 0.01% 있을지라도 교회는 '모두가 우리의 잘못입니다 우리의 책임입니다'고 고백하고 응당 대가를 치르는 것이 고등종교의 자세이다. 마치 주님께서 인류의 죄를 다 지시고 십자가에 대속물이 되신 것처럼 한국교회는 이런 자세로 나서야 한다. 그런데 우리는 방역지침을 잘 지키는데 왜 교회만 비난하느냐 타종교나 커피숍, 음식점 등은 내버려두고 왜 교회만 가지고 예배를 못 드리게 하느냐고 반박 항변한다. 심지어 문정권은 독재정권이다 기독교 탄압이다 부르짖는다. 그것은 '우리는 고등종교가 아닙니다'며 스스로를 비하시키는 하등종교의 어리석음이다.

둘째, 한국교회는 지금 시민사회에서 기득권자이다. 10년마다 조사되는 통계청 종교인 분포를 보면 개신교는 19.7%로 최대 종교집단이다. 각종 사회 분야에서 개신교 지도자들이 상위 엘리트 고위층에 있다. 그 예로 21대 국회의원 300명 중 신자가 125명, 41.6%에 해당된다. 최대 집단이 되고 사회 계층적으로 엘리트 가진 자에 속한다는 증거이다. 바로 기득권층이 된다는 것은 항상 시민사회의 모든 이들로부터 공격과 비판과 감시의 대상물이 된다는 반증이다. 우리는 선한 일 봉사하는 일을 많이 하는데 왜 우리의 선한 일은 보지 않고 항상 나쁜 일만 비난하고 손가락질하느냐고 항변한다. 그러나 그런 소리를 하면 할수록 시민사회는 우리를 불통 집단, 적폐의 대상으로 본다. 이 사실을 개신교 지도자들은 인식하지 못하고 있다. 그래서 어리석은 부자, 리더십이 없는 가진 자로 전락되는 것이다.

셋째, 한국교회는 한 목소리를 낼 수 있는 대응 전략이 부재하다. 메이저 방송에서 '논란의 교회'라는 아젠다로 맞불토론을 하는 자체가 참 부끄럽다. 거룩한 교회와 지도자들이 언론의 먹잇감이 되는 것이 창피하다. 더더욱 코로나19 쟁점을 우리 스스로 한 목소리로 모아내지 못하고 방송의 이슈 토론감이 되고 있다는 사실에 쥐구멍에 숨고 싶다. 개신교의 다양성이 장점이지만 연합과 일치에서는 가장 큰 약점이 있음을 민낯 그대로 시민사회에 노출했다. 그러므로 한국교회는 고등종교로서 새로운 전략을 세워야 한다. 더구나 사랑제일교회 전광훈, 그의 추종자들의 맹신적 신앙과 애국이라는 이름으로 보수 정치 세력화하고, 반사회적 반지성적 집단행동의 테러리즘으로 하나님의 이름을 욕되게 하는 광신자들에 대해 일괄되고 통합된 통제가 필요하다. 바로 이런 개신교의 약점을 극복하는 대응 전략을 속히 구축하지 않는 한 개신교는 시민사회에서 계속 도태될 집단이 될 것이다.

가데스 바네아의 기독언론

옥성삼

유대 광야 브엘세바 남쪽에 위치한 가데스 바네아는 출애굽의 역사가 40년 광야 길로 전환되고 마무리되는 공간이다. 야웨의 밤에 유월절을 체험한 이스라엘 백성은 430년 만에 허겁지겁 출애굽에 나선다. 광야에 들어서자 구름기둥과 불기둥이 앞서 행하며 광야 대행진을 인도한다. 구름기둥과 불기둥은 사막의 열기와 추위로부터 그늘과 온기를 제공하고 방향을 분간하기 어려운 사막의 이정표가 된다. 상상도 못 한 하나님의 기적으로 홍해를 건너 시내 산에 이른다. 극한의 생존 환경으로 인한 원망과 불평에 하나님은 물과 일용할 양식을 제공한다. 기적과 은혜의 하루하루가 일상화된 광야 길에서 이스라엘이라는 신앙정체성이 형성된다. 모세를 통해 십계명, 안식일, 회막 등이 신적 언약으로 주어진다.

출애굽 한 이스라엘은 시내 산 야영지에서 1여 년을 보내고 구름기둥과 불기둥의 인도 속에 11일 만에 가나안 접경지인 가데스 바네아에 도착한다. 모세는 12명의 정탐꾼을 가나안에 보내고 다수의 절망적인 리포터와 두 명의 비전 리포터를 전달받는다. 결국 가나안 출입국 심사에서 낙방한 이스라엘은 38년간 광야 길로 나가게 된다. 흔히 이스라엘의 출애굽 사건 및 광야 길을 신앙인의 훈련과정으로 비유하는 경우가 많다. 광야 길의 변곡점이 된 가데스 바네아 역시 현실과 신앙의 갈등과 결단의 요청으로 자주 조명된다. 질문이 생긴다. 유월절 사건과 홍해사건 같은 놀라운 하나님의 은혜를 체험했고, 밤낮으로 앞서 인도하는 구름기둥과 불기둥을 바라보면서 왜 모세는 가나안을 정탐해야 했을까? 광야생활이 끝나갈 무렵 두 번째로 도착한 가데스 바네아에서 모세는 왜 반복되는 백성들의 원망에 과도한 분을 내어 하나님으로부터 징계를 받게 되는가? 일상적 삶의 고난보다는 내적 두려움과 욕망이 기적과 은혜의 경험을 반복적으로 넘어섬을 알 수 있다. 자기 의로 의에 이르지 못하듯이 훈련을 통한 성화의 과정에도 언제든 위험과 위기가 잠재되어 있다는 것이다.

이스라엘의 출애굽과 광야 길에서 발견하는 묵상이라면 신앙 정체성 형성이 영적 체험과 훈련만으로 이뤄지지 않는다는 것이다. 출애굽기의 핵심은 은혜의 체험과 광야의 훈련 이외에도 한 세대의 희생 속에 주어진 십계명과 안식일과 성막이라는 신앙 공동체의 정체성 장치이다. 가나안에 입성한 광야세대도 사사시대와 왕국시대의 이스라엘도 '은혜의 체험, 하나님의 징계, 회개와 돌이킴, 회복시킴'이라는 신앙생활의 패턴은 거듭하여 반복되었다. 그래서 신앙은 하나님의 완결구조이지 내 삶의 기승전결도 아니고 한 세대의 완결구조도 아닌지 모른다. 세대를 이어 반복되는 현실 속에서 끊임없이 정체성 회복을 위해 다가서려는 추구이고 소망이다. 그래서 말씀과 안식과 교회 공동체가 더욱 필요하다.

오늘 한국교회와 기독언론은 다시 광야 길에서 가데스 바네아의 상황에 직면하고 있다. 지난해 사회언론과 교계언론 모두가 주목한 공통된 핵심 이슈는 3년간 진행되고 있는 '명성교회 사태'이다. 한국교회와 기독언론에게 우선 필요한 것은 여호수아와 갈렙의 비전 리포터 이전에, 우리의 일상에 주어진 '구름기둥과 불기둥'이 무엇인지를 성찰하는 것이다. 반복되는 교회의 부조리와 일탈적 상황에 대한 침묵이나 분냄이 아닌 하나님의 메시지를 그대로 전하는 메신저 의식이다. 역량과 체험과 훈련에 더하여 자기를 비우는 케노시스의 은혜가 더욱 절실하다.

디지털 정보격차의 심화와 미디어교육

김기태

초고속으로 달릴 수 있는 고속도로를 건설하면 그 위를 달리는 자동차들의 평균 주행속도는 빨라지지만 모든 자동차의 속도가 함께 빨라지는 것은 아니다. 우수한 도로 여건에도 불구하고 자동차의 성능이 미치지 못해 주행 속도가 따라가지 못하는 경우도 있고, 변화된 도로 여건에 맞는 주행 수칙이나 정보에 대한 이해가 부족해서 제 속도를 내지 못하는 운전자도 생겨나기 마련이다. 아울러 멋진 고속도로 위를 신나게 달리고 싶지만 고성능 자동차 가격이 워낙 비싸서 마음 뿐인 가난한 운전자들에게 고속도로는 그림의 떡일 수밖에 없다. 이런 현상들은 결국 고속도로 건설 이전보다 자동차들의 주행 속도 격차가 더 벌어지는 결과를 초래할 수도 있다. 디지털 시대의 풍요롭고 화려한 세계로 이 시대를 살아가는 모든 사람이 초대는 받았지만 그렇다고 해서 그 혜택을 모두 고루 누릴 수는 없다. 오히려 그 이전 아날로그 시대가 훨씬 살기 좋고 평안한 세상이었다는 생각을 하는 사람들도 많다. 최첨단 디지털 시대에 초대받은 사람들은 그만큼의 정치, 경제, 사회, 문화, 교육 등 비용을 지불해야 하기 때문이다. 그런 비용을 지불할 만한 능력이 없는 사람들은 디지털 시대의 장밋빛 미래가 오히려 그들을 괴롭히는 괴물로 다가올 수도 있고, 결코 가까이할 수 없는 환상의 세계일 수도 있을 것이다.

여기서 화려한 빛으로 포장된 디지털 시대의 어두운 그림자를 만나게 된다. 오늘날 인터넷과 디지털의 등장과 확산으로 대변되는 정보화의 거대한 물결은 정치, 경제, 사회, 문화 등 사회 전반의 총체적인 변화를 야기하면서 과거와는 전혀 다른 새로운 세계를 창출하고 있다. 지식과 정보의 가치를 중심으로 부가가치가 높은 새로운 정보 상품화가 이루어지고 있을 뿐 아니라 최첨단 정보기술의 발달과 전자 유통의 급속한 성장은 그동안 경험해왔던 삶과 일의 방식과 가치를 근본적으로 바꾸어 놓았다. 따라서 디지털 기술이 지배하는 새로운 시대에는 결국 디지털 관련 지식과 정보에 얼마나 효율적으로 접근하고 이를 생활에 적절히 활용하느냐가 곧 삶의 질을 결정하는 중요한 요소가 되는 것이다. 그러나 실제로는 이러한 접근과 활용의 가능성이 모든 사람에게 동등하게 열려있지 않다는 점에서 문제가 발생한다. 결국, 무서운 속도로 등장하고 보급되는 각종 디지털 정보 매체에 접근성을 지닌 사람들과 그렇지 못한 사람들과의 격차가 점점 더 벌어지게 된다. 그런데 디지털 시대에는 이런 새로운 디지털 정보 매체에의 접근성과 활용성이 세상을 살아가는 기본이 되는 생존 조건으로 작용한다는 점에서 문제의 심각성이 있다. 즉, 단순히 개인의 취향과 흥미에 따라 디지털 정보 매체에의 접근과 활용 여부를 결정할 수 있는 선택 상황이 아니고 이 시대를 살아가는데 필수적인 생존 조건으로 작용하고 있기 때문이다.

이를 해결하기 위해서는 관련 정부 부처나 해당 기관의 정책적, 제도적 노력도 필요하지만, 근본적으로는 미디어 자체를 제대로 읽고 활용할 수 있는 현명한 미디어 수용자 교육 즉, 미디어 교육이 필요하다. 미디어 교육은 미디어의 다양한 역할과 기능을 극대화하고 급증하고 있는 여러 가지 역기능적 폐해나 문제점들을 최소화하기 위한 방안의 하나이다.

즉, 능동적이고 적극적인 수용자 의식을 토대로 스스로 미디어를 선택하고 활용할 줄 아는 주체적 능력을 배양시키기 위한 교육이다. 인간의 필요에 의해 만들어진 미디어를 제대로 다룰 줄 아는 주인으로서의 능력을 갖추기 위해 필요한 교육이라고 할 수도 있다. 인간과 사회와의 관계에 있어서 인간이 소외되거나 왜곡되지 않는 커뮤니케이션 질서를 회복하기 위한 주체적인 커뮤니케이션 의식 배양과 실천을 촉구하기 위한 교육인 셈이다. 미디어교육은 곧 커뮤니케이션 교육이다. 따라서 미디어를 올바르게 이해하고 활용하는 능력은 곧 인간과 사회와의 관계에 있어서 인간 중심의 커뮤니케이션 질서를 회복하기 위한 적극적인 대안 중 하나이기 때문이다. 미디어의 영향력이 막강해짐에 따라 자연스럽게 수동적이고 소극적인 수용자로 전락하기 쉬운 현대인들에게 필요한 주체적인 커뮤니케이션 능력을 기르기 위한 교육이 바로 미디어 교육이다. 하나님과의 올바른 소통을 위해 세상의 미디어를 제대로 읽고 분별하는 능력과 절제 있는 미디어 사용의 지혜가 그 어느 때보다도 절실한 때이다.

사회적 거리두기 속에서 자라나는 신뢰와 연대의 소망

문상현

코로나19로 인해 우리 사회의 모든 담론이 감염병 시대를 어떻게 살아갈 것인가에 맞춰지고 있다. 이는 학술공동체와 저널리즘 영역뿐 아니라 일상의 담론공동체에서도 마찬가지이다. 한국 역사는 물론이고 세계사에서 지난 수십 년간 겪은 그 어떤 위기와 혼란을 무색하게 할 만큼 코로나19는 전일적이고 압도적인 공포가 되고 있다. 보이지 않는 적은 나의 가족과 이웃을 숙주 삼아 일상적으로 행해 왔던 접촉과 관계를 통해 번성하고 있다. 그 적과의 싸움 방식이 마스크로 대화를 차단하고 손 씻기로 접촉의 흔적을 지우며 타인과의 거리두기라니 얼마나 아이러니하고 절망적인가. 모름지기 사회란, 공동체란 무엇인가? 사랑하는 대상과 침을 튀기며 수다를 떨고, 친밀한 스킨십을 통해 애정과 관심을 표현하며, 조금이라도 가까이 붙어 우리가 같은 문화와 정서를 공유하는 구성원임을 확인하는 곳이다. 그런 의미에서 감염병은 우리의 존재론적 근거와 목적을 파괴하고 있다. 코로나 시대의 가장 큰 두려움은 신체적 위해가 아니라 고립과 단절의 일상화로 인한 사회적 연대의 소멸일지 모른다.

최근 kbs, 시사IN, 서울대가 공동으로 수행한 코로나 이후 한국사회에 대한 인식 조사 결과가 화제다. 조사에 따르면, 코로나19로 인한 정부의 사회적 거리두기 방침에 대해 응답자의 95.8%가 '지키고 있다'고 했고, 외출 시 항상 마스크를 착용한다는 답변 역시 80.3%에 달했다. 사회적 거리두기로 인한 높은 피로감에도 불구하고 정부가 다시 사회적 거리두기를 시행한다면 응답자 중 97.4%가 동참하겠다는 의지를 보였다. 특히 주목할 만한 사실은 이들이 밝힌 동참의 이유다. 사회적 거리두기를 '내가 확진자가 될까 봐 두려워서(63.7%)'보다 '나로 인해 주변 사람에게 피해를 끼치는 것이 더 두려워서(86.0%)' 지키겠다고 답한 것이다. 사회적 거리두기를 감내하는 이유가 다른 사회구성원을 보호하기 위해서란 뜻이다. 또 다른 질문들의 결과도 의미심장하다. '우리나라는 사람들이 서로 믿고 의지하며 살아갈 수 있는 사회다'라는 질문에 28.9%가 그렇다고 답한 작년 12월과 비교해 코로나19를 겪은 올해 5월에는 응답자의 57%가 긍정적으로 답한 것이다. 과거 OECD 조사에서 늘 얼굴을 붉히게 했던 낮은 사회신뢰도(trust)에 반전이 일어나는 신호처럼 보인다. 또한 '한국은 희망이 없는 헬조선 사회'란 명제에 대해 '그렇다'는 답변이 작년 57.4%에서 올해 25.9%로 눈에 띄게 줄었다. 지난 몇 년간 한국사회의 현실을 상징적으로 규정했던 '헬조선'이란 용어의 효용이 끝났다는 의미이다.

　K-방역의 일시적 성공과 동경하던 선진국들이 드러낸 무능력으로 인해 생긴 착시일지는 모른다. 그럼에도 불구하고 위 조사결과는 사회적 연대의 소멸에 대한 우려가 기우임을 어느 정도 암시한다. 보이지 않는 공포와 이로 인해 강제된 고립과 단절의 일상이 오히려 공동체와 사회적 연대의 귀중함을 일깨우고 있는 것이다. 내가 속한 공동체와 국가에 대한 불신과 혐오가 한낱 허상임을, 나를 나답게 하고 나의 안위를 지키는 것은 결국 나의 이웃과 내가 속한 공동체뿐임을 자각하게 된 것이다. 사회적 거리두기라는 반사회적이고 반공동체적인 규율 속에서 그동안 불가능해 보였던 신뢰와 연대의 소망을 키워내고 있는 것이다.

사회적 교회 (Social Church)

옥성삼

금요일 오후 해질녘이면 미리 준비된 식탁에서 두 개의 촛불을 밝히면서 유대인의 안식일이 시작된다. 분주한 일상을 멈추고 온전히 하루를 쉬면서 제4계명인 안식일을 체험한다. 하나님의 창조와 구속을 기억하고 기념하기 위해서이다. 해방 사건인 출애굽 여정 속에서 구체화된 안식일은 창조의 정점에서 하나님의 기쁨에 찬 선언으로 주어졌기에 신앙 의례(ritual)보다 앞선 본질적인 의미를 담고 있다. 안식일은 전례에 참여하는 의무의 날 이전에 하나님의 현존과 영원한 하나님 나라를 매주 반복적으로 체험하는 샬롬의 시간이다. 예수님이 선포하신 '사람을 위한 안식일'은 율법과 의무가 아닌 영원과 잇대어 있는 평안의 날로서 안식일을 회복시켰다. 초대교회의 주일(Lord's Day)은 안식 후 첫날 부활승천하신 예수 그리스도를 기억하고 기념하는 날이다(행 20:7). 교회가 주일을 성일(聖日)로 지키는 것은 신자의 의무를 행함으로 규범화된 신앙의 정체성을 유지하는 것 이상이다. 에클레시아로서 신앙공동체를 경험하는 것도 넘어선다. 하나님의 창조와 구속을 기억하고 기념하는 것이요, 그리스도의 부활 사건을 기념하고 대망하는 것이며, 나와 우리에게 주어진 삶에서 하나님의 현존과 영원을 어렴풋이 맛보는 시간이다. 따라서 교회의 존재양식인 주일과 예배는 율법과 의례를 넘어서는 것이다. 하지만 근래 교회와 주일(안식일)에 대한 이해 그리고 주일예배에 대한 논의는 본질에 대한 관심이나 성육신적 정체성에 대한 성찰과 거리가 있다.

최근 'COVID-19'로 주일예배가 언론의 주요 관심사가 된 것은 한국교회와 사회가 갈등적으로 만나고 있기 때문이다. 세상과 교회의 본질적 갈등이 아니다. 정부의 사회적 거리두기(social distancing) 정책과 공공신학이 약화된 한국교회의 왜곡된 현실이 충돌하는 모양새이다. 대형교회의 세습과 목회자 성폭력 등의 이슈가 신천지의 집단감염과 교회의 주일예배 형태(현장예배 vs 온라인예배) 이슈로 전환되었다. 신천지가 던진 집단감염 쇼크는 정부와 지자체의 교회 알레르기를 불러왔다. 교리의 정통성 문제보다는 교회활동의 비합리성이 교회를 보는 잣대가 될 수밖에 없다. 많은 교회가 정부대책과 시대적 요청에 부응하고 있지만, 지역교회별 각자도생 문화가 우선시된 한국교회는 천주교회나 불교와 달리 팬데믹의 유력하고 잠재적인 위험요소 중 하나로 각인되고 있다.

문제의 핵심은 교회를 음해하려는 사회의 공작이나 시선이 아니라, 한국교회의 존재방식이다. 세상의 빛과 소금인 교회가 시대와 문화의 옷을 성육신적으로 갈아입었는가의 문제이다. 역으로 말하면 변화가 일상화된 21세기에 교회가 어떤 체제와 문화를 가지고 세상의 빛으로 존재하는가의 질문이다. 오늘날 교회의 현장은 '고도근대사회', '신자유자본주의', '고도정보통신사회', '세계화', '4차산업혁명' 등이라 부르는 21세기 현실이 존재한다. 21세기의 문화 혹은 생활양식을 관통하는 핵심 요소 중 하나가 '참여, 개방, 공유'라는 '사회적((社會的, Social)' 키워드이다. '사회적(social)' 키워드의 특성에는 '공동체성, 관계성, 수평적 네트워킹, 상호작용성, 역동성' 등의 의미가 담겨있다. 일례로 스마트폰 기반의 '사회적 미디어(social media)'는 정치·경제·사회·문화 전반을 이어주는 생활 플랫폼(life platform)이 되었다. 넓혀보면 지구촌의 생존을 위한 사회적 성찰(social reflexivity)로써 '지속가능한 환경과 개발'로부터 자유로운 나라는 없고, 팬데믹(pandemic)에서 열외인 나라가 없다. 포스트 신자유자본주의의 어쩔 수 없는 대안적 논의로 '사회적 경제(social economy)와 '기업의 사회적 책임(Corporate Social Responsibility)'이 등장했다. 소셜(social)은 21세기를 상징하는 핵심요소이고 문화이기도 하다.

100년 만에 전 세계가 경험하는 팬데믹은 한국교회의 어정쩡한 '선교적 교회(missional church)' 논의를 '사회적 교회(social church)'로의 성찰을 요청하고 있다. '사회적 교회'는 교회론을 위한 신학적 논의라기보다는 성육신적 교회의 시대성을 담은 표현이다. 교회의 양극화(대형화와 부실화), 배금주의와 성장우선주의, 공공신학의 약화와 사회와의 불통, 이단의 발흥과 가나안성도 현상, 목회자의 일탈과 교회 세습 등 한국교회의 고조된 정체성 위기 환경에서 '사회적 교회' 논의는 위험한 현실에 대한 '탈(脫)' 알람이고, 변화된 환경을 가로지르는 실천적 방향이라 할 수 있다. 사회적 교회는 지금 한국교회가 경험하는 5가지 우상 - 이데올로기, 반이성적 세계관, 중세적 교권주의, 도피적 신비주의, 맘몬이즘 -의 도전을 극복하는 교회이다. 사회적 교회는 21세기적 환경을 능동적으로 경영할 수 있는 교회이다. 복음의 시대적 재해석, 변화가 일상화된 사회와의 상호작용적 소통, 사회를 끌어당기는 교회체제의 재구조화, '사회적 삼위일체(social trinity)'가 신앙공동체에 역사하는 교회라 할 수 있다. 곳곳에서 '코로나-19' 이후 한국교회에 대한 걱정과 전망의 목소리가 이어지고 있다. 지역교회의 현실적인 신학적 연구 그리고 문명사적 변화를 품은 한국교회의 폭넓은 논의 가운데 '사회적 교회(social church)'에 대한 진지한 성찰이 있기를 소망한다.

영화 '기생충'에 대한 생뚱맞은 비난

박진석

봉준호 감독의 영화 '기생충'이 칸 영화제 황금종려상을 시작으로 마침내 아카데미상, 일명 오스카상의 작품상, 감독상, 각본상, 국제장편영화상 등 4개 분야에서 수상을 했다. 수상도 큰 뉴스이지만 수상소감이 인상적이다. "가장 개인적인 것이 가장 창조적이다"라는 경쟁자였던 마틴 스콜세지 감독의 말을 인용한 것이다. 그는 봉 감독이 가장 존경하는 감독이다. 수상 소감에 언론은 겸손하기까지 한 봉 감독에 대해 뉴욕포스트는 '성자'였다고 보도했다. 국내 언론이나 팬들도 한국 영화사의 "진정한 영웅이다"고 평했다. 봉 감독의 말대로 '기생충'은 1인치의 장벽을 뛰어넘었다. 미국 영화 중심의 장벽을 넘어 진정으로 글로벌화 한 업적을 남겼다. '기생충'은 그 인기가 당분간 전세계 영화시장을 사로잡을 것이다. 명예와 함께 엄청난 돈도 벌 것이다. 정말 한국 영화 100년사에서 영원히 기록될 업적이다.

이 영화가 주는 메시지는 무엇인가? 물론 영화는 영화로서 하나의 예술로서의 메시지가 있다. 그러나 영화는 역사와 현실이라는 사회 속에서 메시지를 준다. 지하에 사는 가난한 자와 지상에 사는 부자와의 서로 다른 삶을 그리고 있다. 바로 돈이 주인인 사회, 자본주의 사회상의 빛과 그림자를 말해 준다. 영화는 청년실업, 학벌주의, 사교육, 물질만능주의 등 한국사회의 암울한 실상을 적나라하게 그려냈다. 그럼에도 불구하고 기생충은 자본주의 한국 사회의 실상을 코믹한 대사와 웃기는 유머로 계급 모순의 심각성이 생각나지 않을 정도로 표현했다. 이런 점에서 봉 감독의 예술성 작품성을 높이 평가한다. 자칫하면 계급, 이념 갈등을 불러일으킬 수 있으나 예술로 승화한 점이 세계 영화인들의 마음을 사로잡은 것이다.

그런데 '기생충'에 대해 한편에서는 벌써부터 빨갱이 냄새가 난다고 야단들이다. 좌파, 진영논리로 평가절하에 바쁘다. '기생충'은 계급적 갈등을 죄익적 시각에서 기득권, 상위 계층에 대한 증오와 분노를 깔고 있으며 좌파의 감상적 시각을 넘어서서 폭력과 유혈이 도사리고 있다고 SNS 등에서 비난했다. 또한 남북으로 대치된 분단논리를 앞세워 이 영화는 미국을 조롱하는 무기이며 사회주의 혁명을 선전 선동하는 도구가 될 것이라 비난하고 있다. 더 생뚱맞은 비난은 트럼프 대통령이다. '기생충'을 이해 못하겠다고 비난했다. 미국 중심의 우월주의 발상이다.

이런 비난에 대하여 백보 양보해서 질문한다. 이런 세상이 될 때까지 왜 그토록 많은 사람을 지하층에 살도록 했는가? 핸드폰 와이파이가 안 터지는 지하에서 사는 이유가 그들이 게을러서인가? 공평과 공정의 기회를 그들에게 제대로 주었는가? 세계 200여개 나라 중에서 수출 강국 12위 부자나라인데 OECD 국가 중 복지비 지출이 가장 최하위 나라로 내버려두는가? 5포 7포 시대를 만든 것은 기득권층이 아닌가? 더구나 그렇게도 맹신하는 동맹국 대통령이 '기생충'을 비난하는데도 그대들은 왜 가만히 있는가? 묻고 싶다. 그들 지하층 사람들은 어느 민족 사람들보다 부지런하다. 그들 부모는 굶더라도 자식을 세상에서 가장 많이 배운 고학력의 지식인들로 키웠다. 5,000년 역사의 국난 중에도 가장 끝까지 이 땅을 지킨 자들이다.

지하층과 지상층으로 양극화된 우리 사회 현실이지만 영화는 영화이다. 그 메시지를 찾아내고 해석하여 우리 삶에 담아내는 일은 관객, 우리의 일이다. 피눈물 나는 처절한 지하층의 사람들에게 우리 사회나 한국 교회는 그들에게 희망을 주고 내일의 행복이 지금 여기서부터 현실화되도록 진정한 영화의 주인공은 당신들이며 당신들이 성자요 영웅이라고 주님처럼 그들을 먼저 대접해야 한다. 이것이 기독교 황금율(마7:12)이다.

유예된 위기와 밑바닥으로의 질주

문상현

　이번 주 주간지 '시사인'에서 한국 언론의 신뢰도에 대한 연례조사결과를 발표했다. "레거시(전통) 미디어의 근간인 신뢰가 무너지고 있다"는 조사 결과는 이렇다. 한국에서 가장 신뢰하는 언론매체로 지난해 2위였던 유튜브(13.0%)가 1위를 차지했고 포털 네이버(11.4)가 2위이다. 반면 지난해 1위였던 jtbc(5.7%)는 4위로 떨어졌고, KBS(8.5%)와 MBC(5.0%)가 각각 3위와 5위를 차지했다. 자칭 1등 신문 조선일보는 신뢰하는 매체 7위(3.7%)인 동시에 불신하는 매체 1위(22.8%)이다. 다른 신문들 중에서는 한겨레신문이 신뢰하는 매체 10위(2.1%)에 가까스로 이름을 올렸다. 신문만 따로 뽑은 순위에선 신뢰하는 신문으로 조선일보(15.2%)가 1위를, 한겨레신문(13.1%)이 2위를 차지했다. 반면 전체 응답자의 45.5%가 신뢰하는 신문이 없거나 모른다고 답하거나 응답을 안 했다. 때론 구구절절 긴 설명보다 숫자가 현실을 명징하게 보여줄 때가 있다. 요약하면, 레거시 언론에 대한 불신과 무관심은 갈수록 커지고 방송보다 신문이 더 최악이다.

　신문과 저널리즘의 위기는 전 세계적인 현상이다. 외국의 경우 위기는 비즈니스모델의 붕괴 때문이었다. 미디어기술의 발전으로 뉴스를 제공하는 매체와 채널이 폭발적으로 늘었다. 신문에 비해 뉴미디어들은 훨씬 이용자 친화적인 방식으로 뉴스를 제공하였고, 개인취향과 관심에 의

한 미디어소비 경향은 신문 구독률과 열독률을 빠르게 떨어뜨렸다. 구독자가 감소하며 광고매체로서 신문의 매력은 급락했고 이는 광고수익 감소로 이어졌다. 신문을 경제적으로 지탱해 온 구독과 광고 수익이라는 비즈니스모델이 붕괴되기에 이른 것이다. 디지털 혁신이라고 불린 외국 유력 신문사들의 생존투쟁은 이로부터 비롯된 것이다. 하지만 신기하게도 한국 신문산업은 구독과 광고수익을 안정적으로 유지하고 있다. 외국과 마찬가지로 구독률과 열독률은 바닥을 모르고 떨어지는 중이고 언론의 생명인 신뢰도는 거론하기 부끄러운 수준인데도 비즈니스 모델이 건재한 것이다. 이유가 뭘까? 아마 그 답은 정파성에 기반한 정치적 영향력을 이용해 비정상적으로 수익을 창출하기 때문일 것이다. 위기에 필요한 처방을 하기보단 일종의 마약진통제를 통해 버티는 격이다.

유예된 위기는 돌이킬 수 없는 결과를 낳을 개연성이 높다. 위기임을 망각하고 근본적인 혁신(혹은 반성과 자기성찰)을 회피한 대가를 치러야 하기 때문이다. 몇 년 전부터 사용된 '기레기'란 오명은 위기의 분명한 징후였다. 신뢰도는 바닥이고 독자는 넌더리를 내며 떠나가는데 아직 괜찮다고 여긴다면 그건 정상이 아니다. 바닥을 확인하고 싶은 걸까 하는 의구심이 들 정도이다. 여전히 한국 최고의 엘리트들이 모여 있는 곳이 신문사이다. 신뢰회복과 독자의 발길을 돌리는 방법이 무언지 모를 리 없다. 증오와 욕심을 내려놓으면 길이 보일 텐데 왜 그게 안 되는지 답답할 뿐이다. 언론의 부재가 행복의 조건이라는 비아냥거림을 들을 수는 없지 않은가?

코로나 19와 미스터트롯

김승호

코로나 19가 세계를 강타하고 있다. 중국 후베이 성에서 시작되어 중국에서만도 확진자 수가 7만 명을 넘었고 2천명 이상이 사망했다고 전해진다. 이는 2002년에 발생한 사스 사망자 774명을 능가하는 수치로, 통계에 잡히지 않은 확진자와 사망자를 고려하면, 그 수는 가늠할 수 없을 정도도. 이 전염병은 중국을 넘어 태국과 일본과 필리핀과 우리나라 같은 아시아 국가들과 북미와 유럽의 여러 나라로 확산되고 있다. 세계적으로 중국인 기피현상에 이어 이제는 아시아인 기피현상마저 나타나고 있다. 가게에 들어가 중국말이 들리면 곧바로 자리를 뜨는 분위기다. 그러다 보니 국내 자영업자들의 고심은 이루 말할 수 없을 정도가 되었다. 대학마다 졸업식 취소와 새 학기 개강 연기를 결정했고, 중국인 유학생에 대한 대책 마련에 전전긍긍하고 있다.

제대로 된 치료제가 개발될 때까지는 상당한 시일이 걸린다고 전해진다. 한편, 이렇게 전염병에 대한 감염 불안이 확산되는 가운데서도, TV 프로그램 〈내일은 미스터트롯〉이 선풍적인 인기를 끌고 있다. 전국 시청률 27%라는 종편 사상 최고의 시청률 기록으로, 우리나라 종편 역사를 새로 쓰고 있다는 평가를 받고 있다. 오디션 프로그램의 특성상 방송 횟수가 거듭될수록 시청률이 상승세를 타고 있다는 점도 눈여겨 볼만하다.

사람 간 접촉을 최소화하고 마스크 한 장으로 감염의 위험을 차단해야 하는 엄중한 상황에서 미스터트롯 열풍은 우리에게 중요한 사실을 시사한다. 대중문화 평론가들은 참가자들의 실력과 매력, 기부미션 공연과 같은 독특한 포맷, 지원자의 현재에 초점을 맞춘 점, 시청자 참여 강화, 트롯을 기반한 다양한 장르 융합 등 미스터트롯의 열풍 원인을 다양하게 분석한다. 그런데 미스터트롯 열풍 현상은 다른 측면에서도 살펴볼 여지가 있다.

사람은 누구나 힘든 상황에 직면할수록 그 상황을 견딜 수 있게 해 주는 무언가를 찾는다. TV 프로그램 '내일은 미스터트롯'은 코로나 19로 야기된 대중의 긴장을 풀어주는 대체재의 성격을 띠고 있다. 트롯 음악 근처에도 가보지 않았을 법한 젊은 청춘들의 구성진 목소리와 새로운 곡 해석, 그리고 그들의 풋풋하고 창조적인 무대 매너는 연령대를 초월하여 대중 일반을 트롯의 세계로 빨아들이고 있다.

미스터트롯은 하나의 이상향이다. 인간사 걱정으로부터 완전히 차단된 즐거움과 환희로 가득 찬 유토피아 세상이다. 한 많은 현대사의 질곡 속에서 살아온 부모세대와 조부모세대가 자녀세대와 손자세대가 함께 향유하는 세대 초월 신세계다. 불안에 떠는 대중에게 혜성같이 나타나 잠시나마 현실의 공포를 잊게 해 주는 '사회적 치료제'다. 때로 인생무상을 노래하며 절망과 비관으로 대중을 이끄는 역기능적 행태도 있었지만, 시대마다 대중음악은 고난 가운데 방황하는 서민의 애환을 달래주는 치료제로 작용해 왔다.

불안과 공포의 시대를 살아가는 대중에게 미스터트롯은 말한다. 그럼에도 불구하고 꿈과 희망을 잃지 말라고. 견디다 보면 좋은 날이 올 것이라고. 이는 흡사 시편의 메시지와도 같다. 시편의 노래들은 절망적인 상황 중에서도 포기하지 말고 하나님의 구원하심을 찬양할 것을 격려한다. 잠시나마 현실의 불안을 잊게 해 주는 '일회용 치료제'가 미스터트롯이라면, 시편의 노래들은 인간의 궁극적 불안을 믿음으로 돌파한 승리의 노래, '궁극적 치료제'다. 이제 우리는 예배당 안에서의 유치찬란한 힘 자랑과 키 재기를 수치로 여기고, 불안 속에 떨고 있는 이웃에게 나아가 그들에게 시편의 노래를 들려주어야 한다.

포스트 코로나19, 생존할 수 있는 방법

박진석

최근 CNN는 코로나19가 전체 인구의 60~70% 감염될 때까지 앞으로 18개월에서 길게는 2년 더 유행할 것이라 보도했다. 이는 미국 미네소타 대학 감염병연구정책센터(CIDRAP)의 예측 모델 연구 발표이다. 여러 데이터만 봐도 지금은 혼돈, 불안, 두려움의 서막이다. 그렇다면 코로나19 이후 큰 이슈는 대비이다. 그중 가장 핵심 대비는 어떻게 살아갈 것인가? 정확히 말하면 어떻게 살아남을 것인가이다. 즉 '생존'의 문제이다.

인류는 팬데믹이 닥쳤을 때 이를 극복하며 살아남았다. 그 사례로 14세기 흑사병(페스트)과 1차 세계대전 때 스페인 독감을 들고 있다. 흑사병은 유럽 인구의 1/3을 죽게 했고 스페인 독감은 5,000만명을 사망케 했다. 그러나 흑사병은 중세 봉건 사회를 붕괴시키고 교역과 상업 발전으로 르네상스 시대를 열게 했다. 또한 스페인 독감은 노동력 감소로 자본 집약의 산업 발전과 생산성 향상을 불러왔다고 경제학자들은 주장한다.

그러나 포스트 코로나19 대비는 경제적 측면에서만이 아니라 사회학적 측면에서 함께 살아가는 생존의 방법을 찾는데 있다. 작금의 세계 질서는 인류의 생존보다는 힘 있는 자, 경제력이나 권력이 있는 자들의 생존을 우선 시 했다. 그러나 이런 힘 있는 자들 중심의 생존 방식으론 팬데믹을 극복할 수 없다. 국가의 수상이나 장관들도 코로나19에 감염되어 치료를 받기도 했다. 따라서 글로벌시대, 생존을 넘어 공존으로 가는 포스트 코로나19를 대비해야 한다. 김홍중 교수(서울대 사회학)는 「사회학적 파상력」(2016)에서 3포시대 헬조선 현실에서 생존(生存)과 맞닥뜨리고 있는 오늘의 청년들의 태도를 독존(獨存), 공존(共存), 탈존(脫存)으로 분석했다. "독존은 생존 투쟁에서 승리했거나, 거리를 두고 나름대로 '자유주의적'이고 '개인주의적'인 삶의 형식을 취한 이들로 사회적 요구를 거절하며 자신을 방어하는 모습을 보이는 태도"고 "공존은 크고 작은 협력과 연대를 통해 시대의 전횡에 저항하고 대안을 만들어보자는 노력하는 태도로 분노와 공감을 강력한 자원으로 삼아 변화를 꿈꾼다."고 했으며 "탈존은 조용히 사라지는 쪽을 선택하는 태도로 소비와 욕망을 줄이고, 자신의 존재 자체를 극소화하는 방식을 택한 경우다."고 서술했다. 청춘의 꿈을 잃은 오늘의 청년 세대를 분석한 것이지만 팬데믹 상황에서 인류는 꿈과 비전을 준비하는 태도가 있어야 한다는 뜻이다. 즉 호모 파티엔스(고뇌하는 인간)에 따라 인류는 생존 투쟁을 넘어 함께 살아남아 공존하는 인류가 될 것이다는 주장이라 해석된다.

그러면 지금 교회는 어떤 태도를 취하고 있는가? 대부분 교회는 성장과 축복으로 '경쟁의 승자'가 되라는 생존주의 설교와 신학이 중심 메시지였다. 그래서 성공은 하나님의 은혜라 강조하고, 기도의 응답이자 믿음에 대한 보상으로 가르쳤다고 비판하고 있다. 따라서 이제 목회적 돌봄은 탈 경쟁주의, 탈 생존주의 세상을 그려볼 상상력, 꿈과 비전을 갖게 해야 한다고 주장한다. 물론 모든 생명체 조직은 성장을 통해 성숙하고 진보한다. 성장이 다 잘못된 것도 아니고 진보가 다 좋은 것은 아니다. 그러나 팬데믹과 같은 큰 위기를 맞닥뜨렸을 때 어떤 양태로 변화할 것이냐이다. 결론적으로 오늘의 목회와 선교는 포스트 코로나19의 시대정신인 공존이란 아젠다와 깊은 만남과 성찰이 필요하다. 호모 사피엔스(Homo sapiens), 현대 인류가 '자기 약점을 극복하고 최종 승자가 된 비결은 육체적 강인함도, 개별적 지능 수준 때문도 아닌, 높은 사회성을 통한 연대와 소통, 혁신 때문이었다'는 정의를 교회는 되새겨보아야 때이다. 연대와 소통, 혁신은 생존을 넘어 공존의 핵심이며 사회적 협동조합의 정신이다. 바로 코로나19 이후 교회나 사회나 국가가 나아갈 길은 공존(共存)의 방법이다.

다키스트 아워(Darkest Hour)

옥성삼

지난해 한국교회 관련 언론보도의 주요 키워드는 "확진자, 코로나 19, 집단감염, 온라인예배, 광화문집회" 등이고, 교회관련 보도의 약 70%가 코로나19 관련 뉴스이며, 뉴스의 부정적 보도성향이 20%를 상회한다. COVID-19는 한국교회의 취약성과 민낯을 보여줬고, 팬데믹(pandemic)으로 한국교회는 타종교나 사회단체보다 더 어렵고 갈등적 현실이다. 예배. 양육. 친교. 선교. 봉사 등 교회의 5대 기능은 위축되고 약화되었다. 모이기를 힘쓰던 한국교회는 그 모임의 열정이 비합리적이고 반사회적 활동이 되면서 곳곳에서 지속적으로 사회와 충돌하고 있다. 디지털 문화와 사역에 소극적이던 교회는 선택의 여지없이 온라인 예배와 온라인 목회를 임시 대체재로 받아들인다. 비대면 신앙생활의 장기화로 헌금이 줄고 교인도 줄고 있다. 국내외 선교활동은 급격하게 위축된다. 80%를 차지하는 미자립교회는 존립이 위태롭다. 우리사회 3차례 감염병 대유행은 '신천지, 사랑제일교회, 인터콥과 교회모임' 등 한국기독교계가 주요한 통로 역할을 했다. '한국사회가 한국교회를 걱정하는 시대'라는 상징적 보도가 이제는 팩트 뉴스로 회자된다.

지금 한국교회는 무엇으로 존재하는가?

세상의 빛과 소금이라 말할 수 있는가? 세상의 짐과 상처와 절망을 치유할 수 있는가? 진리와 자유, 평화와 생명의 가치를 추구하며 복음과 희망을 전하는가? 아니다. 신앙의 본질을 수호한다는 명분아래 교회의 이름으로 드러나는 수많은 언행이 하나같이 독선적이며 이기적이다. 적어도 사회언론은 오늘의 교회를 그렇게 조명하고 인식하고 있다. 논객들은 '교회가 사회를 위해 뭘 하겠다고 나서지 말고, 제발 스스로를 돌아보고 상식적인 소통부터 하라'고 한다. 민주화 이후 약 30년이란 세계화 환경에서 성장 정체와 정체성 위기-공공성 약화, 근본주의 회귀, 맘몬이즘, 가나안 신자, 각자도생 체제 등-를 겪고 있는 한국교회는 팬데믹의 충돌로 드러난 현실을 솔직하고 깊이 있게 반성해야 할 때이다. 문명사적 전환기를 맞이하는 거시사회구조적 변동속에서 교회의 본질을 회복하면서 성육신적 변화를 추구해야 한다. 코로나 19의 세계적 대유행은 위험사회(risk society)의 지구적 경험, 세계화(globalization)의 그림자, '변화가 일상화된' 뉴노멀(new normal)의 불안 등을 체감케 한다. 이 시대의 불안정성과 불안에 교회의 대응과 사역이 무엇이어야 하는지? 이것이 교회의 관심사가 되어야한다. 팬데믹 사건으로 드러난 현 교회체제의 취약성과 목회의 지체현상을 구체적으로 살펴야한다.

2017년에 개봉한 '다키스트 아워(Darkest Hour)'는 2차 세계대전으로 절체절명의 상황에 직면한 영국이 윈스턴 처칠의 전시내각을 통해 극적인 반전을 일궈내는 실화를 담은 영화이다.

독일군의 침공에 속수무책으로 무너졌던 서부전선 그리고 프랑스 서부 해안 덩케르크에 포위된 30만명의 영국과 프랑스 연합군. 미국의 지원은 어렵고 독일군의 포위를 벗어날 길이 요원한 상황. 의회 내에서도 처칠을 끌어내리려는 세력은 항복과 타협으로 피해를 줄이자는 목소리를 높인다. 내우외한 속에서 처칠의 명연설이 의회의 분위기를 반전시키고 압도한다. "전쟁에서 진 나라는 다시 일어설 수 있지만 항복한 나라는 다시 일어설 수 없다." 자정능력 상실과 정체성 위기가 고조된 한국교회에 팬데믹의 충격은 어쩌면 '어둠의 시간'인지도 모른다. 한국교회가 직면한 위기와 부조리한 현실로 새해가 밝았다. 오늘 교회란 무엇인가? 한국교회가 무엇을 어떻게 할 것인가?

진실 실종시대 유감

김기태

　각종 신기술 미디어의 급증이 오히려 진실의 실종을 부추기고 있다. 미디어 과잉이 정보 과잉으로 이어지면서 본래 미디어의 역할인 진실 추구와는 거리가 먼 거짓과 오류의 생산 기지로 전락하고 있다. 도대체 무엇이 진실인지를 알 수가 없는 일들이 너무 많아 혼란스럽다. 오랫동안 의심없이 믿어왔던 수많은 사실들이 하루 아침에 거짓으로 드러나거나 반대로 그동안 상상도 하지못했던 허위 정보가 버젓이 사실로 밝혀지는 일들이 비일비재하다. 참과 거짓의 경계가 모호해지는 탈진실 시대가 실감나는 세상이다. 가짜뉴스의 범람으로 세상이 어지러워지는 것도 탈진실 시대의 징후 중 하나이다. 사실을 생명으로 삼는 저널리즘의 위기도 탈진실 시대의 도래와 밀접한 연관성이 있다. 명백한 허위와 조작으로 만들어진 가짜뉴스는 말할 것도 없고, 자신과 다른 의견이나 주장을 가짜뉴스로 몰아가는 잘못된 확증편향 현상도 탈진실 사회를 조장하는 주범 중 하나이다. 최근에는 각종 첨단 기술을 이용한 조작 영상물로 사람들을 속이는 일까지 생겨나고 있다. 이렇게 최첨단 AI기술을 활용해서 조작한 영상을 딥페이크deep fake라 부른다.

　딥페이크는 2017년 포르노 배우의 얼굴을 유명 연예인으로 바꿔치기 한 충격적인 사건에서 처음 등장했다. 딥페이크는 AI기술의 핵심인 딥러닝deep learning과 가짜를 의미하는 페이크fake의 합성어인데, 딥러

닝을 이용해 영상 속 원본 이미지를 다른 이미지로 교묘하게 바꾸는 기술이다. 딥페이크는 탈진실 시대의 산물이다. 절대 진리에 대한 믿음이 무너지고, 참과 거짓의 경계가 모호해지는 시대적 상황 아래에서 탄생한 괴물이다. 최근에는 음란물 제작의 한 수단으로 악용하면서 커다란 사회적 문제로 등장했다. 피해를 호소하는 유명 연예인들이 급증하고 있다. 그런데 그동안 얼굴이나 다른 영상을 바꿔치기하는 방식을 주로 사용했던데 비해 최근에는 아예 존재하지도 않는 새로운 영상을 만들어내는 기술로 까지 진화하고 있다. 예컨대 발명왕 에디슨 사진 몇 장만 있으면 그가 실제로 강연하는 영상을 만들어 낼 수 있다. 물론 이런 기술은 역사 속 인물을 실제 영상으로 재현하거나 영화에서 등장인물의 젊은 시절과 노년의 모습을 함께 보여주는 등 다양한 분야에서 유용하게 사용할 수도 있다.

딥페이크의 가장 큰 위험은 진실의 위기이다. 딥페이크 자체도 문제지만 더 큰 부작용은 영상물을 유포하는 다양한 종류의 소셜미디어를 불신하게 만든다는 점이다. 소셜미디어를 통해 유포되는 뉴스나 정보에 대한 불신을 초래할 수 있고 나아가서는 모든 언론 자체에 대한 무시나 배척으로 까지 확산할 수 있다. 한국 사회의 고질병으로 불리우는 진영 대립으로 인한 극단적 갈등이나 대결을 증폭시킬 수도 있다. 이렇듯 AI 기술은 어떻게 사용하느냐에 따라 문명의 이기로도, 흉기로도 쓰여질 수 있다. 초고속으로 달려가는 기술의 속도를 따라가기 위한 법적, 제도적 장치 마련이 시급한 이유가 바로 여기에 있다. 또한 자신이 믿고 싶은 것만을 무비판적으로 받아들이는 확증편향을 줄이고 참된 진실이 무엇인지를 끊임없이 묻고 비판적으로 생각하는 자세가 중요하다. 딥페이크가 만들어내는 탈진실 시대를 살아가는 지혜는 곧 범람하는 정보 속에서 옥석을 가릴 줄 아는 정보 리터러시 능력을 기르는 것이다.

"꽃으로도 때리지 말라"

김기태

한국사회에서 폭력성은 음란성에 비해 관대한 편이다. 폭력성과 음란성은 각종 미디어 콘텐츠의 선정성을 야기하는 대표적인 불건전 소재인데 상대적으로 폭력성에 대해서는 덜 민감하다. 이런 폭력에 대한 사회적 둔감성이 결국 최근 급증하고 있는 다양한 유형의 폭력 범죄를 야기하는 주범으로 작용한 것이다. 언어적, 신체적, 정치적, 심리적 폭력이 난무하고 있다. 폭력은 어떤 이유로도 정당화할 수 없다. 인간다움을 포기하는 가장 야만적이고 야비한 행위이기 때문이다.

폭력은 행사하는 자와 폭행을 당하는자 모두를 망가지게 만드는 비인간적 행동의 극치이다. 특히 폭행 피해자에게는 결코 잊혀지지 않는 아픈 상처이고 씻을 수 없는 수치로 남아 평생을 괴롭히는 기억이다. 시간이 지나도, 나이를 먹어도, 그 자리를 떠나도 결코 사라지지 않는 몸과 마음에 깊이 새겨진 문신과 다름 아니다. 그런데도 대부분 가해자들은 자신들이 저지른 폭력과 폭행을 기억하지 못하는 경우가 많다. 의도적이든 비의도적이든 과거의 폭력 사실을 기억하지 못하거나 부인하는 가해자들의 변명은 피해자들을 또 한번 괴롭히는 2차 가해로 작동한다. 최근 학교 폭력에 대한 폭로가 들불처럼 터져 나오고 있다. 어떤 이유로도 폭력은 우리 사회가 용인할 수 없고 근절해야 할 구악 중의 구악이란 점에서 폭력 퇴치를 위한 사회적 논의와 합의의 출발점이 되어야 할 것이다. 가해자로 지목된 몇몇 선수들을 향해 집단적으로 돌을 던지고 분노하고 그들을 추락시키는 일시적 화풀이로 끝낼 일이 아니다. 책임은 우리 모두에게 있기 때문이다.

폭력은 다양한 모습으로 나타난다. 신체적인 폭력을 비롯해서 언어적 폭력과 심리적 폭력까지 가해자와 피해자의 위치와 처지에 따라 다양하게 행사된다. 이 모든 폭력 유형은 복합적으로 사용되는 경우가 많다. 때로는 성폭력을 동반하기도 한다. 대부분 폭력은 상습적으로 이루어질 뿐만 아니라 횟 수가 늘어 날수록 폭력의 강도와 빈도가 심해지는 특성을 지닌다. 폭력의 가속화, 일상화, 둔감화, 습관화가 나타난다. 이런 폭력의 굴레에 한번 들어서면 대부분 피해자들은 심한 두려움의 고통으로 무기력해진다. 일반인의 눈으로는 이해가 되지 않는 어처구니없는 폭력 피해를 당하고도 다른 사람의 도움을 받거나 구조를 요청하지 못하고 때로는 스스로 극단적인 선택을 하는 경우까지도 생겨난다. 반복적으로 폭력에 시달리다보면 정상적인 사고와 행동이 불가능해지고 스스로 만든 캄캄한 감옥으로 자신을 던져 버린다. 자아존중감은 말 할 것도 없고 자기비하와 자기 멸시를 넘어 삶의 포기 상태로 까지 빠져들게 된다.

'꽃으로도 때리지 말라'는 말이 교회와 학교, 가정에서부터 실천되어야 한다. 아무리 다급한 훈육의 필요성이 있더라도 절대 폭력은 사용하지 말아야 한다. 모든 선생님과 부모들이 어린이들에게 언어적으로도, 신체적으로도 그 들이 폭력으로 느낄 수 있는 어떤 위협이나 위해를 가해서는 안된다. 가정에서의 폭력 경험이 학교와 교회와 사회로 번져나가기 때문이다.

예언자와 뉴노멀 미디어

옥성삼

　예언자(豫言者, prophet)는 '다가오는 미래의 일을 내다보고(先見), 그 내용을 미리 말하는(豫言) 사람'이라 한다. 성경적으로는 '신탁(神託, 하나님의 계시)'을 받아 하나님의 말씀과 뜻을 대신 전하는 사람이다. 다른 말로는 신의 뜻에 따른 미래를 알고 있다는 '선지자(先知者)' 혹은 신의 뜻을 대신 전한다는 '대언자(代言者)'라고 한다. 예레미야 1장 9절에는 선지자에 대해 하나님께서 예레미야에게 "내가 내 말을 네 입에 두었노라"고 말씀한다. 예언자는 시간적으로는 현재에서 앞으로의 미래를 예견한다. 예언자의 정체성은 신적 능력을 가진 것이 아니라 신의 뜻을 받고 온전하게 전달하는 대리인(대사, 대변인)이라 할 수 있다. 즉 천지인(天地人)의 관계성에서 하나님의 메시지를 사람들에게 대신 전하는 매개자이다.

　여기서 잠시 생각할 지점이 있다. 첫째, 예언자의 역할이 미래를 위한 것인가? 혹은 현재를 위한 것인가? 구약의 선지서를 통해 우리가 알 수 있는 것은 하나님께서 예언자를 통해 자신의 뜻을 이스라엘에게 전하는 것은 정해진 미래를 보여주는데 목적이 있는 것이 아니다. 예언이 지향하는 시점은 미래가 아닌 현재이다. 현재의 위기와 고난, 부패와 반역에 대한 강력한 하나님의 진단이다. 잃어버린 꿈과 비전을 일깨우는 것, 하나님의 창조질서에 대한 깨달음, 부패와 죄에 대한 경고 등은 모두 메시지를 듣는 이스라엘의 현재를 정조준 한다. 둘째, 예언자의 정체성은 단순한 전달자인가? 혹은 신의 대언자로서 어떤 역량이 필요한가? 하나님의 메시지는 가감없이 대상자에게 온전히 전달돼야한다. 신탁의 수행자는 경험 지식 나이 등과 무관하게 누구나 대행 할 수 있지만, 모세, 사무엘, 엘리야, 이사야, 예레미야 등 성경에 나오는 대부분의 선지자들은 상당한 삶의 경험과 지식, 오랜 신앙훈련을 받은 사람들이었다. 하나님의 매신저는 하나님의 주권 속에 선택되고 이뤄지지만, 신비한 능력만이 아니라 세상 속에서 훈련되고 준비된 자를 통해 이뤄진다. 셋째, 예언자의 삶과 신탁의 내용은 별개인가? 선지자라 하여 초지일관 흐트러짐 없는 삶을 사는 것이 아니라 요나와 엘리야의 경우에도 때로는 좌충우돌하고 넘어지기도 한다. 하지만 예언자의 사명은 특정 메시지 전달만으로 끝나는 것이 아니라, 일생의 삶이 또 하나의 메시지이다. 그래서 예언자의 삶이 존경을 받는 것이고, 그렇지 못할 때 거짓 예언자가 될 수 있다. 성경에는 많은 가짜 예언자가 있었고 예수께서도 종말에 이를 때 까지 거짓 선지자들을 주의하라고 말씀했다.

한국교회에 왕 같은 제사장은 많은데 신실한 선지자는 드물다고 한다. 성령의 도우심 속에 말씀으로 현재를 진단하고 시대를 가로지르는 역량으로 카랑한 목소리를 낸다는 것은 그리 쉬운 일이 아니다. 어쩌면 인생을 걸어야 하기에 인간으로서는 감당하기 어렵다. 하지만 부조리와 위험이 상존하는 구조적 현실에서 예언자의 메시지가 없다면 이보다 더 암담한 현재와 미래는 없다. 어느 날 다가온 뉴노멀이란 문명사적 전환기는 전통사회의 경험과 산업사회의 전문지식을 무력화 시키고 있다. '새 술은 새 부대에'라는 예수님의 말씀은 교회의 전통과 체제가 시대에 성육신적으로 재해석되어야 한다는 것이다. 3차원의 시공간이 가상세계의 시공간과 상호교차 하는 현실에서 미디어를 바로 이해하고 사용하는 것이 그 어느 때보다 중요하다. 핸드폰과 소셜 미디어가 생활 플렛폼이 되었고,

개인 누구나 미디어의 소비자이자 생산자가 된 오늘, 과학적 지식과 변화가 일상화된 세계를 말씀으로 조명하면서 하나님의 뜻을 살피는 예언자적 준비와 성찰적 삶이 참으로 절실하다.

대통령 되기, 욕망과 열정 사이에서

안기석

최근 뉴스는 대통령이 되고 싶다는 사람들의 말과 동정으로 넘치고 있다. 자신이 대통령이 되어야 한다는 주장도 있지만 상대편이 대통령이 되어서는 안된다는 주장이 더 많은 편이다. 대통령이 된다는 것은 무엇을 의미하는 것일까.

대한민국 헌법 제66조에는 대통령의 권한과 의무가 명시되어 있다. 대통령은 국가의 원수이며, 외국에 대하여 국가를 대표한다. 국가의 독립, 영토의 보전, 국가의 계속성과 헌법을 수호할 책무를 지고 조국의 평화적 통일을 위한 성실한 의무를 진다. 좀더 자세히 살펴보면 행정부의 수반으로서 국무총리 등 고위공무원에 대한 임면권을 갖고 있고 법률을 국회에 제출할 수 있고 대법원장과 대법관을 임명하기도 한다. 외국과 조약을 체결하거나 천재지변 시 긴급명령권을 행사하고 국군의 최고사령관으로 계엄령을 선포할 수도 있다. 물론 국민의 자유와 복리 증진에 힘써야 하는 등 의무도 있다.

대통령이 되겠다는 사람들은 현재 '무엇이다'는 존재에서 이런 권한과 의무를 지닌 '대통령이 되다'라는 존재로 변하기 위해서는 이에 상응하는 힘과 의지가 필요하다. 같은 고양이과라고 고양이가 호랑이로 변할 수 없듯이 현재 자신이 이런저런 경력을 갖고 있다고 바로 대통령이 될 수는 없는 것이다. 호랑이가 될 수 있는 문턱을 넘기 위해서는 그전에 수많은 훈련과 경험을 통해 근력을 다져서 힘을 기르고 그 문턱을 넘겠다는 강렬한 의지가 있어야 한다.

대통령이 되는 필요조건이 힘과 의지의 총합이라고 한다면 대통령이 되고 싶은 욕망과 국민을 섬기려는 열정의 조합으로 치환해볼 수 있다. 그 욕망과 열정이 어우러져 나타나는 모습을 보고 국민들은 지지를 보낼 것이다.

대통령이 되겠다는 의지가 있다고 대통령이 되는 것은 아니다. 욕망은 힘이 있어야 실현되는 법이다. 그 힘은 열정에서 나온다. 국민의 삶을 안전하게 행복하게 만들고 싶은 열정이 없이 대통령이 되겠다는 욕망만 앞서면 감동을 주지 못하고 결국은 주저앉게 된다.

대통령 선출 과정은 한편의 러브스토리와 같다. 상대편에 대한 열정은 없이 자기 욕망만 앞세운 연애는 실패하듯이 국민에 대한 사랑보다는 자신이나 자신을 지지하는 세력의 욕망만 충족시켜려는 후보는 승리의 관을 쓸 수 없다. 대통령이 되겠다는 사람들은 그동안 자신이 걸어온 길을 되돌아보면서 그런 힘과 의지를 키웠는지 살펴보아야 할 것이다. 코로나팬데믹으로 지친 국민들을 행복하게 해줄 뜨거운 열정이 대통령이 되겠다는 욕망보다 더 강하고 큰지 성찰해야 할 것이다. 내년 3월 9일까지 펼쳐질 대선 경선 과정이 국민을 향한 열애의 경연장이 되기를 바랄 뿐이다.

(2021. 7. 22)

"미디어의 외모지상주의 유감"

김기태

1.

외모가 무기인 세상이다. 오늘날 남녀를 막론하고 수려한 외모는 사람을 평가하는데 매우 중요한 이점으로 작용한다. 그 사람의 진면목을 제대로 살피기 위해서는 배경, 성격, 지식, 감성 등 다양한 요소들을 종합적으로 고려한 후 평가해야 함에도 불구하고 겉으로 드러난 외모만큼 강력한 영향력을 행사하는 요인은 없다. 외모가 가장 강력한 경쟁력인 시대이다. 문제는 그 정도가 과도하다는데 있다. 사람을 외모로 판단하는 정도가 그 도를 넘고 있다. 이런 사회 분위기는 점차 외모중심주의, 외모지상주의라는 하나의 이데올로기로 뿌리깊게 자리잡아가고 있다. 도가 넘는 외모지상주의가 낳는 가장 큰 폐해는 인간 자체에 대한 몰이해 즉, 비인간적 사고와 인식의 사회적 확산이라는데 있다. 외모가 사람을 평가하고 호불호를 결정하는데 중요한 요소임에는 분명하지만 어디까지나 부분적인 요인 또는 참고 요인이지 그 것이 절대 가치로 작용하는 것은 비정상적이다. 인간 실종, 인간 파괴의 주범으로 작용할 수도 있기 때문이다. 이런 외모지상주의를 부추기고 확산하는데 방송을 비롯한 각종 미디어는 결정적인 역할을 하고 있다. 미디어는 외모를 가장 중요한 출연의 전제 조건으로 활용하고 있는게 현실이다. 다른 어떤 조건보다도 미모가 TV출연의 전제 조건인 경우가 대부분이다.

2.

물론 같은 조건이라면 인상이 좋거나 깨끗한 이미지의 외모가 사람들에게 호의적으로 받아들여지는 것은 당연하다. 사람의 외모 뿐 아니라 우리가 접하는 모든 정보 메시지들도 그 내용에 앞서 겉으로 드러난 외양이 중요한 평가기준이 되고 있기 때문이다. 책이나 음반의 내용 못지 않게 디자인이 판매고에 결정적인 영향력을 행사하는 이유도 여기에 있다. 가히 디자인의 시대, 포장의 시대 즉, 외양이 내용을 지배하는 시대가 되었다고 해도 과언이 아니게 된 셈이다. 마찬가지로 각종 미디어 화면에 어울리는 외모가 출연조건의 하나가 되는 것은 당연하다. 특히 목소리로만 꾸며지는 라디오나 인쇄매체와는 다르게 영상 미디어는 이용자들에게 시청각 모두를 통해 전달하는 속성을 지니고 있기 때문이다. 즉, 출연자의 외모 또한 미디어가 전하고자하는 의도의 하나라고 할 수도 있다.

3.

문제는 미디어의 이런 외모 중심 사고와 콘텐츠 제작 풍토가 외모 이외의 다양한 요소들을 지나치게 주변화시키고 심지어는 무시할 뿐 아니라 우리 사회 전반의 외모지상주의라는 일종의 가치관까지 부추기고 있다는 데 있다. 특히 방송을 통해 지속적으로 그려지는 이런 외모 중심의 인간 평가 풍토가 우리들의 일상생활에서도 그대로 재현되고 있다는 데 문제의 심각성이 있다. 일정 수준을 넘어선 외모지상주의는 인간 존재 자체에 대한 부정으로 이어지게 된다. 인간을 위해 존재해야 할 미디어가 겉으로 드러난 외모로 사람을 평가하는 비인간적 행위와 관습을 앞장서서 부추기고 있는 셈이다. 외모가 아닌 총체적인 능력과 자질 그리고 성품으로 사람을 평가하는 분위기를 만들기 위해서라도 미디어의 깊은 성찰과 반성이 필요한 시점이다. 우선 미디어 제작진들의 성찰과 반성 그리고 개선의 의지를 요구하고 싶다. 미디어를 통해 유포되고 확산되는 가치나 규범은 순식간에 전국민에게 영향을 주는 하나의 지배적 이데올로기로 자리잡는 현실에서 맹목적이거나 지나친 외모 중심의 미디어 콘텐츠 제작 풍토는 곤란하다. 미디어 속 인간의 모습이 각자의 고유성과 개성이 기반한 인간다움을 극대화하는 방향을 나아가야 할 것이다. 이런 외모지상주의는 오늘날 교회에서도 예외가 아니다. 교회야 말로 사람을 외모가 아닌 속사람으로 대하고 평가해야 할 공동체이기 때문이다.

성찰 저널리즘

옥성삼

19C 사진의 등장은 화가의 사실적 묘사와 재현 가치를 무력화 시켰다. 아무리 뛰어난 화가라 해도 사진의 현실 재현을 따라갈 수 없다. 사진으로 화가가 사라진 것이 아니라 미술 사조와 예술가치가 바뀌게 되었다. 이같이 21세기 미디어 환경의 급격한 변동은 전통적인 저널리즘의 위기를 가져왔다.

유튜브와 페이스북 등 소셜 미디어가 TV 라디오 신문 등 매스미디어의 뉴스보다 더 많은 정보를 더 신속하게 맞춤형으로 제공하는 환경에서 엘리트 저널리스트의 취재와 육하원칙에 따른 정제된 보도가 경쟁력을 유지하기는 어렵다. 뉴스 제작과 소비가 양방향 동시다발적으로 이뤄지는 환경에서 전문가 집단이 생산하고 전달하는 뉴스 가치는 한계가 분명하다.

한걸음 더 나가보면, 소셜 미디어에 메타버스가 활성화됨으로 가상과 현실의 콘텐츠가 교류하는 상황에서 저널리즘의 정체성을 어떻게 설정할 것인가? 빅데이터와 인공지능(AI)의 고도화로 등장한 로봇저널리즘의 활용과 관리는 어떻게 할 것인가? 저널리즘의 위기와 기회적 현실은 전문집단의 문제이면서 일상의 문제이기도 하다.

미디어가 가져온 사회변동과 삶의 변화는 가히 혁명적이다. 디지털 문화의 가속도적인 발전은 놀라운 경험과 함께 새로운 시장을 만들며 지속적인 사회구조적 변동을 유발시키지만 동시에 삶의 안정성 진정성 공생 등의 문제를 살펴볼 여유를 주지 않는다.

문제는 이러한 문명사적 변동을 제대로 이해하고 대처할 수 없다는 것이다. 코로나 팬데믹에서 경험하듯이 한 분야의 오랜 경험과 전문지식이 더 이상 변화를 예측하거나 뉴노멀에 대한 적절한 처방을 내릴 수 없다는 것이다.

뉴욕대학교 미첼 스티븐스 교수는 이 같은 미디어2.0이 가져온 환경변화에 대한 저널리즘의 대안으로 '지혜 저널리즘(wisdom journalism)'을 제시했다. 그는 오늘날 저널리즘이 현상적인 사실전달을 넘어서 뉴스에 대한 분석과 해석 그리고 관점을 제공함으로 뉴스를 이해하는 대중의 역량을 강화시켜주는 것이 필요하며 이것이 '지혜 저널리즘'이라고 한다.

좀 더 풀어본다면, 다플랫폼 다매체를 통해 수없이 쏟아지는 뉴스 속에서 사회적 가치가 큰 뉴스가 무엇인지? 전달되는 팩트가 어떤 의미를 가졌는지? 사건의 역사적 맥락과 환경적 요인은 무엇인지? 팩트에 감춰진 진실은 없는지? 사실전달 이면에 담긴 이데올로기나 편견은 무엇인지? 그리고 사회적 이슈를 설정하며 평가할 수 있는 새로운 관점의 제시가 필요하다는 것이다.

'지혜 저널리즘'의 핵심은 '성찰(reflexivity)'이라 할 수 있다. 과거의 일이나 개인을 돌아보는 차원이 아니라 사회변화를 맥락적이고 구조적으로 전망하는 힘이다. 관찰하고 전달하는 것이 아니라 생각하고 질문하고 분석하며 해석하고 새로운 관점으로 전망하는 '성찰 저널리즘'이 뉴노멀 저널리즘의 방향일 것이다.

한국 기독교 언론이 처한 척박한 현실에서 '성찰 저널리즘'을 제안하는 것은 혁명적 미디어 변동과 저널리즘의 위기가 가져오는 역설적 기회 때문이다. 내적 한계와 외적 변동이라는 이중적 위기가 십자가를 통한 부활의 소망같이 새로운 기독교 저널리즘으로 전환하는 엄중한 기회가 될 수 있기 때문이다.

황무지에도 봄은 온다. 기독교 언론이 '성찰 저널리즘'을 꽃피우기 위해서는 현장과 부단히 소통하면서 시대를 관통하는 말씀의 조명에 민감해야한다. 예수께 잡힌바 된 그것을 잡으려는 결단과 달음질이 있어야 한다.

"창간보다 더 힘든
건강하게 생존하기"

김기태

4년 전 〈가스펠투데이〉는 언론 특히 기독언론에 대한 비판과 혁신에 대한 답변을 하고자 창간되었다. '언론이 바로서야 나라가 바로선다'는 명제는 기독언론에도 예외가 아니었기 때문이다. 기독언론이 제 역할을 다해야 한국 교회가 제대로 설 수 있다는 말과 다름아니다. 세상의 걱정과 근심을 덜어주고 희망을 안겨주어야 할 교회가 오히려 세상의 짐이되고 걱정거리가 되는 일들이 늘고 있다. 높은 도덕성과 진실성을 바탕으로 혼란과 혼돈의 세상에 길을 열어주는 길잡이 역할을 해야 할 교회가 오히려 세상을 어지럽히고 급기야 조롱과 비난의 대상이 되고 있다.

이렇듯 심각한 교회의 타락과 추락이 끝 모르게 이어진 데는 기독언론의 책임이 적지 않다. 건강한 기독언론의 역할과 책임을 다하지 못했기 때문이다. 교회가 불의와 부패의 나락으로 빠져들 때 이를 애써 외면하거나 심지어 방조한 언론도 있다. 소유와 광고 등을 통한 경제적 통제와 각종 교회 정치 권력의 힘 앞에 무기력하게 굴복하여 언론이 다해야 할 날카로운 비판과 대안 제시의 역할을 방기한 것이다. 다양한 유형의 교회 권력과 자본의 지배를 받는 기독언론의 구조적 한계이기도 하지만 오랫동안 순치된 언론인의 자기통제가 만연된 탓이기도 하다. 적극적인 문제제기와 합리적인 대안제시보다는 적당한 선에서 사건과 사안의 주변에 머물러 보도하는 시늉만 하는 그야말로 언론인답지 못한 나약한 직장인으로서의 기독언론인 모습이다.

보다 더 치열하게 정보원에 접근하고 끈질기게 문제를 파헤치는 기독언론인으로서의 결기가 절실한 시대이다. 이렇듯 기독언론의 쇄신과 변혁이 필요한 시점에 출범한 〈가스펠투데이〉가 창간 4주년을 맞았다. 특정교단이나 협회 등 지원 단체의 통제로부터 벗어난 독립된 기독언론의 위상을 천명하면서 창간되었다. 창간 4주년을 맞으면서 처음 내세웠던 〈가스펠투데이〉의 창간 정신이 오롯이 구현되고 있는지 되돌아 볼 필요가 있겠다. 무엇보다도 교회 안팎에 존재하는 많은 기독언론들이 단순한 교단지 역할에만 머물 경우 날카로운 비판과 견제 대상이 되어야 할 교회 권력이 부패하거나 타락하기 쉽다. 〈가스펠투데이〉가 바로 이런 빛과 소금의 역할을 제대로 해왔는지 자문해야 한다.

기독언론다운 복음적 가치관과 선교적 사명을 다하는데 얼마나 기여했는지도 스스로 물어야 할 것이다. 어떤 사회적 압력과 유혹에도 흔들리지 않는 올바른 신학적, 신앙적 가치와 정신 설파에 앞장서는 진정한 복음 언론의 역할이 필요하기 때문이다. 저널리즘의 원칙과 이념에 충실한 언론을 지향하되 이를 콘텐츠화하고 연결하는 플랫폼이나 미디어는 항상 새롭게 옷을 갈아입는 순발력과 창의력도 강조되어야 한다. 새로운 언론을 만드는 것도 어렵지만 이를 유지하는 일은 더 힘들다는 것을 충분히 확인한 지난 4년이었을 것이다. 초심을 유지하기 어렵기 때문이다. 부디 〈가스펠투데이〉가 여전히 한국교회언론의 쇄신과 변혁에 불을 지피는 마중물이 되기를 바라고 이를 통해 한국 교회와 한국 사회 전체가 새롭게 변화되는 기폭제가 되기를 소망한다.

교회와 메타버스

옥성삼

'Meta(초월)'와 'Universe(우주, 현실세계)'가 결합된 메타버스(Metaverse)는 정보통신기술을 매개로하는 '확장현실' 혹은 '융복합현실'이라 할 수 있다. 컴퓨터와 인터넷상에서 구현되는 사이버 월드(cyber world)와 달리 메타버스는 현실과 가상세계가 상호작용한다는 특성이 강하다. 메타버스의 개념과 내용은 고정된 것이 아니라 정보통신기술의 발전에 따라 지속적으로 변하고 있다. 미국의 비영리기술단체인 ASF가 제시한 4가지 유형으로 메타버스를 살펴보면 이해하기 쉽다.

첫째 '증강현실(AR)'은 일상의 시공간에 추가적인 영상.음성.문자 등을 덧붙여 보여주는 것이다. 구글 안경을 쓰면 사물 옆에 나타나는 문자 정보, 자동차 앞 유리에 도로 상태와 속도 등을 문자나 이미지로 보여주는 HUD 그리고 건물터에 스마트폰 VR앱을 켜면 건물의 원형이 이미지로 나타나는 것 등이 증강현실이다.

둘째 '가상현실(VR)'은 컴퓨터와 연결된 고글을 착용하고 체험하는 가상의 세계이다. 전시관에 가면 헤드셋을 착용하고 하늘에서 관광지를 바라보거나, 3D 게임 속에서 가상의 전투를 하는 형태 등이 가상현실이다. 영화 〈아바타〉와 〈레디 플레이 원〉 등을 보면 주인공이 특수 장비를 착용하고 가상 세계로 들어가 자신의 아바타가 현실과 유사한 생활을 하는

데, 이것은 메타버스(VR) 기술이 고도화된 미래세계를 그려본 영화이다.

셋째 유형으로 '거울세계(Mirror World)'는 가상의 공간에 현실세계를 복사하듯 구현하는 것이다. '구글어스'가 대표적인 사례로 가상의 지구본을 클릭하면 전 세계 어느 곳이든 현장에 있는 것 같이 볼 수 있다. '배달의 민족'과 '에어비앤비' 앱도 가상의 공간에 특정지역의 거리와 상점 등을 그려놓고 음식 주문이나 숙박 등을 예약 할 수 있다.

넷째 유형으로 '라이프 로깅(Life logging)'은 온라인에 일상을 기록 저장 공유하는 것이다. 인스타그램과 페이스북 등에 자신의 사진과 이야기를 지속적으로 올리면서 온라인 네트워크에서 커뮤니케이션하는 것도 라이프 로깅이다. 또한 애플워치나 웨어러블 기기를 착용하고 자신의 맥박과 혈압 등을 자동적으로 기록하면서 건강 관리하는 것도 라이프 로깅이다.

교회에서는 '메타버스 처치'로부터 목회 대부분의 영역으로 메타버스 활용이 가능하다. 미국의 라이프닷처치(life.church)는 전세계 크리스천 10만명 이상이 온라인 신앙공동체를 이룬다. 온라인 회원(교인)이 3D 아바타로 참여한 미국의 실험적 교회 'Church of Fools'는 오픈 수개월 만에 1000명이 참가하여 세인트 픽셀(St. Poxel)이라는 정식 교회로 전환하였다. 또한 미국에서 실험적으로 운영되는 '가상현실 교회(VR Church)'는 전 세계의 교인이 정해진 시간에 VR 헤드셋을 착용하고 가상현실 플랫폼에 접속하여 멀티미디어 서비스가 제공되는 예배를 드리고 온라인 교제를 나눈다.

국내 사례로 온누리교회는 천지창조 VR 체험관을 통해 선교현장과 성지를 둘러보는 목회 프로그램을 운영했으며, 소망교회의 경우 PC기반의 2D 메타버스인 게더타운에 선교지 후원 캠페인 '랜선 나무심기 프로젝트'를 성공적으로 진행했다. 특히 코로나 집단감염으로 어려움을 겪은 CCC는 지난여름 게더타운, 줌(ZOOM) 및 유튜브 생방송 등을 병행한 온라인 여름수련회를 진행했다. 국내 3D 메타버스 플랫폼인 제페토와

ifland 등에서는 아직 목회 프로그램 사례가 활성화 되지 않았지만, 스마트폰 기반의 특성(모바일, 개인)으로 향후 활용도가 증가할 것으로 보인다. 현실과 가상의 시공간이 상호작용하는 메타버스는 새로운 경험과 획기적인 서비스의 확장이라는 긍정적인 측면도 있지만 동시에 다양한 아바타를 통한 다중자아라는 정체성 혼란 그리고 현실과 가상의 혼재로 인한 일상의 불안정성 및 긴장감이 증가된다.

따라서 메타버스는 매우 양면적인 기회와 위험 요소가 담겨있다. 교회가 살펴봐야 할 첫 포인터는 메타버스를 선교의 도구로 인식하든 사탄의 계략으로 배척하든 정보통신기술사회의 현실이라는 것이다. 다음으로 메타버스 기술과 서비스가 가치중립적이라 해도 현실에서는 핵 기술과 같이 가치중립적으로 사용되지 않는다는 것이다. 그리고 개인 의지나 교회의 활용여부와 무관하게 메타버스는 우리의 일상에 자연스레 확장되고 있다는 것이다. 어느 날 스마트폰이 신체의 일부와 같이 우리 생활의 플랫폼이 되었듯이 정보통신기술의 고도화에 따라 다양한 형태의 발전적인 메타버스가 일상화될 개연성은 충분하다. 중요한 것은 교회가 메타버스 문화를 이해하고 선용할 수 있는 역량 그리고 성경적인 관리능력이다. 메타버스가 일상화되는 시대, 교회의 성육신적 소통과 책임은 서둘러 메타버스를 도입하는 것이 아니다. 지금이라도 신학교와 교회연합 차원의 사도적 디제라티 양성을 통한 디지털 문화에 대한 올바른 이해와 준비 그리고 성경적인 성찰과 실용적인 제시가 절실하다.

2부

세상을 보는 창

"3.1운동 100주년과 기독교 그리고 오늘…"

김기태

"우리는 여기에 우리 조선이 독립된 나라인 것과 조선 사람이 자주 국민인 것을 선언하노라. 이것으로써 세계 모든 나라에 알려 인류가 평등하다는 큰 뜻을 밝히며, 이것으로써 자손만대에 일러 겨레가 스스로 존재하는 마땅한 권리를 영원히 누리도록 하노라… 아, 새로운 세상이 눈앞에 펼쳐진다. 사람을 복종시키는 강한 힘의 시대가 지나가고 도덕의 시대가 오는도다… 우리가 이제 분발해 일어난다. 양심이 우리와 함께하며 진리가 우리와 함께한다… 오늘 우리의 거사는 정의 인도 생존 존영을 위한 민족의 요구이니 오직 자유 정신을 발휘할 뿐 배타적 감정을 버려야 한다. 마지막 한 사람까지, 마지막 시각까지 민족의 정당한 의사를 발표하라. 모든 행동은 먼저 질서를 존중하며 우리들의 주장과 태도가 어디까지나 공명정대하게 하라."(3·1독립선언서 중)

지금부터 100년전인 1919년 3월1일 서울의 태화관에서 독립선언서가 낭독되는 동안 파고다공원에서는 학생과 시민들이 모여 독립선언식을 갖고 만세시위를 벌이기 시작했다. 평양 진남포 안주 선천 의주 원산 등 전국 9개 지역에서도 같은 일이 벌어졌다. 그날 이후 1년여 동안 전국 3백11개 지역과 만주 연해주 등에서 항일 민족독립운동이 펼쳐졌다. 이같은 일은 이미 그 해 1월부터 준비된 것이었는데, 특히 기독교는 조직적이고 체계적인 계획을 세우고 있었다. 평양에서는 선우혁이 서울의 이승훈 양전백 등을 찾아가 독립운동 방안을 협의한 뒤 평양 선천 정주 등의 서북지역 기독교세력을 중심으로 조직화 작업에 들어갔다. 서울에서는 황성기독교청년회의 박희도, 세브란스병원 제약주임 이갑성 등이 전문학교 학생대표들과 독립운동 방안을 논의하고 있었다.

그러나 본격적인 운동 계획은 일본에서 '2·8독립선언서'를 들고 귀국한 기독교인 송계백을 1919년 2월에 만나면서 시작됐다. 기독교와 천도교의 연합전선은 1919년 2월 24일 한용운 백용성 등의 불교계 인사들이 참여하면서 민족대연합전선으로 확대됐다. 최남선은 선언서를 기초하면서 기독교 이념을 수용, 민족의 독립을 주장하면서도 보편적 가치관과 인류 공존을 지향하며 비폭력 평화를 중심으로 작성했다고 밝혔다. 선언서에는 기독교에서 16명, 천도교에서 15명, 불교에서 2명이 서명했다. 첫날 만세운동은 모두 기독교계를 중심으로 이뤄졌고, 의주와 평양에서는 기독교 목사들에 의해 진행됐다. 또 주도세력이 뚜렷한 3백11개 지역 가운데 78개 지역에서 기독교인이 만세운동을 주도했다. 만세운동을 주도한 탓에 피해도 컸다. 1919년 10월 3·1운동으로 인해 한달 늦게 열린 제8회 장로교 총회에서는 3·1운동으로 사망한 교인이 52명, 체포된 교인이 3천 8백4명인 것으로 집계됐다. 11월 열린 감리교 연회에서도 목사와 전도사 등 직분자 1백60여명이 투옥된 것으로 알려졌다. 특히 전체 목사 28명 가운데 14명이 체포, 구금됐다. 일본 헌병대의 조사 결과 목사를 포함한 교역자 2백44명이 체포돼 그 수가 천도교나 불교의 두 배에 달했다. 특히 여성 구금자 4백71명 중 3백9명이 기독인인 것으로 밝혀졌다.

만세시위 당시 기독교인들은 '독립단 통고문'을 뿌리면서 매일 3시에 기도하고 주일은 금식하며 월요일 이사야 10장, 화요일 예레미야 12장,

수요일 신명기 28장, 목요일 야고보서 5장, 금요일 이사야 59장, 토요일 로마서 8장을 읽으라고 권면했다. 이사야 10장은 이스라엘을 멸망시킨 앗시리아에 대한 하나님의 징벌, 예레미야 12장은 유다가 멸망한 배경, 신명기 28장은 이스라엘 백성이 다른 민족에게 침략을 받아 고통을 받게 되리라는 예언을 담고 있다. 또 야고보서 5장은 고난 당하는 기독인에게 기도로 인내할 것을 권면하며, 이사야 59장은 회개한 백성에게 하나님께서 구원을 주실 것이라는 내용이며, 로마서 8장은 장차 받을 은혜에 관한 내용이다. 이만열 교수는 "3·1운동을 주도한 기독교인의 민족의식 성격은 정의 자유 평화에 기반한 하나님나라의 건설과 확대라는 기독교 신앙과 자주 평등 해방을 목표로 한 독립국가, 민족자주의 건설이라는 민족적 양심의 접점에 있었다"고 평가했다. 그러나 이같은 신앙과 민족의식을 끝까지 지키지 못하고 일제의 문화정치와 회유·분열책, 정교분리노선에 넘어가 일부 기독교 민족지도자들이 친일이라는 오명을 갖게 된 것은 반성해야 할 점으로 남아 있다.

3.1운동 100주년을 맞는 한국 교회는 선배 기독교인들의 '행함으로 믿음이 온전케' 된다는 가르침을 오롯이 실천한 자랑스러운 유산을 경건하게 되새겨야 한다. 역사는 오늘을 제대로 읽고 내일의 방향을 제시해주는 나침반이다. 백년전 우리 기독교 신앙의 선배들이 신앙의 자유와 민족의 독립을 위해 분연히 일어나 목숨을 걸고 싸운 역사는 오늘을 사는 기독교인들에게 참 신앙인이 걸어야 할 길을 분명하게 가리켜 주고 있다. 성전을 크고 화려하게 짓고 세상과 유리된 채 자신들만의 성 안으로 스스로를 가두고 높은 벽을 친 채 행하는 고급스런 교회 활동을 마치 거룩한 신앙생활인 것으로 착각하는 많은 기독교인들에게 던지는 경고의 메시지를 들어야 한다. 더 낮고 겸손한 자세로 세상의 아픔과 슬픔에 귀기울여야 하며 오늘날 교회 타락과 변질의 주범인 대형화, 권력화를 극복해야 한다. 백년전 민족의 독립이라는 선배들의 염원은 오늘날 권력과

돈으로부터의 독립이라는 새로운 과제로 되살아나 한국 교회를 지켜보고 있다. 이른바 '태극기 부대'에 가담하여 흔들어대는 태극기가 100년전 절절한 민족 독립의 숭고한 뜻을 이루기 위해 흔들었던 태극기의 정신과 뜻을 훼손하지 말아야 한다. 실천하는 기독교인이라는 자랑스러운 유산을 남겨준 기독교 신앙의 선배들에게 부끄럽지 않은 한국 교회의 갱신을 위한 과감한 개혁이 절실한 3.1절 100주년 기념 해인 2019년이다.

검찰공화국과 거리 정치,
그 탈출구는 무엇인가?

박진석

요즘 길거리의 함성이 하늘을 치솟고 있다. 서초동 거리에서는 '검찰개혁, 조국 수호'를 외치고, 광화문 거리에서는 '정권 심판, 조국 구속'을 외친다. 국민을 위한 정치가 국회나 정당에서 발현되는 것이 아니라 길거리 숫자 목소리, 거리 정치가 되었다.

문제는 거리 정치를 언제까지 할 것이며 그 탈출구는 무엇이냐는 것이다. 정권은 바뀌어도 검찰은 살아있는 권력으로 무소불위 존재로 남아있는 것이 사실이다. 정권이 바뀔 때마다 각종 의혹으로 검찰 수사를 받아오던 모 기업인의 말, "대한민국의 검찰은 무엇이든지 죄를 만들어내는 창조력이 탁월한 집단이다. 소위 털어서 먼지 나지 않는 사람은 없다"는 말이 실감 난다. 조국 장관의 가족들을 한 달이 넘도록 집요하게 수사하는 실상을 보며 확실히 검찰공화국이 맞다. 기소권과 수사권을 동시에 가진 나라는 오직 대한민국뿐이다. 그래서 정권이 바뀌면 그때마다 전직 대통령들을 기소했던 검찰공화국이다. 조국장관 수사를 보더라도 수사관 100여 명이 동원되고 70여 차례 압수 수색한 특수부의 힘이란 과히 초월적이다. 이 뿌리는 전두환 정권이 탄생시켰다. 검찰이 과연 개혁될 것인지는 의문이다. 결국 현 정권과 검찰의 권력 싸움으로 프레임이 만들어지고 있다. 바로 검찰 권력을 두고 이념 갈등이 정치권력 싸움으로 표출된 것이다. 국민은 나라를 걱정한다. 극단의 진영논리 정치를 보며 행복할 사람은 없다. 그래서 탈출구를 찾아야 한다.

10월 5일 서초동 촛불집회에서 한 가지 더 등장된 목소리가 언론개혁이다. 언론이 이념 갈등과 거리 정치의 권력 싸움으로 부추긴 것이 사실이다. 한 달이 넘도록 조국장관 한 사건에 대해 몇 백만 건의 기사를 올린 사건이 있을까? 흔히 검찰이나 정치권이 불러주는 받아쓰기식 기사를 올렸다. 그래서 국민들은 배신과 분노로 거리로 나왔다. 이 국면을 양산시킨 언론은 그 책임에서 자유롭지 않다. 더구나 북한의 핵 위협, 일본의 경제침략, 미·중의 패권주의, 중국 러시아의 군사 행동 등 심각한 안보 상황에 처한 나라를 언론은 놓치고 있다.

현 시국의 탈출구는 언론이다. 언론의 역할이 중요하다. 소위 받아쓰기식 보도는 검찰공화국에 편승하여 정치를 길거리 숫자 싸움으로 변질시켰다. 그래서 언론이 자기 정파에 따라 갈등과 분열을 첨예화시키고 있다. 혹자는 한국 저널리즘을 '갈등 유발형 저널리즘'으로 규정한다. '언론에 대한 철학이 부재한 한국의 언론이 각 정파의 이익에 따라 언론 활동을 하며 사회 갈등을 유발한다'는 것이다. 그러므로 거리 정치나 숫자 놀음으로 검찰공화국에 편승해서는 안 된다. 거리의 함성이 민주주의 힘이지만 변질되면 정치놀음이 된다. 정치놀음은 국민을 우롱한다. 이것이 과거 독재자들이 국민을 우민화하는데 언론을 앞잡이로 세웠다. 그 속에 이념과 정책, 철학이 없었기 때문이다.

오늘의 길거리 함성을 들으며 1789년 프랑스 혁명이 연상됐다. 1789년 마르세이유에서부터 파리까지 걸으며 그들은 자유, 평등, 박애를 위해 노래를 불렀다. 바로 프랑스국가 '라 마르세예즈 La Marseillaise'를 불렀다. 후렴 "시민들아, 무기를 들고 무리를 만들어 나가자! 나가자!"는 가

슴 뭉클하다. 촛불혁명으로 태어난 현 정부는 무엇을 위해 싸우는가? 알기 쉽게 예측 가능한 이념과 정책을 제시하기 바란다. 보수의 함성 속에는 숭고한 이념이 있는가? 흔히 자유민주주의를 표방하면서 진영논리의 정치로는 탈출구를 찾기 어렵다.

한국 교회도 마찬가지이다. 거리 정치 그대로 닮은 꼴인 교회의 신뢰는 이미 무너진 지 오래됐다. 한기총의 대표라는 모 목사는 징역형 범법자로서 자기 교단에서조차 면직된 사람이다. 그런 사람이 광화문 집회에서 설교했다고 하면서 범보수의 신 기독교지도자로 부상 됐다고 평가하는 일부 교계와 언론이 있는 한 교회 개혁은 소원하다. 힘, 권력은 예수처럼 노예 종의 발까지도 씻겨주는 섬김에서 더 큰 힘이 발현된다. 검찰공화국과 거리 정치가 민주공화국과 국민의 정치가 되도록 언론이 바른 이념과 정책, 철학으로 정론을 펼칠 때 시국의 탈출구를 찾을 것이다. "칼을 사용하는 자는 칼로 망한다"(마26:52)는 주의 말씀을 모두가 귀 기울이기를 바란다.

공감의식과 한국사회

문상현

　지난 18일은 한국현대사에서 가장 비극적 사건인 5.18 민주화운동 제 39주년 기념일이었다. 강산이 네 번쯤 변할 시간이 흘렀지만 아직도 많은 사람들이 그 날의 아픔과 상처로 고통 받고 있다. 아직도 실체적 진실은 온전히 규명되지 않았고 희생자의 원혼과 유가족의 상처 역시 여전하다. 5.18민주화운동의 가해자 전두환의 재판이 광주에서 진행 중이지만 여전히 일말의 죄의식도 보이지 않고 있다. 여기에 일부 극우인사와 보수야당 의원들이 명백히 밝혀진 진실을 왜곡하고 유가족과 희생자들에 대해 모욕적 발언을 거듭하면서 국민적 공분을 키우고 있다. 5.18민주화운동의 역사적 의미와 가치를 존중하고 부채의식마저 가져야 할 제1야당의 무책임한 행동은 상식을 벗어난 일이라고 할 수밖에 없다. 이러한 상황에서 극우보수단체가 광주민주화운동의 성지인 전남대와 금남로에서 5.18민주화운동을 조롱하는 집회를 여는 일까지 벌어졌다. 게다가 온라인 극우사이트에는 5.18민주화운동과 전라도민을 조롱하는 혐오발언이 넘쳐난다. 왜곡발언과 망언을 한 자당 정치인 징계를 차일피일 미루던 제1야당 대표는 기념식 참석을 반대하는 시위로 곤욕을 치르기도 했다.

　도대체 왜 이런 비상식적인 일들이 벌어지는 것일까? 극단적 진영논리가 판치고 정치는 정쟁의 늪에 빠져 대립과 갈등만을 조장하는 것도 큰 이유일 것이다. 명확한 진실규명이 이뤄지지 않아 정치적 이익을 위한 의혹제기를 조장하는 측면도 있다. 하지만 세월호 사태에서도 경험했듯이 5.18민주화운동에 대한 망언과 혐오발언이 반복되는 근본적 이유는 한국사회에 공감의식이 결핍되어 있기 때문이다. 세계 13위의 경제대국이자 강한 군사력과 한류로 상징되는 문화적 힘까지 갖춘 대한민국의 미래에 대해 암울한 전망을 할 수 밖에 없는 것도 이 때문이다. 시대정신인 공감능력이 부재한 국가와 국민에게 펼쳐질 미래가 순탄할 리가 없으니 말이다. 사회사상가 제레미 리프킨은 2009년 출간한 〈공감의 시대〉에서 인류의 발전은 공감(empathy)의 확대과정이라 주장하였다.

물질(경제)이나 관념을 역사발전의 동인이라 설명하는 많은 사상가들과 달리 그는 사회적 존재로서 인간능력의 중심에 서로에 대한 공감이 자리 잡고 있다고 본다. 그에 따르면 인간은 역사 속에서 흔들림 없이 공감의식을 확장해 왔으며 지난 반세기 동안 지구적 차원에서 공감을 보편화시켰다. 여성, 소수인종, 소수민족, 장애인 등 불평등을 겪은 사회적 약자들은 물론이고 동물에까지 공감이 확대되고 제도화되었다. 그가 말한 생물권적 인식은 우리 사회에 존재하는 모든 '타자화'(othering)와 혐오(hate)를 몰아내고 공감을 인간사회 전 영역으로 확장시키는 것이다. 한국사회 역시 큰 흐름에서 동일한 과정을 지나왔다. 1980년대 이후 진행된 사회민주화와 인권 확대는 공감의식을 확장시키는 과정에 다름 아니다. 5.18민주화운동은 이 과정에서 다른 어떤 사건에도 비할 수 없는 중요한 모멘텀이었다. 한국사회 전체가 1980년 5월 광주에서 있었던 비극적 사건에 부채의식을 느끼고 상처와 아픔을 공유하며 한 뜻으로 진상규명을 요구해 온 것은 공감의식이 없었다면 불가능한 일이었다. 그래서 최근 일어난 5.18민주화운동에 대한 왜곡과 망언은 한국사회의 공감의식이 위기에 처했다는 불길한 신호이자 역사적 퇴행을 알리는 징후로 느껴진다.

정신과의사 정혜신은 공감이란 "한 존재가 또 다른 존재가 처한 상황과 상처에 대해 알고 이해하는 과정을 거치면서 그 존재 자체에 대해 갖게 되는 통합적 정서와 사려 깊은 이해의 어울림"이라고 정의한다. 공감은 상처와 슬픔을 함께 느끼는 과정인 동시에 타인의 기쁨도 나누는 과정이다. 또한 정서적 차원 뿐 아니라 인지적 차원이 공존하는 것이기도 하다. 공감이 인간에게 선천적으로 그냥 주어지는 것이 아니며 적극적으로 훈련하고 배워야 하는 것인 이유도 이 때문이다. 지나친 물욕을 추구하고 경쟁지상주의 사고에 함몰되어 타인에 대한 배려와 이해가 값싼 동정이나 성공한 사람이나 하는 자선행위처럼 여겨지는 한 우리 사회의 공감의식은 퇴행을 피하지 못할 것이다. 성경에서도 직접적으로 공감을 언급하고 있지는 않지만 믿는 자에게 공감이 얼마나 중요한지 분명히 하고 있다. 기독교의 핵심 가치인 사랑과 긍휼은 공감의 다른 표현이며, "무엇이든지 남에게 대접을 받고자 하는 대로 너희도 남을 대접하라"는 마태복음의 말씀은 역지사지를 통한 공감의 중요성을 설파하는 것이다. 기독교 뿐 아니라 대부분의 종교 역시 타인에 대한 배려와 공감을 강조한다. 통계에 의하면 대한민국 국민의 대다수가 기독교인을 비롯한 종교인이라 한다. 날이 갈수록 공감의식이 사라지는 한국사회에 대해 교회는 책임이 없는 걸까?

그리스도의 리더십을 좇아

이성희

　메이너드(Herman Maynard)와 머턴스(Susan Mehrtens)는 그들의 책 '제4의 물결'에서 제4의 물결이 제3의 물결 뒤를 바짝 뒤쫓고 있다고 하였다. 제2의 물결시대는 분리와 경쟁을 그 기조로 하였으며, 제3의 물결시대는 균형과 협력시대인데 비하여 제4의 물결시대는 통합과 공동창조의 시대라고 한다. 이런 제4의 물결은 '세계화'라는 시대정신을 창출하였으며 이제 세계는 여럿이 아니라 하나라는 기조를 체감하며 살아가고 있다.

　이미 우리에게 익숙한 물결론은 교회에도 어김없이 적용되어 점차적으로 개교회주의를 한국 교회에서 퇴조시키고 하나의 교회와 교회연합을 지향하게 하고 있다. 제2의 물결의 기조인 분리와 경쟁은 산업사회에서 특징적으로 나타났으며 한국교회도 지난 수십 년 동안이 제2의 물결시대였던 것을 알 수 있다. 이 기간 동안 한국 교회는 수많은 교회분열을 맛보았으며 헤아릴 수 없이 많은 교단을 양산하였다. 그러나 미래사회는 필연적으로 제4의 물결의 증후군과 일치되어 교단주의가 퇴조하고 교회연합을 지향해야 할 당위성을 요청하고 있다. 그러므로 에큐메니즘은 교회의 시대정신이며 생존방식인 것을 알아야 한다.

　최근 우리사회는 제4의 물결에 역주행하는 경직성을 그대로 드러내고 있다. '조국사태'로 본 우리사회는 극단적 제2의 물결이 파고를 넘지 못하고 수몰된 듯한 느낌을 가진다. 광화문 대 서초동의 대립은 이념의 대결이나 수의 대결을 넘어 총을 겨누지 않았지만 '서바이벌 게임'과 같은 죽기살기의 대결이 되었다. 이런 진영논리의 대립은 사회 안팎에서 여실히 드러나 눈에 띄지 말아야 할 내 편 아니면 원수인 편 가르기 구도가 확실하게 보이게 되었다.

교회는 이런 극단화가 고착되지 않도록 하는 촉매가 되어야 하고, 중재자가 되어야 함에도 불구하고 이런 진영의 도식은 교회 안에서도 분계선을 그어놓고 있다. 좌로나 우로나 치우치지 않는 것이 가나안의 생존 법칙이며, 극좌나 극우를 배격한 것이 그리스도의 가르침에도 불구하고 교회까지도 하나를 택하고, 다른 하나를 배제하는 꼴이 되었다. 우리의 편견이 교회의 중립성을 훼손한 것이다.

그리스도는 화평으로 이 땅에 오셔서 십자가로 둘을 하나로 만드시고 원수 된 것 곧 중간에 막힌 담을 자기 육체로 허셨다. 그리스도는 무덤에서 나오시면서 '장벽은 깨어졌다'고 외치셨을 것이다. 그러므로 그리스도 안에서는 둘이 아니라 영원한 하나이며 그리스도를 믿는 우리는 하나를 지향해야 할 당위성과 책임이 있다.

그리스도께서 처음 제자를 세우실 때 그리스도를 만나기도 전에 가장 그리스도를 하대한 제자가 나다나엘이었다. 빌립의 인도를 받은 나다나엘은 "나사렛에서 무슨 선한 것이 날 수 있느냐?"(요 1:46)라고 하였다. 그런데 나다나엘을 만나신 그리스도는 누구에게도 하지 않은 최고의 찬사를 보낸다. "이는 참으로 이스라엘 사람이라 그 속에 간사한 것이 없도다"(요 1:46). 그리고 자신을 이미 알고 계신 그리스도의 신성을 발견한 나다나엘은 "랍비여 당신은 하나님의 아들이시요 당신은 이스라엘의 임금이로소이다"(요 1:49)라는 위대한 신앙고백을 한다. 그리스도가 하나님의 아들이라는 고백은 제자 가운데 가장 먼저 한 고백이었다. 나다나엘의 신앙고백에 이어 그리스도는 그에게 천상의 비밀을 누설하신다. "진실로 진실로 너희에게 이르노니 하늘이 열리고 하나님의 사자들이 인자 위에 오르락 내리락 하는 것을 보리라"(요 1:51). 그리스도의 리더십은 가장 낮추는 자를 가장 높이는 것이다. 이것은 그리스도의 목회이기도 하다.

교회는 사회의 등대이며 나침반이다. 그리스도인은 사회의 리더이다. 지금과 같이 분열되고 혼란한 시대가 없었다고 하는 탄식소리를 선지자를 부르는 하나님의 소리로 듣자. 좌로나 우로나 치우치지 말라는 가나안 행군의 지침을 우리의 가슴에 새기고 나를 멸시하고 낮추는 자를 높여주는 그리스도의 관대함으로 시대의 리더십을 회복하는 교회가 되자.

낙태죄 헌법불합치 결정에 대한 교계의 역할

이민규

대한민국 헌법재판소(헌재)는 2019년 4월 11일, 1953년 제정된 낙태 처벌 규정인 형법 제269조 1항과 270조 1항의 위헌여부에 대해 7대 2로 헌법불합치 결정을 내렸다. 9명의 헌재 재판관 가운데 4명이 헌법불합치, 3명이 단순위헌 그리고 2명이 합헌 판결을 결정하여 위헌정족수 6명을 넘는 7명이 낙태법에 대한 위헌 의견을 낸 것이다. 여기서 헌법불합치라 함은 법 조항은 위헌이지만 바로 무효가 되었을 때 예상할 수 있는 사회적 혼란을 막기 위해 법 개정 시한을 두는 것을 의미한다. 헌재는 내년 말까지 낙태죄 조항을 개정하라고 국회에 공을 넘겼다.

이 같은 헌재의 낙태법 위헌 결정의 핵심적인 맹점은 '여성의 자기결정권'을 인류 보편적인 가치인 '태아의 생명권' 보다 우선시 했다는 점이다. 2012년과 달라진 결정에 대해 헌재는 "임신한 여성의 안위는 태아의 안위와 깊은 관계가 있다. 태아의 생명을 보호하기 위해 임신한 여성의 협력이 필요하다는 점을 고려하면 태아의 생명을 보호한다는 것은 임신한 여성의 신체적·사회적 보호를 포함할 때 실질적 의미를 갖는다"고 임신한 여성의 '안위'가 곧 태아의 안위라는 애매모호한 논리로 여성의 자기결정권에 손을 들어 주었다. 더 안타까운 현실은 국민일보와 세계일보를 제외한 대다수 기성언론이 헌재의 결정에 힘을 실어주는 시류에 영합한 편향된 보도를 하고 있다는 점이다.

낙태죄 위헌에 대한 반대의견의 핵심은 생명을 존중하는 '태아 생명권'에 대한 철학이다. 소수 의견을 피력한 헌재 조용호 재판관과 이종석 재판관은 "생명은 이 세상에서 무엇과도 바꿀 수 없는 존엄한 인간 존재의 근원"이라고 전제하고 "그 특성상 일부 제한을 상정할 수 없고 생명권에 대한 제한은 곧 생명권의 완전한 박탈을 의미한다"는 의견을 냈다. 낙태죄 조항에 대해서 논의 할 수 있게 된 것도 모두 낙태를 당하지 않고 태어났고 어느 한사람 예외 없이 우리 모두가 태아였고 존엄한 인간 생명을 논의하는 낙태는 선택의 문제가 아니라 생명 침해 행위이기 때문에 낙태법 위헌에 반대한다는 의견을 분명하게 표명하고 있다.

말이 곧 권력인 시대를 맞이하여 이번 헌재의 위헌 판결에 대해 교계가 한목소리로 반대의 입장을 표명해야 할 때이다. 한국교회연합은 낙태죄에 대한 헌법불합치에 결정에 대해 깊은 유감을 표명하면서 인간의 보편적 인권인 생명에 심각한 문제를 유발시킬 수 있는 페미니즘에 기울어진 잘못된 판결이라는 점에 의견을 같이 했다. 바야흐로 헌법의 기본 철학은 모든 생명의 보호임에도 불구하고 태아의 생명체를 인정하지 않는 것은 시류에 영합하고 편파적인 판결이라는 점을 널리 주지시켜야 할 때이다.

교계는 헌재의 결정으로 태아 생명을 더 이상 보호할 수 없게 된 점을 분명히 지적할 필요가 있다. 헌재는 이미 2012년 "태아는 모와 별개의 생명체이고 인간으로 성장할 가능성이 크므로 생명권이 인정 된다"고 낙태죄 합헌 결정을 내린바 있다. 하지만 보수정권에서 진보정권으로 교체된 후 불과 7년 만에 사회적 분위기를 의식해 자기 부정을 하는 정반대의 판결을 내린 모순을 지적해야 한다. 판결문 가운데 임신 중의 특정 기간에는 여성의 자기결정권이 우선시되고 그 이후에는 태아의 생명권이 우선한다는 논리의 모순을 비롯한 생명권을 지키기 위한 노력을 적극적으로 진행해야 한다.

아울러 무분별한 낙태를 막을 수 있는 '프로라이프'(생명존중) 프로그램을 범 교계차원에서 다양하게 개발해야 한다. 그렇지 않을 경우 생명경시 풍토 확산이 확산될 수 있을 위험이 있다. 두 재판관은 낙태죄 위헌에 대해 경고하면서 만약 시류에 편승해서 낙태를 합법화하면 멀지 않은 미래에 현세대가 다음세대의 불편한 존재로 전락할 경우 안락사, 고려장 등이 합법화 되어 제거대상이 될 수 있다고 엄중하게 경고하고 있다.

노마드 패스터

옥성삼

　정보통신혁명이 고도화된 이 시대를 '후기산업사회'(고도근대사회) 혹은 '4차 산업혁명' 시대라 부른다. 정치경제적 관점에서는 '신자유자본주의' 사회라고 한다. 앤서니 기든스를 비롯한 일단의 사회학자들은 이 시대를 관통하는 구조를 세계화(Globalization)라 한다. 기든스가 말하는 세계화는 합리적 이성과 과학적 체계를 근거로 발현한 근대성의 최종적인 국면이라 보았고, 또한 근대성속에 내포된 역동성이 가속화된 오늘을 '질주하는 세계'로 규정했다. 즉 변화와 상호작용이 증가하는 것이 아니라, '변화가 일상화된 사회'를 세계화라고 한다. 이런 일상화된 변화는 오랫동안 공유된 경험은 물론 산업사회의 전문지식도 어느 한 순간에 무용지물로 만들어 버린다. 세계화 시대는 경험적 지식과 전문적 지식보다는 변화를 가로지를 수 있는 지속적인 성찰적 지식을 필요로 한다.

　이러한 세계화는 이전 시대와 비교할 수 없는 거시 사회구조적 변화를 가져왔다. 세계화로 각 나라는 세계를 상대로 상호작용하면서 내적인 다양성이 증가하면서 동시에 각 나라별 차이는 감소한다. 자동차와 핸드폰이 가져온 우리사회의 다양성 증가는 동시에 다른 나라와의 생활문화 차이를 감소시킨다. 여기서 나온 문제가 양극화이다. 세계가 단일 시장화되어 국가 통제하의 경영은 세계를 무대로 무한 경쟁화된다. 이 과정에서 국가별 승자는 사라지고 세계 단일시장의 경쟁에서 승리한 소수가 엄청난 부를 축척하는 반면, 다수가 가난으로 내몰리게 되는 양극화 문제가 발생한다. 돈과 정보력을 가진 집단이 전 세계를 무대로 승자독식의 경제를 이루는 신자유 자본주의는 빈익빈 부익부를 심화시키는 결과를 초래한다. 하지만 소수의 승자 역시 불안하기는 마찬가지다. 변화가 일상화된 사회에서 가난한 다수는 생존의 문제로, 소수의 부자는 더 많은 욕망의 환상과 지속가능성 문제로 편할 날이 없다.

오늘 한국교회가 앓고 있는 양극화 - 소수 대형교회와 대다수 미자립 교회, 교회세습과 목회자 이중직- 그리고 정체성 위기 - 사회와 교회의 불통, 물신주의, 목회자 일탈, 가나안성도 확산, 근본주의와 신비주의의 전투화, 개교회주의와 교회법의 무력화- 또한 한국교회사라는 특수성과 더불어 세계화 맥락에서 성찰할 필요가 있다. 세계화가 가져온 교회의 양극화는 연합과 일치보다는 갈등과 반목을 확산시키고, 한편으로는 생존 불안을 다른 한편으로는 교회의 물신주의적 욕망을 강화시키고 있다. 한국교회는 변화가 일상화된 세계화시대 신앙의 본질을 재해석하는 노력 대신에 신비주의 또는 근본주의로 회기 하는 모습도 보인다.

그 어느 때 보다도 끊임없는 개혁과 성찰적 신앙이 필요한 세계화 시대, 고 문동환 목사님이 남긴 삶의 메시지는 한국교회를 향한 북소리와 같다. 격동의 근현대사 100여년을 목사 교수 정치가 공동체운동가 등으로 살아온 그의 목소리는 과거에 안주하지 않는 끊임없는 자기성찰, 실천하는 신앙, 공동체적 삶의 추구 등 3가지로 요약된다. 나라를 빼앗긴 시대 북간도 명동에서 공동체적 신앙생활 속에서 항일과 독립운동, 일본 및 미국 유학을 통한 학자로서의 준비, 교수로서의 가르침과 실천하는 신앙생활, 민주화운동의 헌신과 가족에 대한 배려 등 끊임없는 자기 개혁과 변화의 길을 달려온 그를 언론에서는 '공동체운동가' '근현대사 박물관'이라고도 했다. 무엇보다 90을 넘기 나이에도 이주노동자의 현실

이 신자유자본주의 세계화가 가진 구조적인 문제에 기인한다는 비판의
식을 토대로 '이민자 신학'과 '떠돌이 신학'을 제시한 성찰적 생활은 남은
자들에게 던지는 메시지가 크다. 가진 자의 여행으로써의 이동성과 난민
과 이주노동자들의 생존적 이동이 함께 증가하는 세계화 시대를 한국교
회는 어떻게 살아가고 있는가? 3.1운동 100주년에 가나안신자 200 만 명
을 애써 외면하는 이 땅의 한국교회는, 스스로를 '떠돌이 목자'라 노래한
'노마드 패스터'(nomad paster) 문 목사님의 삶을 잠시 멈춰 서서 기억하고
되새겨볼 때이다.

뉴트로

이성희

복고는 과거를 되살려 추억에 젖게 하는 힘이다. 그래서 복고는 늘 유행으로 재탄생한다. 최근 '뉴'(New)와 복고를 의미하는 '레트로'(Retro)를 합성한 '뉴트로'(New-tro)라는 신조어가 등장하였다. '뉴트로'는 복고지만 새롭게 다가온다는 의미를 지닌 것으로 외식업계를 중심으로 화제를 불러일으키고 있다. 중장년층에게는 과거의 향수를 자극할 뿐만 아니라 젊은층의 열광을 불러일으키며 처음 접해보는 새롭고 신선한 경험을 부여한다. '뉴트로'는 단순한 소비 트렌드를 넘어서 경험형 소비 트렌드로 무르익고 있다.

복고가 주는 장점은 익숙함과 편안함이다. '뉴트로'는 거기에 새로움과 세련됨을 더한 매력을 주는 트렌드로 거듭난 옛것이 아닌 새것이다. 옛것에 새로움을 담아 전혀 다른 의미를 풍기는 품격 있는 새로운 관심을 끈다. 그래서 복고풍 인테리어를 구현하면서 새로운 맛을 내는 음식을 제공하는 '뉴트로' 식당이 인기를 끌며 향수와 새로움에 접근하고 있다. '뉴트로' 식당은 눈으로 즐기며 입으로 만족하게 하는 새로운 트렌드인 것이다.

한국전쟁이 끝나고 우리네의 삶은 먹고 사는 것이 가장 큰 문제였다. 산업의 발달과 함께 경제성장을 이루어 제법 음식문화가 서구화되고 발달하면서 다시 옛 맛을 찾는 사람들이 많아졌다. 고기가 더 이상 희망 밥상이 아닌 현대인들이 시골 된장, 묵은지, 호박잎 등이 있는 밥상을 다시 찾는 것도 사람들의 옛 입맛을 통하여 향수를 불러일으킨다. 중노년의 동창생들이 모여 어린 시절의 고향과 초등학교를 다시 찾아 추억을 더듬는 것도 이런 복고에 대한 인간의 본능일 것이다.

'빈티지'(vintage)란 원래 풍작의 해에 만들어진 명품 연호가 붙은 정선된 와인을 가리키는 말이다. 와인의 생산연도, 포도 수확연도를 일컫는 말로 '빈티지 와인'이라고 하면 특정한 해, 특정한 농장에서 얻는 최고 품질의 와인을 말한다. 그러나 최근에는 이 단어가 다양한 의미로 사용되고 있다. 요즘 젊은이들 사이에 '빈티지'라면 지난 시대에 속하는, 오래되어 가치가 있는, 한물 간 구식의 것들을 의미한다. 특별히 이 단어가 패션에 사용되어 아버지 어머니 시대에 유행했던 지나간 옷을 다시 자신의 패션으로 만들고, 옷뿐만 아니라 갖가지 물건들을 다시 쓰는 것을 말한다. 그래서 젊은이들 사이에서는 지난 시대의 낡은 옷에 새로운 감각의 의미를 담아 멋을 내고 있는 것이다. '빈티지'도 일종의 '뉴트로'라 할 수 있다.

21세기에 들어서서 새롭게 주목을 받으며 발전한 신학적 개념이 있는데 '고대미래'(Ancient-future)라는 것이다. 고대와 미래를 함께 듣는 신학적 개념을 발전시킨 이는 레너드 스윗(Leonard I. Sweet)과 로버트 위버(Robert E. Webber) 등이다. '고대미래'라는 개념은 고대와 미래는 그 패러다임이 일치한다는 뜻이며 미래는 고대의 패러다임을 회복한다는 것이다. 그러므로 고대를 알면 미래가 보인다는 뜻이다. 위버는 그의 책 '고대-미래 신앙'(Ancient-Future Faith)에서 고대와 미래를 하나의 시간 개념으로 동일시하면서 고대와 미래 사이에 연자(連字)부호(hyphen)로 표시했지만 스윗은 아예 연자부호조차도 없애고 'Ancientfuture'라고 썼다. 고대와 미래가 연결고리도 필요 없는 하나라는 의미이다.

기독교 역사를 살펴보면 고대사회와 포스트모던사회의 패러다임은 절묘하게 일치한다. 이런 일치는 미래교회와 신앙의 패러다임을 예측하고 설정하는데 결정적인 도움을 준다. 그러므로 미래교회의 패러다임은 고대 교회에서 발견할 수 있다. 미래교회는 고대교회로 회귀하는 교회이기 때문이다. 그러므로 교회 공동체의 원형인 이스라엘의 광야공동체는 미래교회의 모습이며 미래교회는 광야공동체에서 패러다임을 찾을 수 있을 것이다. 전도자가 말한 대로 해 아래 새 것이 없다. 과거를 알면 미래를 볼 수 있다. 공자가 말한 '온고이지신'(溫故而知新)도 옛날 것을 연구하여 새로운 것을 안다는 뜻이다. '뉴트로'는 '과거미래'이며 우리의 미래를 제시하는 것은 미래가 아니라 과거이다.

분노사회를 살아가는 지혜

문상현

제 2차 북미회담 등 대형 이슈에 묻혀 큰 관심을 끌지 못했지만 대부분의 대학들이 졸업식을 치렀다. 불과 몇 년 전만 하더라도 대학 졸업식 풍경은 뉴스에 어김없이 등 장하던 장면이었다. 하지만 취업난 등으로 대학졸업이 기쁘지만은 않은 일이 되었고 졸업식에 대한 사회적 관심 역시 예전 같지 않은 듯하다. 외국의 많은 대학은 졸업식에 사회 유명 인사를 모셔 축사하는 순서를 갖는다. 사회에 첫발을 내딛는 청년들을 격려하고 어떻게 살아가야 할지에 대해 인생선배로서 조언하기 위해서다. 스티브 잡스, 마크 저커버그, 영화배우 로버트 드니로와 토크쇼 진행자 코난 오브라이언 등의 대학 졸업식 축사는 감동적이고 촌철살인의 내용으로 큰 화제가 되었다. 국내에서도 서울대 등 일부 대학이 외부 인사에게 졸업축사를 맡기지만 주목을 끌지는 못했다. 고리타분한 훈계조의 축사가 감동을 못준다는 학생들의 평도 많다고 한다. 그런데 지난달 26일 열린 서울대 졸업식 축사가 화제다. 아이돌그룹 bts를 키워 낸 서울대 미학과 출신 방시혁 빅히트엔터테인먼트 대표의 축사가 적잖은 울림을 줬기 때문이다.

방대표는 오늘날의 자신을 만든 건 부조리와 불합리한 현실에 대한 분노였다면서 분노가 갖는 긍정적 에너지를 강조했다고 한다. 한국사회는 지역, 이념, 계층, 세대, 남녀, 인종 간 갈등과 대립으로 울분과 분노가 일상화된 사회다. 갈등대상을 향한 폄훼와 혐오가 위험수위에 달해 전체 공동체가 분노조절장애에 빠졌다는 말까지 나온다. 그런데도 분노가 긍정적 에너지고 성공의 원동력이라니. 특히 최악의 취업난이라는 절망적 상황에서 사회에 첫발을 내딛는 청년들에게 성공한 선배가 분노하라고 부추기는 게 옳은가 하는 비판도 있을 법하다. 하지만 방대표의 축사 내용을 꼼꼼히 읽어보면 후배들에게 전하려는 그의 진의를 알 수 있다. "저는 별다른 꿈 대신 분노가 있었습니다. 납득할 수 없는 현실, 저를 불행하게 하는 상황과 싸우고, 화를 내고, 분노하며 여기까지 왔습니다. 그것이 저를 움직이게 한 원동력이었고 제가 멈출 수 없는 이유였습니다….저는 앞으로도 꿈 없이 살 겁니다. 알 지 못하는 미래를 구체화하기 위해서 시간을 쓸 바에, 지금 주어진 납득할 수 없는 문제를 개선해 나가겠습니다." 그는 꿈꾸기를 강요하고 부조리와 불합리에 눈감도록 부추기는 사회와 타협하지 말라고 조언하고 있는 것이다. 현실을 미래에 저당 잡히지 말고 남이 만들어 놓은 행복이 아닌 자신의 행복을 찾으라고 얘기한다. 특히 그 행복이 상식에 기반하고, 파괴적이고 부정적인 욕망을 이루는 것이 아니며, 더 나은 세상을 만드는데 기여해야 한다고 강조한다. 그 과정에서 자신의 행복에 걸림돌이 되는 불합리에 분노하고, 그 것을 개선하려 애쓰라고 조언한다. 그가 말하는 분노의 힘과 긍정적 에너지다.

분노는 인간에게 결코 좋은 영향을 미치지 못한다고 얘기한다. 분노의 대상 뿐 아니라 분노하는 사람의 몸과 마음에 깊은 상흔을 남긴다. 개인의 영혼을 파괴하고 공동체에 불신과 혐오를 남긴다. 하지만 모든 분노가 부정적이지만은 않다. 부조리에 대항하고 자신의 행복만큼 타인의 행복을 배려하는 가운데 표출되는 분노는 선하고 정의로울 수 있다. 따라서 분노 자체가 아니라 어떤 분노인가가 중요하다. 악하고 파괴적인 분노를 다스리고 선하고 정의로운 분노가 삶의 에너지가 되도록 분별하는 지혜와 용기가 필요한 것이다. 이는 사회에 첫발을 내딛는 청년뿐 아니라 모든 사회구성원에게 필요한 덕목이기도 하다.

성경에서 분노는 악하고 통제되어야 하는 것으로 묘사되어 있다. 성내지 말며 용서하고 화평케 하는 자가 되라고 가르친다. "너희는 모든 악독과 노함과 분냄과 떠드는 것과 비방하는 것을 모든 악의와 함께 버리고 서로 친절하게 하며 불쌍히 여기며 서로 용서하기를 하나님이 그리스도 안에서 너희를 용서하심과 같이 하라"(엡4:31-32) 하지만 성경에서도 악하지 않고 의로운 분노가 있다고 말한다. 악하고 불의한 일을 행하는 자에 대해 하나님은 의로운 분노를 보이셨다. 골리앗에 맞선 다윗에게 끓어오른 분노 역시 의로운 분노였다. 악한 분노가 만연하고 통제 불능인 한국 사회에 의로운 분노가 바람직하고 성경적인 이유다.

살아있는 흑백 기억매체

김윤태

　최근에 대중적으로도 널리 알려진 한 목사님이 설교 도중에 "남한 사람 5천만 명 중 2천만 명이 북한사람 2천만 명을 안고 죽어 살아남은 남한 사람 3천만 명이 아기를 낳으면 현재 수준으로 복원된다"는 막말을 해서 큰 물의를 일으키고 있다. 아무리 웃자고 한 이야기라 할지라도 원수까지 사랑하라는 예수님의 말씀이 무색해지는 설교다. 2019년 5월 20일 방송된 MBC 시사프로그램 "스트레이트"에서는 "목사님은 유세중"이라는 제목으로 색깔론과 온갖 정치발언으로 도배된 설교를 여과 없이 방송하면서 교회인지 정당인지 헷갈리는 지경이라는 논평을 내기도 하였다. 과연 이렇게 설교해도 되는 걸까? 과연 이 시대 청중들은 이런 설교를 어떻게 받아들이고 있을까?

　스멜서(Neil Smelser)가 주장한 것처럼 근대화의 가장 큰 특징 중 하나는 "구조적인 분화(Structural Differentiation)"다. 서구 유럽은 르네상스와 종교개혁을 거치면서 종교와 과학, 정치가 서로 분리되기 시작했다. 루터는 아우구스티누스의 두 왕국 이야기를 통해서 정치와 종교의 분리를 주장했고, 마키아벨리는 심지어 정치와 도덕을 분리하기도 했다. 이처럼 인류 역사는 정치와 종교, 종교와 과학이 서로 분리되며 각각 근대화 과정을 걸어왔다. 그럼에도 불구하고 늘 정치는 종교를, 종교는 정치를 서로 갈망해

왔다. 때론 존 그레이(John Gray)의 표현처럼 "추악한 동맹"을 맺기도 했는데, 이에 대해 장 보뎅(Jean Bodin)은 소수 지배층이 다수의 대중을 통제하기 위해 종교와 정치는 상호보완적 기능을 가지고 있어서라고 한다. 실제로 한국 개신교는 해방 이후 독재자들과의 지배 연대를 통해 독재자들은 정치적 정당성을, 개신교는 양적 성장의 도움을 서로 주고 받은 적이 있다. 그들이 한 목소리로 미국은 영원한 우방이요, 북한은 사탄이라고 말하면 다들 정말 그런 줄 알았다. 그들에게 반공은 또 하나의 신앙이었고, 국가보안법은 또 다른 성경이었다. 문제는 우리 사회가 점점 이런 방식의 메시지가 통하지 않는 사회가 되어가고 있다는데 있다.

1980년, 컬러 TV 방송이 전국적으로 실시되었다. 흑백으로 보던 세상을 컬러로 보기 시작한 것이다. 1990년대부터는 멀티미디어 시대가, 2000년대부터는 Social Media 시대가 열렸다. 일 대 다수(one to many)에서 다수 대 다수(many to many)로, 일방(one-way)에서 쌍방향(two-way)으로, 발신자 중심에서 수신자 중심으로 커뮤니케이션 방식이 변화되면서, 한국 사회 내에는 점점 다양한 목소리와 다양한 견해들이 생겨나기 시작했다. 이런 상황 가운데, 소련의 해체로 촉발된 공산주의의 몰락과 미국의 전방위적인 통상 압력은 영원한 우방 미국에 대한 불신과 함께 다수 대중을 통제하기 위한 소수 지배자들의 이분법적 반공담론 마저 그 설득력을 잃게 만들었다. 그럼에도 불구하고 일부 개신교 강단에서 아직도 70년대 반공웅변대회에서나 든던 구호들이 설교라는 이름으로 난무하고 있으니 이 얼마나 시대착오적인 것일까? 이진구는 "한국 개신교의 타자인식"이라는 책에서 그 동안 한국 개신교는 타자에 대해 '진짜-가짜, 참-거짓, 나-너'라는 지극히 이분법적인 프레임을 적용해서 인식해 왔음을 비판한 바 있다. 다원화된 근대 사회에서 내가 없는 타자, 타자가 없는 내가 어떻게 존재할 수 있겠는가? 우리는 흑백 TV가 아니라 컬러 TV 세상에 살고 있다. 흑과 백만 있는 것이 아니라 회색도 있고, 빨주노초파남 보라

색도 있다. 컬러 TV 세상에 살고 있는 청중들에게 여전히 흑백 TV 세상만을 보여주겠다고 한다면 그 누가 귀를 기울이겠는가?

헨리 나우웬은 목회자의 역할을 "예수님을 기억나게 하는 사람(the living reminder)"라고 정의한 적이 있다. 그의 책이 처음 소개될 때 the living reminder를 "살아있는 기억매체"로 번역하였는데, 개인적으로 이 표현이 좀 더 헨리 나우웬의 의도를 드러냈다고 생각한다. 목회자는 청중들에게 예수님이 생각나도록 하는 매체여야 한다. 특정 정치인, 특정 정치 이데올로기가 아니다. 예수님을 상기시켜주는 살아있는 기억매체, 예수님의 말씀, 삶, 가치관을 보여주는 이 시대의 컬러 TV요, 유튜브가 바로 목회자인 것이다. 그런 면에서 오늘날의 목회자들은 "살아있는 흑백 기억매체"가 되지 않도록 늘 조심할 필요가 있다. 세상은 나와 너, 남과 북, 동과 서, 동지와 원수, 미국과 북한으로 나뉘지 않는다. 북한은 우리가 죽여 없애야 할 대상이 아니라 복음을 전해서 살려 내어야 할 선교대상이다. 컬러 시대에 흑백 메시지를 전하지 않도록, 예수를 기억나게 해야 할 자들이 박정희를 기억나게 하는 사람이 되지 않도록 목회자는 늘 조심해야 한다.

세습적 특권에 대한 분노

문상현

대학교수로 재직하면서 학생부종합전형 위촉사정관 역할을 6년째 담당하고 있다. 한 5년 전쯤 학생부종합전형으로 입학한 학생들을 대상으로 심층인터뷰조사를 한 적이 있다. 인터뷰 대상에는 지방 일반고 학생도 있었고 외고나 자사고 출신도 있었다. 출신학교 여부와 상관없이 대다수가 학생부종합전형에 대해 긍정적 의견을 피력했음에도 불구하고 준비하는 과정에 대한 응답에선 출신고와 지역에 따라 확연한 차이를 발견할 수 있었다. 지방 일반고 출신 학생들은 학생부 종합전형에 대한 학교와 교사들의 정보 부족과 무관심으로 동아리나 봉사 등 비교과 활동 준비가 무척 힘들었다고 답했다. 반면 외고나 자사고 학생들은 학교에서 각종 대회도 만들어 주고 동아리나 봉사 활동도 다양하게 할 수 있도록 해줘서 준비에 큰 어려움이 없었다고 했다. 5년 전이면 경시대회 등의 교외 수상 실적, 교외 봉사활동, 연구 논문, 교사 추천서 등의 제출이 금지되거나 폐지된 이후라 그나마 이 정도였지 교외 대회나 활동 실적이 반영되던 입학사정관제도 초기에는 학교와 지역뿐 아니라 개인 간 정보 불평등이 매우 심했다. 학종이 '현대판 음서제'라든가 '금수저 전형'이라는 과장되고 왜곡된 시선을 쉽게 떨쳐버리지 못하는 것은 초기 제도의 불합리성 때문이기도 하다.

조국 법무부 장관 지명자의 자녀가 외고, 대학, 그리고 의전원에 합격하는 과정을 둘러싸고 큰 논란이 일고 있다. 현 정부의 상징적 인물 중 하나인 조국 지명자의 명운이 자녀 입시과정에 대한 의혹 해소 여부에 달릴 것이라고는 그 누구도 예상하지 못했을 터이다. 지금까지 제기된 의혹의 진위여부는 청문회에서 밝혀질 것이라 믿고, 이 모든 소동과 논란이 진영 간 정치공학에 어느 정도 기인한다는 사실 역시 잠시 제쳐두기로 하자. 입학사정관과 입학처장의 경험과 지식에 근거할 때 현재까지 제기된 조국 지명자 자녀의 대학 합격 과정은 불법은 아닐 가능성이 높다.

　2010년은 수시전형제도의 초기로 수학경시대회나 학술 논문 등의 교외 스펙자료가 입시에 자유롭게 활용되던 때였다. 게다가 최상위권 대학들은 외고 등 특목고 학생들의 지원을 늘리고자 노골적으로 이들에게 유리한 방식으로 입시전형을 설계하였다. 대학교수나 대학원생들과의 논문 공저, 부모의 인적 네트워크를 활용한 인턴십이나 봉사활동, 고액선행학습이 가능케 한 올림피아드 등의 경시대회 수상 실적, 심지어 유명 인사의 추천서까지 평범한 부모와 가정환경을 가진 학생들은 꿈도 꿀 수 없는 스펙을 요구했다. 지금은 불가능하나 그 당시엔 명문대학입학의 보증수표였던 이러한 스펙들에 대한 접근기회는 사실상 어떤 부모에게서 태어났는가에 의해 결정되었다. 즉 이러한 스펙들은 개인 노력에 의해 성취된 것이기보다는 부모로부터 세습된 것으로 봐야 한다. 부모의 사회적 지위와 계급적 속성이 자녀의 세습된 특권으로 활용되는 것이다. 조국 지명자를 둘러싼 논란에서 우리는 세습적 특권이 이념마저 압도하는 힘이라는 슬픈 현실을 목도한다.

　경쟁에서의 개인의 승리와 사회적 성공이 스스로의 능력과 노력이 아니라 부모의 지위와 인적, 경제적, 사회문화적 자본에 힘입은 바 크다면 대다수는 경쟁의 결과에 승복하기 어렵다. 당연히 심리적 박탈감은 깊어지고 분노가 치밀어 오를 수밖에 없다. 그런 점에서 조국지명자의 자녀를 둘러싼 논란은 법적이거나 이념적인 차원이 아니라 심리적이고 사회문화적 차원에서 접근해야 한다. 특히 젊은 세대의 분노는 이런 관점에서만 이해가 가능하다. 프랑스 경제학자 토마스 피케티는 갈수록 심화되는 불평등이 자본소득이 노동소득을 압도하기 때문이라며 자본주의가 세습자본주의로 변질되고 있다고 비판하였다. 세습은 공동체의 신뢰를 무너뜨리는 사회적 해악이자 민주주의의 적이다.

자본주의 실험 역사가 짧음에도 불구하고 세습적 특권의 만연은 한국 사회에서 더욱 두드러진다. 대기업, 교육계, 문화계, 언론계, 그리고 심지어 교회에서도 세습은 낯설지 않은 일상이다. 단지 특권적 지위의 부모에게서 태어났다는 이유만으로 모든 경쟁에서 부당한 혜택을 누릴 뿐 아니라 부족한 능력과 품성에도 불구하고 부모의 특권을 고스란히 물려받는다. 이들이 소유한 특권의 막강한 힘에도 불구하고 사회적 존경을 못받고, 때로는 조롱의 표적이 되기도 하는 이유는 세습적 특권이 갖는 허약한 명분과 정당성 때문이다. 손에 쥔 특권을 휘두르는 재미에 빠져 그 허약함을 알아차리지 못하는 그들의 처지가 서글프고 안쓰럽다.

인공지능 시대에 예수의 몸

문우일

　한계를 극복하고 자연을 정복하려는 인간의 열망은 지구 생태계를 변화시키고 '인간세'(The Anthropocene epoch or Human Epoch)의 도래를 초래했다. 생명공학과 컴퓨터공학, 사물인터넷 기술 등은 생물과 무생물 사이의 경계를 무너뜨려 인간은 전례 없이 다양한 방식들로 살게 되었고, 인간 스스로 신체와 정신과 수명과 환경을 취사선택할 수 있는 시대가 머지않았다고 한다.

　이에 비판적인 포스트휴머니즘은 인간과 동물, 인간과 기계, 인간과 환경의 경계가 점차 무너지면서 인간은 거대한 '전능 알고리즘'(all-powerful algorithms)에 종속하는 데이터로 전락하게 될 것이라고 경고한다(Harari, Homo Deus, 376). 그렇게 되면, 인간의 마음과 감정과 자유의지까지도 조작이 가능해지므로 자유롭고 독립적인 인간은 멸종 위기를 맞이한다는 것이다. 그러나 '기술 휴머니즘'(techno-humanism)은 호모 사피엔스가 신체와 정신의 한계를 과학 기술로 개선하고 '호모 데우스'라 불리는 신과 같은 종족으로 다시 태어날 것이라고 낙관한다. 호모 데우스는 무기 알고리즘의 자동 흐름을 제어하고 인간 진화의 방향을 스스로 결정할 수 있을 것이라고 한다(Homo Deus, 411). 요컨대, 인간이 거대 알고리즘에 정복당하여 멸종할지, 아니면 '호모 데우스'로 재탄생할지는 인간 정신의 인지능력을 전능 알고리즘의 인지능력보다 지속적으로 우월하게 향상시킬 수 있느냐 없느냐에 달려 있다는 것이다.

그렇다면 과연 인간 정신은 인간을 대표할 만한 인간의 본질이 맞는가? 인공지능 시대에 인간이 인간이기를 계속하기 위해서는 정신의 인지능력을 극대화하는 방법밖에는 없는가? 인간과 인간 본질에 관한 견해들은 시대와 사람에 따라 다르지만, 요한복음은 순수 정신이나 인지능력을 인간의 본질로 여기지 않는 것이 분명하다. 요한복음에서 말씀(로고스)은 하나님의 말씀임과 동시에 초월적이고 선재적인 인격으로서 하나님과 인간을 동시에 대변한다. 그런데 그 안에 생명이 있었고, 그 생명은 "사람들의 빛"이며, "각 사람에게 비추는 빛"이므로, 요한복음에서는 말씀(로고스)이야말로 사람을 사람답게 하는 '인간의 본질'이라고 할 수 있겠다(요 1:4, 9).

그런데 그 말씀은 요한복음에서 단순한 정신이 아니다. 왜냐하면 요한복음은 "말씀이 육신이 되어 우리 가운데 임하셨다!" 하고 선언하기 때문이다(1:14). 요한복음은 우리가 하나님을 직접 보거나 그 음성을 직접 들을 수 없으며, 오직 우리 가운데 몸으로 오셔서 하나님을 몸으로 해석하신 예수를 통하여서만 하나님 아버지를 알고, 사랑하고, 그분과 영원히 하나가 될 수 있다고 한다(1:18; 5:37; 14:21; 17:21).

즉, 요한복음의 예수는 인지능력의 극대화가 인간의 본질을 보장하는 것이 아니라, "서로 사랑하라"는 계명/말씀을 몸으로 실천하는 것이야말로 인간을 인간답게 한다고 가르치는 것이다. 예수는 '말씀을 몸으로 실천하는 인간'이 무엇인지를 이론으로만 가르치지 않고 몸소 시범을 보이셨다. 그것은 자신의 손으로 제자들의 발을 씻어주신 것이다. 부활하신 예수 역시 몸으로 임하여 제자들과 대화하고 함께 잡수셨고, 제자들은 예수의 몸을 육안으로 보고 손으로 만질 수 있었다. 인공지능 시대가 온다 할지라도 '말씀을 몸으로 실천하는 인간'이야말로 예수를 따르는 자들이 살아내야 할 인간의 본질인 것이다.

증오연대

김윤태

2003년 1월 11일 서울시청 광장에서 태극기와 성조기를 나란히 든 기독교 근본주의자들이 북한의인공기를 불태우며 '나라와 민족을 위한 평화기도회'를 열었다. 말이 기도회지 정치적인 '친미반북집회'였다. 사람들은 이 집회를 극우파 개신교도들의 정치 데뷔 무대라고 부른다. 그로부터 기도회를 빙자한 수많은 시국집회가 개최되면서 기독교 근본주의자들과 극우 세력은 긴밀한 밀월관계를 유지해왔다.

도대체 왜 기독교 근본주의자들은 극우세력들과 어울리며 자꾸 정치판에 기웃거리고 있는 걸까? 답은 간단하다. 기독교근본주의자들과 극우 세력들은 서로 공통분모가 많기 때문이다. 정치종교 극우연대는 내용면에서는 친미 반공, 방법 면에서는 증오와 혐오라는 공통분모가 있다. 물론 이것은 비단 우리나라만 그런 것은 아니다. 외국에서도 종교 근본주의자들과 극우 정치인들은 쉽게 연대가 이루어진다. 2001년 9월 11일 미국의 세계무역센터가 이슬람 근본주의자들의 테러로 무너졌다. 그들은 이것이 알라의 뜻이라고 말했다. 2011년 7월22일 노르웨이에서는 아네르스 베링 브레이비크라는 루터교인이 총기난사를 일으켜 76명을 살해하는 끔찍한 테러가 일어났다. 그는 기독교 근본주의자였을 뿐 아니라 극우적인 정치성향을 가진 테러리스트였다. 정부의 이슬람 포용정책에 반감을 가지며 이슬람 세력으로부터 기독교 유럽을 구출해야 된다는 생각에 사로잡혀 하나님의 이름으로 테러를 자행한 것이다.

극우주의자들은 나와 너를 나누고, 아군과 적군을 나눈 뒤 너와 적군에 대한 증오를 자양분으로 삼는다. 이것은 종교 근본주의자들도 마찬가지다. 금과옥조처럼 지키는 몇 가지 근본 원리들만이 선이요, 그 외에는 악이다. 악은 혐오의 대상이요 제거의 대상이다. 그 악을 징벌하기 위해 폭력과 혐오는 어쩔 수 없다고 믿는다. 오늘날 한국 사회내의 극우주의자들과 기독교 근본주의자들의 연대 지점이 바로 여기에 있다. 이들 모두는 철저한 선악 이분법을 통해 끊임없이 악에 대한 증오와 폭력을 정당화시켜왔다. 예를 들어, 북한은 악이요, 미국은 선이다. 한국은 선에 속해야 하므로 미국편에 들어야 한다. 악은 제거의 대상이므로 평화통일은 있을 수 없다. 그래서 군복을 입은 기독교인들이 등장하여 태극기와 성조기를 흔들며 인공기를 불태우는 것이다. 극우주의자들과 기독교 근본주의자들의 공공의 적에 대한 일종의 증오연대인 것이다.

만약 이 세상을 선과 악, 둘로 나누어 보기 시작하면 악은 제거의 대상이면서도 동시에 선이 존재하기 위해 계속 필요할 수밖에 없는 필요악의 모순에 빠지게 된다. 내가 존재하기 위해 네가 필요하고, 선이 존재하기 위해 악이 필요한 것이다. 사실 선은 악을 제거해야 드러나는 것이 아니다. 존재론적인 관점에서 보자면 악은 선의 부재일뿐이다. 우리의 사명은 결핍된 선의 확장이지 악의 제거가 아니다. 그렇게 보았을 때 예수의 이름으로 악을 제거하는 것은 결코 기독교적인 선교가 될 수 없다. '이 세상(οικουμενε)'은 증오하고 제거해야 할 악의 축이 아니라 '장차 다가올 세상(οικουμενε μελλουσα)'을 위해 자비를 베풀어야 할 선교의 장이기 때문이다. 이런 선교적인 시각으로 바라보면 북한도, 동성연애자도, 무슬림도, 증오나 혐오가 아니라 사랑과 긍휼, 선교의 대상으로 볼 수 있게 되지 않을까? 지금 우리에겐 증오 연대가 아니라 사랑의 연대가 필요하다.

주님은 이렇게 말씀하신다. "또 네 이웃을 사랑하고 네 원수를 미워하라 하였다는것을 너희가 들었으나 나는 너희에게 이르노니 너희 원수를 사랑하며 너희를 박해하는 자를 위하여 기도하라 이같이 한즉 하늘에 계신 너희 아버지의 아들이 되리니"(마 5:43-45)

혐오와 증오를 이기는 길

김기태

혐오와 증오는 그 것 자체가 비신앙적이고 반기독교적이다. 세상에서는 누군가를 혐오하고 증오하는 마음이 그대로 드러나는 말과 행동이 갈수록 늘고 있다. 일반 국민들의 일상 생활 속에서는 물론이고 전국민을 상대로 하는 국회 연설이나 공당의 대변인 또는 사회 지도층의 발언 속에서도 혐오와 증오가 가득 찬 언사들이 넘쳐나고 있다. 중요한 국가정책을 둘러싼 논의 과정에서나 서로 입장을 달리하는 정치인들의 회의, 토론, 논쟁의 자리에서도 이런 현상은 예외가 아니다. 이런 혐오와 증오의 언사 남발 현상은 교회도 예외가 아니다. 교회 안팎의 각종 회의나 모임에서도 상대방을 향해 혐오와 증오를 담은 말과 행동들이 자주 등장한다. 과연 사랑과 긍휼의 종교인 기독교를 믿는 사람들이 맞는지를 의심할 만한 비신앙적이고 비기독교적인 혐오와 증오의 언사들은 오늘날 교회를 피폐하게 만드는 주범 중 하나가 아닐 수 없다.

혐오라는 용어를 일상적으로 사용하는 '혐오사회'가 되었다. 끔찍한 일이다, 정상적이고 상식적인 생각을 가진 사람들 사이에서는 좀처럼 사용될 일이 전혀 없는 매우 이례적인 단어가 주변에서 자주 동원되는 혐오시대가 된 셈이다. 사전적으로 혐오(嫌惡)는 '어떠한 것을 증오, 불결함 등의 이유로 싫어하거나 기피하는 감정으로, 불쾌, 기피함, 싫어함 등의 감정이 복합적으로 이루어진 비교적 강한 감정'을 의미한다. 혐오나 증오라는 단어는 그동안 강한 부정이나 비판을 강조하기 위해 사용되는 표현 차원에서 사용되거나 특정 집단에 대한 사회적 거부 의사를 상징하는 용어 정도로 사용되었다. 그러나 오늘날 '혐오' 문제는 단순한 표현상의 문제이거나 일부 특정 분야에서 나타나는 제한적 사안이 아니라 사회 전체로 번져있는 일상적 현상이자 시대적 이슈라는데 문제의 심각성이 있다.

불특정 다수를 대상으로 이유없이 잔혹한 범죄를 저지르는 이른바 혐오범죄의 발생 빈도가 늘고 있다. 평소에 지니고 있던 특정 계층이나 대상에 대한 혐오와 증오의 감정을 행동으로 옮긴 범죄를 혐오범죄라 할 수 있겠는데 이런 류의 범죄일수록 범행 수법이 잔인하고 예측이 불가능한 형태로 나타난다. 마음 깊숙이 박혀있는 혐오와 증오의 심리가 작동한 범죄이기 때문에 겉으로 드러나지 않거나 전혀 다른 범행 동기로 가려지기도 한다. 끝내 수사 과정에서 밝혀지지 않은 채 묻혀버린 혐오범죄까지 감안한다면 우리사회 혐오범죄는 훨씬 더 많이 발생하고 있는지도 모른다. 따라서 보다 중요한 것은 혐오범죄나 증오심에 의한 강력사건들이 급증하고 있는 현상이 우리 사회에 보내는 숨은 메시지에 주목하는 일이다. 아직 범죄화하지 않았지만 언제든지 강력범죄로 사회에 충격을 줄 수 있는 혐오심리, 혐오의식, 혐오현상에 대한 보다 세심한 관찰과 분석 그리고 이에 대한 대책 마련이 시급한 이유이다.

년 이상 전 세계 분쟁지역을 누빈 저널리스트이자 『혐오사회』의 저자 카롤린 엠케는 편견이 개개인의 다양성을 지우고 집단의 편견을 덧씌워 혐오하거나 증오해도 마땅한 존재로 만들며 편견에 근거한 폭력을 정당화하려는 행위를 벌인다고 주장하면서 우리가 누군가를 집단적으로 혐오해도 좋은 이유같은 것은 없다는 점을 강조한다. 특히 그녀의 책에서 우리가 주목해야 할 점은 혐오와 증오를 멈춰 세우는 방법은 서로의 '다름'을 있는 그대로 받아들이는 것이라는 주장이다. 결국 혐오시대를 현명하게 극복하는 유일한 길은 나와 다른 진영, 지역, 계층, 취향, 배경, 주장에 대해 단지 서로 '다를' 뿐이지 결코 '틀린' 게 아니라는 점을 기억하고 이를 실천하는 일일 것이다. 교회 만큼 서로 다른 사람들의 집단이 없다. 그런만큼 서로 다름을 틀림으로 오해하는 일이 없어야 할 것이다.

'거리두기'와 '거리좁히기'

김기태

거리두기가 강조되는 세상이다. 사람들과의 만남이나 대화를 할 때 일정한 거리를 유지하라는 말이다. 비말에 의한 전파가 특징인 코로나를 예방하기 위한 고육지책이기 때문에 이를 따르고 지키는 것은 당연하지만 어려움도 많다. 대화 당사자 간 거리는 소통의 중요한 요소이다. 어떤 거리를 유지하는지가 곧 관계의 질을 좌우한다. 비언어적 메시지로서의 거리를 관찰하면 대화하고 있는 사람 사이의의 관계를 유추할 수도 있다. 인류학자 훨(E. Hull)은 거리 개념을 이용하여 대인 커뮤니케이션을 다음과 같은 네 가지로 유형화했다. 먼저 접촉 상태에서 약 45cm까지의 거리를 유지하는 '친교적 거리'로서 연인 또는 엄마와 아기 사이의 거리이다. '개인적 거리'는 약 45cm에서 120cm까지의 거리로 일반 사교 또는 조용히 대화할 수 있는 친구 사이의 거리를 말한다. '사회적 거리'는 120cm에서 360cm까지의 거리로 교실 안의 교사와 학생, 사장과 비서, 경찰과 범인 사이에 유지하는 거리이다. 마지막으로 '공공적 거리'는 대중 집회에서 연사와 청중 사이의 거리 등을 가리킨다. 물론 여기에서 말하는 거리 개념은 사회적 환경과 문화적 배경에 따라 달라질 수 있지만, 사람 사이의 거리가 곧 관계와 소통을 규정하는 중요한 요소라는 점은 분명하다. 따라서 사람들은 상대방과 유지하고 싶은 관계의 정도나 깊이에 따라 일정한 거리를 유지할 때 자연스럽고 편안하다. 이런 상황에 의도치 않은 변화나 균열이 발생하면 갈등이 생기고 관계가 깨지는 경우까지 이르게 되는 것이다.

코로나19 확산 방지를 위한 방역 지침 중 주변 사람과의 거리두기는 필수 항목이다. 현재 창궐하고 있는 신종 코로나 바이러스는 확진자의 침방울에 의해 전염 가능성이 높은 성질을 가지고 있어서 방역 당국에서는 전염병 예방을 위해 손씻기, 마스크 착용하기와 함께 일정한 거리두기를 강력하게 요구하고 있다. 사람이 밀접한 곳을 피하고, 기침이나 재채기를 하는 호흡기 질환의 사람들에게서 속히 멀어져야 한다는 점을 특히 강조하고 있다. 이를 지침화한 방역당국의 조치가 바로 사회적 거리두기이다. 여기에서 사회적 거리두기는 가능하면 사람들 사이의 만남과 대화 자체를 최소화하라는 즉, 물리적 거리를 유지하라는 의미였다. 문제는 일시적인 물리적 거리두기가 길어지면서 심리적 거리두기를 넘어 점차 실제 서로 멀어지는 경우까지 생겨난다는 데 있다. '몸이 멀어지면 마음도 멀어진다'는 말이 실감 나는 세상이다. 가능하면 멀리하는 게 좋다는 방역 지침 때문에 그동안 서로 만나던 사람, 모임, 집회 등과 거리를 두게 된다. 그러다 보면 자연스럽게 일시적 거리두기가 아니라 실제로 서로 간 '거리'를 만들고 다시 관계의 불편함이나 단절로까지 나아가는 경우도 있다.

'거리두기'를 강조하는 시대에 '거리좁히기'를 위한 노력이 필요한 때이다. 물리적 거리는 유지하면서도 정신적, 심리적, 내면적 거리는 좁혀야 한다. 이를 위해 직접 만나지 않고도 각종 온라인 시스템을 이용해서도 얼마든지 관계를 유지할 수 있는 다양한 유형의 만남을 찾아야 한다. 오프라인보다 더 유용한 온라인 소통도 얼마든지 가능하다. 거리두기를 권하는 이 시대에 그동안 이어온 모든 만남과 관계에 대해 진지하게 되돌아보는 성찰의 시간도 필요하다. 만남의 양보다는 만남의 질이 더 중요한 세상이 되었다.

'방역'의 정치화 유감

김기태

수도권을 중심으로 그동안 잠잠하던 코로나19 확진 환자들이 폭증하고 있다. 8월 17일 현재 질병관리본부 중앙방역대책본부에 따르면 이날 0시 기준 국내 코로나19 확진자는 197명(지역 발생 188명) 증가했다. 지역 확진자 188명 중 서울 90명, 경기 70명, 인천 7명으로 수도권에 집중 발생했다. 나흘간 누적 확진자는 무려 745명에 이른다. 이에 따라 '방역'과 '경제' 두 마리 토끼를 잡으려던 정부의 노력도 차질을 빚게 됐다. 광복절 경축사에서 문 대통령은 방역의 성공이 있었기에 정부의 확장재정에 의한 신속한 경기 대책이 효과를 볼 수 있었다며 자신감을 보인 바 있다. 그러나 뜻하지 않게 갑자기 확진자 수가 급증하면서 이러한 정부의 자신감은 다시 위기를 맞게 됐다. 그동안 K방역은 세계 최고 수준의 성공적인 성과를 거두었다. 제한적인 통제로 국민들의 자유를 크게 제약하지 않으면서도 철저한 방역 지침을 통해 확진자와 사망자 수를 크게 줄이는 성공적인 방역으로 세계적인 관심을 끌어왔다. 따라서 수도권을 중심으로 번지고 있는 최근 확진자 증가 추세도 다시 방역 당국의 철저한 방역 지침을 충실하게 지키면서 전 국민이 적극적으로 협조하면 머지않아 수그러들게 될 것이다.

문제는 이런 심각한 감염병 위기 상황에서도 정부의 방역 정책이나 관련 대책에 대해 함께 힘을 모아 위기를 극복하는 데 집중하기보다는 자신들의 정치적 목적을 달성하는데 급급한 일부 정치인들의 태도에 있다. 문재인 대통령이 일부 교회에서 비롯된 신종 코로나바이러스 감염증 확산세와 관련해 "국가방역 시스템에 도전하고 국민생명을 위협하는 불법 행위"라고 언급하자 야당의 전·현직 의원들이 "특정 집단 세력에 대한 공격"이라며 정치적 공세에 나섰다. 야당의 한 중진 의원은 페이스북에 글을 올려 "특정 교회, 특정 종교인을 공격하는 목소리가 커지고 있다"는 정치적인 해석을 내놓았다. 사랑제일교회 등을 중심으로 광화문에서 열린 '문재인 퇴진 범국민대회' 집회에 참석한 전 통합당 의원은 "오늘 하루 해운대에만 피서객 26만 명, 부산 전체 해수욕장엔 86만 명이 운집했다니 그들 수영복 입은 채로 전부 코로나 검사하고 의법 처리하라"고 주장하면서 "코로나 집단감염 예방한다고 헌법적 권리인 시위와 집회를 막으려 하던 바로 그 경찰과 서울시 당국이 차로 길을 다 막아놔서 시민들이 집단감염의 위험에 더 크게 노출됐다"며 강변하기도 했다.

다시 코로나19가 신천지 집단 중심의 지역감염이나 이태원 집단감염과 같은 대유행 상황으로 번질까 봐 전 국민이 걱정하면서 철저한 방역을 실천하고 있는 마당에 정치인들의 이런 태도는 바람직하지 않다. 이들 사회 지도층들이 앞장서서 방역을 강조하고 실천해도 모자랄 판에 정부의 방역 대책을 정치적인 목적으로 해석하고 비난하는 것은 전 세계적 재난을 극복하는데 전혀 도움이 되지 않을 뿐 아니라 사태를 더욱 악화시킬 수 있다는 점에서 여간 걱정이 아닐 수 없다. 방역 당국의 지침이나 경고에도 아랑곳하지 않고 광화문 집회에 참여했던 전광훈 목사까지 확진을 받은 상황에서 이들을 비호하거나 이들의 무책임하고 몰지각한 행동을 막으려는 공권력을 정치적으로 비판하는 정치인들의 행태는 정말 이해할 수 없다. 지금은 정치적 이해관계나 유불리를 따질 때가 아니라 방역에만 최선을 다해야 할 심각한 위기 상황이다.

감염병 따위에 지지 말아야 한다.

문상현

『전염병의 세계사』를 쓴 로버트 맥닐에 따르면, 전염병은 전쟁과 함께 인류 역사에 큰 영향을 미쳤다. 인간이 정착생활을 하고 가축을 기르면서 바이러스가 인간사회에 퍼지는 일이 빈번하게 발생했고, 전쟁, 상거래, 이주 등을 통해 타 지역으로의 확산이 일어났다. 아메리카 신대륙이 유럽침략자에 무릎을 꿇은 것이나 몽골의 유럽 정복이 무위로 끝난 것 역시 전염병의 확산 때문이다. 유라시아대륙을 죽음의 공포로 덮은 페스트나 2000만 명 이상의 희생자를 낸 스페인 독감 등이 대표적 사례다. 원인모를 전염병으로 공포에 사로잡힌 사람들은 분풀이 대상을 찾기 시작했고, 그때마다 누군가 혐오와 분노의 희생양이 되었다. 전염병이 낳은 비극은 어쩌면 신체적 고통이나 죽음보다 공감, 자비, 관용, 신뢰 등 인간다움의 조건을 파괴한데 있을지 모른다. 학자들은 초 연결된 글로벌 사회에서 신종 바이러스의 창궐과 전 세계적 확산이 반복될 것이라 예측한다. 인간의 탐욕으로 인한 환경 파괴는 이를 부채질할 것이다. 그럼에도 다행스러운 것은 과학 및 의학 발전이 수많은 희생을 치르면서도 바이러스와의 전쟁에서 결국 승리를 거둬왔다는 사실이다. 신종 감염병의 지속적인 발현에도 희생자의 규모와 확산 범위가 줄어들고 있는 것이 그 증거다.

중국 우한지역에서 발현된 코로나19의 확산으로 한국사회 전체가 패닉상태에 빠져있다. 발 빠른 방역대책과 진료로 안정화 단계를 눈앞에 둔 상황에서 예기치 못한 이단 신천지를 통한 전파로 사태가 걷잡을 수 없이 확대되고 있다. 신천지집회가 열렸던 대구와 경북지역에서는 매일 수백 명의 확진자가 나오고 있고, 집회 참석 신천지 교인이나 이들과 접촉했던 사람들에 의해 전국적인 감염 사례도 늘고 있다. 사실 유증상자에 대한 검진이 늘면서 확진자 수 역시 증가하는 건 자연스러운 현상이다. 외국에서도 경탄하는 검진 속도와 규모를 고려하면 확진자 수 증가가 오히려 다행일 수 있다. 음지에서 일어날 감염 가능성을 최소화한다는 의미이기 때문이다. 정부와 지자체가 전력을 다해 확산 저지에 나서고 질병관리본부를 중심으로 수많은 의료진들이 헌신적인 노력을 하고 있으니 시간문제일 뿐 종국엔 해결될 것이라는 믿음을 가져야 한다. 그리고 공포감에 눌려 혐오와 분노를 쏟아 낼 대상을 찾지 말아야 한다. 섣부른 비난과 매도보다는 서로를 격려하고 용기를 북돋우는 관용이 필요하다. 공동체가 위기를 견뎌낼 힘은 결코 두려움이나 손가락질로부터 얻을 수 없기 때문이다.

예상치 못한 전개로 당황한 정부의 실수도 많이 보인다. 경솔한 언사로 상처를 주는 정부관계자들의 말실수도 있다. 두려움에 떨고 있는 국민들은 안중에도 없이 위기를 이용해 돈벌이에 몰두하는 몰염치한 기업들도 있다. 모두 비판받아 마땅하다. 잘못된 언사에 대해선 용서를 구해야 하고 터무니없는 가격 상승과 매점매석 행위에 대해서는 엄중한 법적 책임을 물어야 한다. 코로나19 감염 확산에 가장 큰 원인인 신천지에 대한 책임 역시 무겁게 물어야 할 것이다. 이들이 그동안 음지에서 벌여 온 갖은 악행과 불법, 수많은 교회와 성도들 간의 관계를 파괴한 사실이 만천하에 드러나고 있다. 하지만 정치적 이득을 위해 불안을 선동하고 특정 대상을 혐오와 분노의 타깃으로 몰아가는 일체의 야만적 시도에 대해서는 단호히 'No'를 선언해야 한다. 그게 정치인이든, 언론이든, 종교인이든, 진보든 보수든 상관없이 말이다. 바이러스가 우리의 신체를 병들게 할지언정 인간다움에는 흠집 하나 낼 수 없게 하자. #힘내라 대구.경북 #힘내라 대한민국

그리스도인과 주식

김윤태

2020년 신조어 중 하나는 동학개미운동이다. 이 용어는 코로나19 대유행으로 주식시장에서 외국인들이 대규모 매도세를 보이자 개미로 일컫는 개인투자자들이 적극적으로 주식을 사들이면서 시작된 말이다. 이 기간에 개인투자자들이 무려 100조 넘는 주식을 매매하며 큰 시세차익을 거두었으나, 가파르게 상승하던 증시가 9월 이후에 큰 하락을 몇 번 거치면서 지금은 엄청난 규모의 피해를 입고 있다고 한다. 그렇다면 주식은 무조건 나쁜 것인가? 먼저 주식에 대한 몇 가지 오해를 바로 잡고자 한다.

첫째, 주식은 나쁘지 않다는 것이다. 주식은 제로섬 게임이 아니다. 배당과 거래비용이 발생하고, 유상증자를 통해 늘어난 자본이 재투자되어 부가가치를 발생시키므로, 기업, 투자자, 증권사, 모두의 부를 증가시킨다. 국가 전체로 보았을 때 유동성 자금이 부동산으로 들어가는 것보다 차라리 증시로 유입되는 것이 훨씬 더 이익이다. 미국에서 애플이나 테슬라 같은 기업이 나올 수 있었던 비결은 주식시장이 활성화되어 있었기 때문이다. 우리나라의 경제위기는 항상 금융위기였다. 기업의 펀더멘탈은 아무런 문제가 없다. 주식에 대한 부정적인 편견이 지금처럼 지속되는 한 한국의 자본시장은 외국인들의 놀이터가 될 수 밖에 없고, 금융위기는 언제든 또 올 수 밖에 없다. 둘째, 주식은 쉽지 않다는 것이다. 상승장에서 쉽게 돈을 번 사람들이 주식을 쉽게 생각하는 경향이 있는데 하락장이나 조정장에서는 반토막 손실은 흔히 볼 수 있다. 주식 전문가도 10개 종목 중에 7개 종목은 손해를 보고 손절매를 한다고 한다. 세상에서 내 마음대로 안되는 것이 주식과 자식이다. 결코 주식을 만만하게 보아서는 안된다. 셋째, 그럼에도 불구하고 주식은 무익하지 않다는 것이다. 21세기는 불확실성의 시대다. 산업이 어떻게 바뀔지 알 수가 없다. 그래서 투자의 귀재 조지 소로스는 전망하지 말고 대응하라고 말한 바 있다. 그런 면에서 주식은 현 시대의 트렌드를 읽을 수 있는 가장 확실한 바로미터요, 현 세상을 바라보는 창문과 같다고 할 수 있다. 왜냐하면 국제정세, 정치, 사회, 세상의 모든 일들이 주가에 반영되기 때문이다.

자, 그렇다면 우리 그리스도인들은 주식을 해도 되는 것일까? 주식에 대한 기독교적 논점은 주식이 옳으냐 그르냐가 아니라, 어떻게 주식을 할 것인가로 옮겨져야 한다. 그렇다면 어떻게 할 것인가? 첫째, 투기가 아니라 투자를 해야 한다. 투자는 거래대상의 가치변화에 주목하지만 투기는 오로지 시세차익에만 목적을 둔다. 주식이 투기가 되는 순간 주식은 도박이 될 수 밖에 없다. 하루 종일 핸드폰을 들여다 볼 수 밖에 없으며 샀다 팔았다를 무한 반복하면서 일상생활을 영위할 수 없게 된다. 둘째, 욕심을 버리고 절제해야 한다. 절제되지 않는 주식은 마약과 같다. 주식시장은 반드시 하락장과 조정장을 거치게 된다. 200% 수익을 한 번 맛보기 시작하면 10% 수익에 절대 만족할 수 없게 된다. 그래서 하락장과 조정장에도 절제하지 못하고 계속 매매하다 결국 큰 손실을 보고 마는 것이다. 셋째, 버는 법과 쓰는 법을 제대로 배우고 가르쳐야 한다. 근본적으로 주식은 다수가 손해를 보고 소수가 이익을 보는 구조다. 그 소수가 되려면 스스로 배우고 공부하는 수 밖에 없다. 버는 것보다 더 중요한 것은 쓰는 것이다. 왜 그 돈이 필요한가? 번 돈으로 어디에, 어떻게 쓸 것인가? 이 질문에 답하지 못한다면 처음부터 주식에 손대면 안된다. 목적없는 부는 축복이 아니라 저주가 되는 경우가 많기 때문이다. 이왕이면 이 모든 것들을 자녀에게도 가르쳤으면 좋겠다. 자녀에게 주식을 한번 사주어 보라. 제일 먼저 신문과 뉴스를 보게 될 것이다. 뉴스가 곧 돈이 되기 때문이다. 이 과정에서 자연스럽게 세상을 바라보고 이해하는 감각이 탁월해지게 된다. 그렇게 얻어진 수익을 어떻게 쓸 것인지도 함께 고민하면 이것보다 더 좋은 교육이 어디 있겠는가?

유대인들은 13세가 되면 성인식을 치르는데 이때 축의금이 5천만 원 정도 들어온다고 한다. 이 돈을 주식과 채권에 투자하게 하는데, 자연스럽게 매일 저녁 가족들과 식사하면서 정치나 경제 이슈에 대해 논의를 하게 된다. 이 과정에서 자녀들은 어떤 분야가 자기의 관심과 적성에 맞는지 알게 되어 쉽게 진로를 결정하게 되고, 20대 초반 사회에 진출할 때 쯤이면 그동안 투자한 주식과 채권이 불어나 사업의 종잣돈이 되어 결국 빌게이츠나 워런버핏, 조지소로스 같은 인물이 탄생한다고 한다. 그렇게 축적한 막대한 부를 사회에 기부하며 다들 얼마나 멋있게 남은 여생을 보내고 있는가? 우리는 청지기다. 주께서 맡기신 시간과 물질을 지혜롭게 사용하여 이왕이면 우리 그리스도인들도 그들처럼 남기는 인생, 나누는 인생을 살았으면 좋겠다.

들의 백합화를 보라

박충구

나무들이 옷을 벗는 계절이 되면 우리도 허식을 벗어버리듯 의식이 더욱 명료해진다. 언젠가부터 나는 부끄러운 것이 많았다. 아마 타인을 의식하기 시작한 이후부터라 생각한다. 더 정확히 말하면 내 안에 비교 의식이 자리 잡기 시작한 즈음부터다. 자랑할 것이 없어서 부끄러웠다. 싸움에 지면 분하기보다 진 것이 부끄러웠다. 늘 중 상위 성적은 유지했지만 탑 레벨이 못되어 부끄러웠다. 훤칠하게 키가 크고 잘 생긴 아이들 앞에서 나는 내가 생긴 것에 대해서도 부끄러웠다. 내게 그저 평범한 사람이라는 숙명을 안겨준 엄마도 아빠도 초라해 보여 부끄러웠다. 이런 부끄러움은 오래 동안 나의 삶을 제약했다.

어둡고 침침한 나의 우울하고 초라한 삶에서 벗어나기 시작한 것은 나 자신을 수납한 이후다. 끝없는 비교의식에 시달리지 않기 위해 선택한 것인지도 모르겠으나 언제부터인가 조금씩 나를 괴롭히던 비교의식에서 벗어나 나의 길을 걸었다. "꽃들은 서로 비교하지 않는다. 저마다 생긴 대로 자기를 표현할 뿐 꽃들은 절대 서로 비교하지 않는다." 법정 스님의 설법에서 들은 말이다. 꽃들이 의식이 있어 비교하지 않는 자신감을 가지고 사는 것인지는 모르겠지만, 꽃은 생긴 대로 자기에게 충실하다는 생각에서 참 옳은 말씀이라고 생각했다.

비교의식에 시달리는 이는 꽃들에게서 배워야 한다. 꽃은 서로 비교하지 않고, 자신에게 충실하여 고운 꽃을 피어낸다. 꽃처럼 비교하지 말고 생긴 대로 최선을 다해 사는 것이 옳다. 비교의식에서 벗어나지 못하면 사람은 열등감에 시달린다. 법정 스님은 이를 일러 "기가 죽는다" 하였다. 무수한 사람 속에서 스스로를 남과 비교 하다보면 참된 자기를 잃을 수도 있다. 남의 것이 커 보이고, 좋아 보이고, 강해 보이며, 더 멋지게 느껴지면 결국 기운이 빠진다. 그래서 "부러워하면 지는 것이다"라는 유행어도 나온 것일 게다.

시간을 의식하며 사는 사람이 어떻게 서로 비교할 줄 모르는 꽃과 같이 살 수 있느냐고 되 물을 수도 있을 것이다. 과연 비교를 하지 않는다 하여 우리의 삶이 더 온전해 질 수 있을까? 비교하여 경쟁하고, 남보다 낫기 위하여 사는 것이 더 삶의 질을 높이는 것이 아니냐고 되 물을 수도 있다. 그러나 비교와 경쟁에 나서면 하나의 결과만 주어지는 것이 아니다. 이기거나 지거나 포기하거나 할 것이므로 우리는 조바심하며 이내 염려와 불안에 빠진다.

예수는 염려와 번민에 가득한 이들을 향하여 들판에 핀 꽃을 본 받으라 했다. "들의 백합화가 어떻게 자라는가 생각하여 보라"고 권면하며 백합은 자연의 흐름 속에 자기를 맡기고 염려하지 않는다고 넌지시 일러 주셨다. 들판의 꽃들도 보살피는 분께서 너희의 삶도 헤아려 보살피시지 않으시겠느냐 라고 말을 건넨다. 예수도 있는 그대로의 자기 자신을 정직하게 수납할 것을 일러주신 것이다. 그 이유는 무엇일까? 그래야 본연에 충실하여 아름다운 꽃을 피워낼 수 있기 때문이다. 남과 비교 없이, 거짓 없이, 자신을 직시하며 살아가는 이라야 사랑의 길, 자비의 길을 걸어도 더 건강하고 아름답다.

밀과 보리를 팔러 나간 사람들

문우일

　대한민국 청소년들이 누구인가? 채플 시간에 동영상을 시청하거나 화장을 해도 비난받지 않을 인권을 누리는 분들이 아닌가! 교육은 서비스업으로 변질되어 훈육할 스승들이 사라졌고, 학생들은 선생의 서비스 품질을 평가하며 준엄하게 시정을 요구한다. 그런데 이처럼 자유분방한 젊은이들 중 상당수가 자칭 '밀 한 되'(계 6:6)라고 주장하는 사람 앞에서는 반듯하게 줄을 맞추어 머리를 조아린 채 꿇어앉아있다. 요즘 젊은이들은 정신을 핸드폰에 저장하므로 핸드폰을 빼앗기면 우울증을 앓기도 한다는데, 저 젊은이들 가운데는 핸드폰조차 버리고 집에서 탈출하여 집단생활을 시작한 경우도 많다고 한다. KB금융경영연구소의 "2019 한국 1인 가구 보고서"에 따르면, 이미 2017년에 1인 가구가 전 가구의 29.3%(562만)를 넘어섰다. 그런데 아무리 불편하고 혹독해도 집단생활에서 빠져나오지 않는 저 젊은이들은 이 사회의 기현상이 아닐 수 없다.

　젊은이들만 밀과 보리를 구하러 나간 것이 아니다. 코로나19 확진자 분포도는 기성 교회들이 품지 못한 이들이 누구인지 상당한 정보를 제공한다. 질병관리본부가 발표한 3월 18일 0시 기준 국내 확진자 성별 현황에 따르면, 여성(61.49%)이 남성(38.51%)보다 압도적으로 많고, 연령별로는 20대(27.84%), 50대(19.20%), 40대(13.92%), 60대(12.59%), 30대(10.38%) 순이다. 특히 고령시대에 50-60대 여성은 여전히 젊고 아름다우며, 활기차게 사회 생활할 수 있는 체력과 의욕이 넘치고, 육아나 자녀교육에서도 해방되어 달리 매진할 일이 절실하지만, 성별과 나이 제한으로 번듯한 일자리는 고사하고, 교회에서조차 권사 이상이 되기 어렵다.

이런 상황에서 자칭 '밀 한 되'는 한국 사회와 기성 교회가 방치한 저들의 풍성한 노동력을 불러주고 존재감을 날카롭게 확인할 일거리를 제공하므로 저들은 모든 것을 버려두고 밀 한 되를 팔러 나간다. 깁턴 그물과 아비와 삯군과 배를 다 버리고 예수님을 따라간 제자들을 방불케 한다(막 1:19-20). 저들은 지속적으로 모이기를 힘쓰며 강도 높은 교육까지 받는다고 한다. 그러나 아무리 오랜 시간을 단계별로 공부하여 더 높은 단계로 올라간들 가르치는 자와 배우는 내용이 터무니없다 보니 배우면 배울수록 인생을 허비하고 시대를 역행하는 결과를 초래한다.

그럼에도 그런 사실을 저들에게 알려줄 이들이 기성 교회에 절대 부족하다! 저들을 끓어앉힌 지도자는 '밀 한 되'의 시대적 배경과 전문 학자들의 주해들을 깡그리 무시하고 정규 신학교들의 신학교육을 비웃기라도 하듯 자기 편리대로 성경을 끼워 맞춰 꾸준히 단계별 교재를 만들었다. 그것으로 신학을 공부할 틈이 없는 외롭고 불안한 사람들을 끌어모아 지속적으로 모이를 주고 안심시켜 심신과 인생을 송두리째 장악한 것이다. 그러나 이 땅의 고매한 신학자들은 교단 신학 보전에 바빠서 저들의 터무니없는 궤변까지 참견할 여력이 없다. 더구나 학문과 지식과 상식을 비하하고 기도와 순종을 강조하는 설교 강단의 위용에 짓눌려 신학자들은 예언을 그치고 학문 내려놓기를 선호하는 분위기다. 신학자들은 말씀의 검을 갈고닦기보다 부자와 권력자의 구미에 맞는 덕담에 종사하여야 가족을 살릴 수 있음을 알아버렸고, 강단에서 학문과 지식과 상식이 모욕당해도 눈을 질끈 감기로 결단한 것 같다. 그러므로 소금물 분사사건은 놀랍지 않다.

한국교회에 누가 있어 밀과 보리를 팔러 나간 이들을 구해오랴? 혹세무민하는 교리들을 물리치는 난해하고도 고된 수고를 참아낼 예수님의 참 제자들은 어디 있나? 만사를 뒤로하고 말씀에만 몰두하는 신학자들을 키우고 보듬어줄 한국 교회 어머니는 어디 계신가? 예언적 일성을 허용하고 귀담아들어 주는 교회들이 더 많아졌으면, 어린 청년들과 중년 아주머니들에게 꼭 쥐고 있던 마이크를 넘겨주는 교회들이 더 많아졌으면! 예수님의 참 제자들이 더 많아졌으면!

신자의 언행과 그 공적 의미

박충구

우리 사회는 분명히, 서서히 한 지점에서 다른 지점으로 이동하고 있다. 나는 이 변화를 억압적 체제에서 자율의 체제로의 이동이라고 생각한다. 서구사회에서는 이런 변화가 계몽주의를 거쳐 18세기 말부터 시작되었다. 그 결과 대부분의 사회에서는 민주사회를 어느 정도 이루어 냈다. 민주사회에서는 법치와 인권이라는 개념에서 나오는 기본 가치를 상식으로 존중하는 사회다. 아무리 좋은 소리도 법치와 인권이 떠받드는 기본 가치(Grundwerte)를 파괴하면 민주사회에서 존중받지 못한다. 기본 가치에는 '자유, 정의, 평등, 연대'가 흔히 일컬어진다.

민주적 질서나 가치에 익숙하지 않은 이들은 기본 가치는커녕 정의에 대한 이해에 있어서도 '후진적 의식'에 사로잡혀 있다. 유감스럽게도 교회 안에는 후진적 의식이 깊이 내재해 있다. 강단에는 거의 100% 남성 목사만 서 있고, 여성 목사는 있다 해도 보조적 존재에 지나지 않는다. 부유한 자들이 교회 결정권을 좌지우지하고 가난한 자들은 발언권이 거의 없다. 이런 단적인 예만 보아도 교회란 평등이나 자유를 가르칠 자정 능력이 이미 결여된 집단이다. 그러다 보니 언제부터인가 교회가 '덜된 집단'으로 남아 시대에 뒤처지고 있다. 덜 개화된 존재로 살아가는 것이 마치 더 좋은 신앙을 가진 것인 양 치부하는 양상까지 보인다.

왜 교회가 '덜 개화된' 집단으로 머무는 것일까? 나는 우선, 성직자들이 세속화되어 자신의 욕망을 제어하지 못하고, 성적 일탈, 물질에 대한 욕심, 그리고 어쭙잖은 권위를 주장하는 데 그 원인이 있다고 본다. 둘째는, 성직자의 판단 능력에서 전근대적 가치를 변하지 않는 진리라고 억지하는 시대착오성이 너무 두드러지기 때문이다. 억압은 자유보다 정당성이 적고, 불평등은 평등을 이길 수 없다. 하물며 불의한 것이 어떻게 정의를 이길 수 있겠는가. 셋째, 교회 지도자들의 공적 발언에서 드러나는, 공감능력 없는 허위 우월성 주장에도 그 원인이 있다. 아주 쉬운 예로 '차별금지법'을 악법이라며 반대하는 것이 바로 그런 허위의식의 소산이다.

제아무리 좋은 소리 같아도 사람을 차별하겠다는 주장은 명백한 도덕적 오류요 틀린 소리다. 동성애에 대하여 호감을 가질 수 없다는 것이 그대의 감정이고 생각이라면 거기서 그쳐야 한다. 그러나 동성애자를 그대보다 못난 인간, 저질 인간이라며 공공연히 비난하고 차별하겠다고 다닌다면 그대의 이마엔 영락없이 차별주의자 낙인이 찍힌다. 차별주의자는 인간의 존엄성과 권리를 이해하지 못하는 의식과 판단을 유통시키는 덜된 인간이다. 과거에는 사회 과학적으로, 정신 의학적으로, 심리학 영역에서 동성애를 질병에 걸린 사람으로, 이상 행동하는 이로, 반사회적 존재로 간주하고 차별했지만 지금은 모든 학문 분야에서 그런 덜된 짓을 하지 않는다.

그대가 기독자로서 교회를 대표하는 사람이라면 모름지기 언행에 신중을 기해야 한다. 그대의 언행은 '그리스도의 편지'로서 하나님의 교회를 대리하는 공적인 의사 표현으로도 읽혀지기 때문이다. 옳지 못한 편견이라는 사실을 확인하고 세상이 오래 전에 버린 낡은 판단을 마치 진리처럼 붙잡고 늘어진다면 그것은 그대의 조야한 인식 능력만의 문제로 그치는 것이 아니다. 사람을 차별하는 행위는 그대가 민주사회가 피 흘려 지켜온 '인간의 존엄성과 권리'를 부정하는 반사회적 인간으로 전락했다는 것을 의미하고, 동시에 그대가 하나님의 거룩한 교회에 대한 일반의 신뢰를 저버리는 해악을 끼치고 있다는 사실 증명이 되기도 하는 것이다.

이카로스의 비극

박충구

이카로스의 아버지 다이달로스는 누구도 빠져나갈 수 없는 미로의 정원을 만들었지만, 미노스 왕의 뜻을 어긴 죄로 자기가 만든 그 미로에 갇히고 말았다. 그는 누구도 빠져나올 수 없는 미로에서 탈출하기 위하여 아들 이카로스에게 날개를 만들어 달아주었다. 그가 날개를 만든 재료는 밀랍이다. 밀랍은 너무 습하면 연약해지고, 고열에서는 녹아내리는 성격을 가진 것이다. 그러므로 이카로스가 계속 날아가려면 너무 높아서도 안 되고, 너무 낮아져서도 안 되는 그 선을 지키는 지혜가 필요했다.

아들에게 날개를 달아주면서 아비는 당부했다. 너무 낮아 습한 바다에 가까이 가지 말고, 너무 높게 날아 뜨거운 태양 빛을 받지 말아야 한다고. 그러나 이카로스는 아버지의 권고를 망각하고 의기양양하게 더욱더 높이 날았다. 마침내 이카로스가 태양 가까이 날아올랐을 때 그의 밀랍 날개는 녹아내려 부서지고 그는 바다로 곤두박질치듯 추락하고 말았다. 주제넘은 무모하고 오만한 자의 몰락인가? 아니면 주어진 제약을 뛰어넘으려는 욕망이 가져온 비극인가?

광화문에 신자들을 모아놓고 목사들이 값싼 에너지 운운 부정확한 손익계산을 하며 국가의 반원자력 정책을 싸잡아 비난하면서 정치색이 짙은 반정부 시위를 벌이고 있다. 환경 위기의 시대를 직면한 인류 사회를 향하여 절제된 인간다움의 자리를 지키라고 설교하지는 못할망정 탐욕과 욕망을 부채질하며 더 높이 날아오르라고 가르치는 것은 옛 신화에 담긴 교훈을 얻지 못하는 우둔한 종교의 반증이다. 주제넘게 신과 직통한다는 허황된 감언이설을 따르는 자들이 바다 건너 끔찍한 후쿠시마 원전 사고를 두 눈으로 목격하고서도 친원자력 정책을 지지하고 있다는 사실이 매우 놀랍다.

세계에서 원전 밀집도가 가장 높은 나라, 원전 단위별 인구 밀집도가 가장 높은 나라 가 바로 우리나라다. 원전 사고가 단 한 번만이라도 일어나면 수십만 명 내지 수백만 명이 삶을 영위하던 자리를 박탈당할 참화를 겪게 된다. 생명에 치명적인 방사능을 내뿜는 핵폐기물 중에서 플루토늄-239는 그 반감기가 2만 3천 년, 우라늄-235는 무려 7억 년이다. 지금도 위험천만한 원전 핵폐기물을 비축할 자리도 제대로 갖추지 못하여 원자력 발전소 주변에 쌓아놓고 있는 형편이다.

반정부적 비난거리로 삼기 위하여 목사들이 자손들이 대대로 살아갈 축복받은 대지를 저주받은 땅으로 오염시킬 원자력 확산 정책을 앞장서서 지지하고 있다니 정말 기이한 일이 아닐 수 없다. 1972년 로만 클럽이 성장의 한계를 선언하며 더 늦기 전에 환경을 지켜나가야 한다는 보고서를 낸 지 근 50년이 지났다. 이 시점에서 참된 영성적 감각이 있다면 생명 세계의 비명이 도처에서 들려오는 소리를 들을 수 있어야 할 것이다. 이런 위기의 시대에 예언자라 자칭하는 이들이 생명이 아니라 오히려 죽음의 길을 재촉하고 있으니 우리 앞에는 이카로스의 비극보다 더 큰 비극이 기다리고 있는지도 모르겠다.

전쟁과 평화 혹은 무기와 꽃씨

안기석

20대에 유폐된 공간에서 러시아의 문호 톨스토이의 '전쟁과 평화'를 정독한 적이 있다. 대하소설을 정독하다 보니 톨스토이가 풍자와 해학의 장치를 소설 곳곳에 숨겨놓은 것을 발견할 수 있었다. 무엇보다 인상적이었던 것은 역사와 인생은 전쟁과 평화가 씨줄과 날줄로 엮인 것이라는 점, 전쟁 속에 평화가 있고 평화 속에 전쟁이 있다는 점이었다.

지금 전 세계는 어느 원로 언론인의 표현대로 '미래가 예정보다 일찍 불시착한' 코로나19 군단과 전쟁 중에 있고 우리나라는 이에 더해 북한의 '한반도평화 폭파'로 전쟁과 같은 긴장감 속에 있다. 우리나라는 6·25전쟁 이후 정전 상태로 언제 전쟁이 일어날지 모르는 불안한 상황에서 경제 성장을 이루어왔다. 물질의 풍요함 속에서 평화시대가 항구화된 것으로 착각하기도 했다.

그러나 코로나19의 엄습으로 환상은 깨어지고 있다. 민생은 초토화되기 직전에 생존의 마지노선을 겨우 방어하고 있다. 설상가상으로 한반도 번영을 이루어줄 것으로 기대했던 '평화경제'라는 씨는 뿌려보기도 전에 남북이 접경한 지역에서 폭음의 연기 속에서 사라지고 말았다.

인류사에 있어서 전쟁에 대한 다양한 거시적 미시적 담론들이 있다. 그중에는 기술적 발전, 문명의 교류, 도시의 재건, 인구 조정에 거룩한 전쟁이라는 명분을 덧붙이는 경우도 있다. 그럼에도 불구하고 전쟁은 인간관계의 폭력적 파멸을 의미한다. 파괴와 살인 기술의 발전에 강제적인 문화 교류, 무고한 여성과 어린아이들의 시체 위에 도시를 재건하고 인구를 조정한다는 것이 무슨 명분이 되겠는가.

진정한 평화는 단절되고 파괴된 관계의 복원과 지속을 의미한다. 자연 정복이라는 명분 아래 인류가 생태계를 파괴하고 바벨탑을 세우자 자연은 여러 가지 방법으로 인류를 공격하고 있다. 코로나19도 예외는 아니다. 인류의 삶이 창조 질서에 순응하는 자연친화적인 삶으로 바뀌지 않는 한 기후와 식량과 질병의 문제로 고통받게 될 것이다. 유발 하라리가 이제 호모 사피엔스는 기근, 전쟁, 질병에서 해방되어 영생을 누리는 호모 데우스가 될 것이라고 말한 장밋빛 꿈은 물거품이 될 것이다.

카인이 동생을 죽인 에덴의 동쪽처럼 한반도에는 남과 북에서 흘린 동족들의 피눈물이 아직 마르지 않고 있다. 그 피눈물은 이념도 모른 채 영문도 모른 채 동원되고 끌려다니고 줄서다가 흘린 무고한 생명의 아우성이다. 이 아우성이 더욱 증폭되지 않고 멈추도록 하기 위해 평화와 번영을 위한 로드맵을 만들고 한걸음씩 옮겨왔다. 평창에서부터 판문점까지, 싱가포르에서 하노이까지 남북미 권력의 중심들은 전쟁의 무기를 버리고 평화의 순례를 하는 듯이 보였다. 그러나 동족상잔의 6·25전쟁 70주년을 맞이하는 이즈음 우리는 다시 그날의 폭음과 연기와 총소리와 비명을 듣는 듯 평화를 위협받고 있다.

평화는 마치 서로 악수하는 손처럼, 서로 포옹하는 품처럼 한쪽의 노력만으로는 만들 수 없다. 전쟁의 폐허 위에 또다시 폭력적 무기로 평화를 꽃피울 수는 없다. 그 분노의 창과 광기의 칼을 버릴 수 있도록 이 땅의 시민들이 나서 평화의 꽃씨를 이곳저곳 흩뿌릴 수 있기를 빌어본다.

(2020. 6. 22)

총균쇠, 그리고 바이러스

김윤태

1997년 처음 출간되자마자 선풍적인 인기를 끌었던 재레드 다이아몬드(Jared Diamond)의 책 "총균쇠(Guns, Germs, and Steel)"가 최근 코로나19 바이러스 확산으로 인해 다시 조명을 받고 있다. 이 책은 왜 구대륙에서 문명이 먼저 발달하고 신대륙을 비롯한 그 이외의 지역에서는 일정 이상으로 문명이 발달하지 못했는가에 대해 분석한 책이다. 다이아몬드는 인간 사회의 불평등한 문명의 발전은 각 민족의 생물학적 차이 때문이 아니라 그들이 처한 환경적 차이 때문이라고 주장한다. 유럽의 아메리카 정복을 그 예로 들고 있는데, 그는 주장하기를 유라시아의 지리와 환경 때문에 농업이 발전하여 총기와 철제무기가 개발되었고, 가축을 기르다 보니 다양한 전염병 균이 발생하여 이에 대한 내성이 없는 신대륙을 손쉽게 정복했다는 것이다. 물론 19세기 진화론이 비판받았던 것처럼 진화생물학자인 다이아몬드의 환경결정론은 문화적 발전의 단선적인 도식의 오류나 인류 문명에 대한 환원주의적 접근, 혹은 지나친 일반화의 오류를 내포하고 있다. 그럼에도 불구하고 지리학, 인류학, 역사학, 생태학 등 다양한 분야에 걸친 학제간 연구를 통해 문명의 기원과 발전, 불평등에 대해 거시적이고 포괄적인 분석을 시도했다는데 큰 의의를 가진다.

그러나 인류문명에 대한 그의 환경결정론은 최근 코로나19 팬데믹이 몰고 온 새로운 생태학적 변화로 인해 수정과 보완이 불가피해 보인다. 코로나19 바이러스로 인해 인류사회는 온라인 수업, 재택근무, 화상회의, 온라인 예배와 같은 비접촉, 비대면 방식의 언택트(untact) 시대로 갑자기 접어들었다. 이런 변화는 필연적으로 21세기 정보통신 기술(ICT)의 융합으로 이루어진 제4차 산업혁명 시대를 앞당겼는데, 그렇다면 코로나19가 반강제로 몰고 온 4차 산업혁명시대에는 과연 무엇이 인류 문명 발전에 독립변수 역할을 하게 될 것인가?

국제미래학회가 2015년 발간한 "대한민국 미래보고서"는 4차 산업혁명 시대에 창의와 인성을 중시하는 휴머니즘의 부각을 예측한 바 있다. 가상의 세계에서는 지리적 환경이나 생태적 환경이 큰 영향을 미치지 못한다. 남극이나 북극, 혹은 아프리카라 할지라도 인터넷에 접속되어 있다면 동일한 환경에 속해 있는 것이다. 결국 코로나19로 촉발된 4차 산업혁명 시대에 있어서 인류 문명은 지리적 환경보다 인간 개개인의 창의력이나 지도력, 시민의 연대가 더 큰 역할을 하게 된다는 것이다. 결국 관건은 인간이다. 인간 개인이 문명을 결정한다. 이것은 이번 코로나19 팬데믹에 대한 나라별 대응에서 그대로 드러났다. 이번 코로나19 팬데믹에 있어서 가장 효과적으로 대처한 나라는 서구라파 선진국이 아니라 한국이었다. 정부 지도자들의 발 빠른 대처, 모바일 앱을 통한 확진자들의 동선파악이나 드라이브 스루 선별진료소와 같은 창의적인 휴먼 테크놀로지는 새로운 문명질서 출현의 가능성을 보여준 셈이다.

총균쇠, 그리고 이제는 바이러스다. 총균쇠로 대표되는 시대는 지리적, 혹은 생태적 환경이 문명에 영향을 끼쳤다면, 코로나19 바이러스로 대표되는 21세기는 결국 인간이 답이다. 시민의 힘이 유능한 정부를 만들고, 유능한 정부가 민족의 운명을 결정한다. 지도자의 리더십, 개인의 창의성, 사회구성원의 도덕성과 민족적 연대 등이 지리적 환경을 뛰어넘는 문명의 도약을 가져올 수 있다. 균은 하나의 독립된 세포로 구성된 미생

물이다. 균이 서식할 수 있는 환경이 갖춰진 상태가 되면 스스로 살아가며 번식까지 이뤄낸다. 균과 달리 바이러스는 스스로 증식할 수 없으며 반드시 숙주가 존재해야만 한다. 균의 시대는 환경이 결정했다면 바이러스의 시대는 결국 인간이 결정한다. 아무리 깨끗한 환경, 혹은 우월한 지리적 환경을 가지고 있다고 하더라도 미국이나 일본, 이탈리아의 경우처럼 리더십의 부재나 잘못된 방역 정책, 혹은 한 사람의 슈퍼 전파자로 얼마든지 문명은 최악의 상황을 맞이할 수 있다. 반대로 BTS나 영화 기생충의 경우처럼 한 사람, 혹은 소수의 창의력만으로도 얼마든지 세계 문화를 주도할 수 있다. 총균쇠의 시대엔 지리적 환경이 관건이었다면 바이러스의 시대엔 결국 인간이 답이다.

"코로나 위기와 가정의 재발견"

김기태

　코로나19의 위기는 우리에게 너무나 소중하지만 그동안 소홀했던 많은 것들을 발견하게 해주었다. 그 중에서도 가정의 발견은 그 어느 것보다도 의미가 있고 값진 일이 아닐 수 없다. 코로나19로 인해 많은 사람들이 평소와는 다른 가정, 가정 예배의 모습을 경험하게 되었다. 교회 문이 닫히고 온라인 예배를 드리게 되면서 새삼스럽게 가족과 만나는 시간을 갖게 되었고 함께 예배를 드리면서 그동안 경험하지 못했던 가정예배의 귀함을 발견하게 되었다. 여러 가지 이유로 온 가족이 함께 만나는 자리가 사라진지 오래이다. 더욱이 교회에서도 각기 다른 예배 시간 때문에 가족이 함께 예배를 드리는 일은 거의 없었다. 적어도 가족 단위를 중심으로 살펴보면 한국 교회의 주일 모임이나 예배는 가족을 분리시키는 방향으로 일반화되어 있었다. 주일에는 모든 교회 일정을 마친 후에나 겨우 식구들의 얼굴을 볼 수 있는게 대부분 교인 가정의 일반적인 모습이다. 코로나19는 이런 가정과 가정예배의 모습을 바꾸어 놓았고 이를 통해 새롭게 가정, 가정예배를 발견하는 계기를 가져다 주었다. 코로나19 이후 한국 교회가 가정, 가정예배에 보다 역점을 두고 적극적인 대책을 마련해야 할 이유가 바로 여기에 있다.

　'가정이 살아야 교회가 산다'는 명제에 주목할 필요가 있다. 우연한 기회에 찾아온 가정과 가정예배의 발견이었지만 이런 좋은 경험과 기억을 코로나19 이후에도 중단하지 않고 더욱 따뜻하고 행복한 관계 회복과 거룩한 예배의 회복 기회로 삼아야 할 것이다. 가정의 회복은 미래 세대를 위한 교회학교 회복과 변화의 토대로도 작용할 수 있다. 최근 교회학교의 문제는 결국 부모의 문제라는 견해가 설득력을 높여가고 있다. 교회학교의 변화와 회복을 위한 대책 마련은 교회학교 선생님들이나 일부 지도자들에게 맡길 일이 아니라는 관점이다. 아무리 좋은 프로그램이나 교재를 가지고 교회학교를 운영해도 어린이들의 교회 출석과 실천은 대부분 가정에서 그리고 부모님들의 협력과 지도로 이루어지기 때문이다. 가정과 가정예배 즉, 가정 사역을 위해 교회가 전문적이면서도 체계적인 대책을 마련해야 한다는 문제 의식은 코로나19가 한국 교회에 가져다준 귀중한 선물이다.

효율적인 가정 사역을 위해 교회 내 다양한 계층별 부모 교육이 필요하고, 교회학교와 가정을 연결하는 보다 현실적인 대안이 마련되어야 할 것이며, 지속적인 가정예배를 위한 각종 콘텐츠도 개발되어야 할 것이다. 가정을 작은 천국으로 만드는 일이 더없이 중요한 한국 교회의 사명이 된 셈이다. 기초가 튼튼한 건물이 견고하고 오래가듯이 가정이라는 기초가 튼튼한 교인들이 많아야 교회가 건강하고 견실하게 유지될 수 있다. 교회와 교회학교의 위기는 가정의 회복으로부터 극복될 수 있다는 사실을 명심해야 할 때이다.

코로나19와 마스크

안기석

   '호모 사피엔스'로 전 세계적 호평을 받았던 이스라엘 히브리대 역사학 교수 유발 하라리. 그는 호평에 한껏 고무되어 '호모 데우스'라는 책을 후속작으로 내놓으면서 인류는 인지 혁명에서 지구의 지배자가 되었고 근대 인본주의와 과학 기술의 발달로 기아와 질병, 전쟁의 고통을 벗어나게 되었다고 선언했다. 더 나아가 인류는 신적인 초능력을 지닌 '호모 데우스'로 진화하면서 불멸, 행복, 신성을 새로운 가치로 추구할 것이라고 예측했다.

   그러나 세상은 그렇게 장밋빛의 미래로만 가는 것이 아니라는 것을 눈에 보이지도 않을 정도로 가장 미세한 존재인 바이러스가 현재 보여주고 있다. '지식의 나무'에서 과학기술의 선악과를 따먹은 인류가 오만하게 '생명의 나무'의 영역인 생태계에 무단 침입한 결과가 어떠한지를 전 세계 인류가 불안과 공포, 슬픔과 분노를 느끼며 지켜보고 있다.

   과학기술이 발전해서 '호모 데우스'가 된다고 할지라도 우리 모두의 삶의 방향과 태도를 바꾸지 않는 한 질병으로부터 자유로울 수 없다. 우리는 모두 연결되어 있는 생명체이기 때문이다.

   불멸, 행복, 신성을 꿈꾸는 21세기의 삶의 현장에서 코로나19는 마치 비웃듯이 인간들을 무차별 공격하고 있고 '인공지능' 개발을 자랑하던 인간은 가장 초보적인 방역 무기인 마스크로 방어를 하고 있는 셈이다. 이 마스크마저 제때 구하지 못해 혼란과 갈등이 벌어지기도 했다.

미세먼지 흡입을 막기 위해서 사용하던 마스크와 코로나19 감염을 막기 위해서 사용하는 마스크는 차원이 다르다. 전자가 자신의 건강을 위한 것이라면 후자는 자신과 타인의 건강을 위한 것이다. 따라서 이번에는 마스크를 사용하지 않을 경우 타인의 건강을 해칠 수 있는 잠재적 가해자가 될 수 있는 것이다.

혼자 있을 때를 제외하고는 마스크 착용을 습관화하다 보니 그동안 미처 깨닫지 못했던 성찰을 하게 된다. 우선 내 입에서 나오는 냄새가 얼마나 고약한지를 깨닫게 되었다. 양치를 막 하고 마스크를 사용해도 조금 걷다 보면 목 깊숙한 곳에서 나오는 냄새가 썩 좋지 않다. 그러니 평소에 이 좋지 않은 냄새를 주위 사람들에게 얼마나 흩날리고 다녔을지 생각하니 미안한 마음 그지없다. 역시 더러운 냄새도 내 속으로부터 나오는 것이다.

마스크를 쓰고 찬양을 하거나 기도를 하거나 대화를 하면 그 웅얼거리는 소리가 답답하기 짝이 없다. 간절하기는 해도 마치 무언가에 가위눌린 사람 같다. 보이는 마스크가 아니라도 걱정이나 불안이나 공포나 증오나 혐오의 마스크를 내 마음속에 쓰고 있으면 찬양도 기도도 대화도 제대로 할 수 없는 것이다. 내 마음의 마스크를 벗으면 침묵 속에서도 아름다운 찬양과 기도와 대화를 할 수 있는 방법은 얼마든지 있을 것이다. 코로나19사태 이전에 마스크를 쓰지 않고 내가 행한 찬양과 기도와 대화의 내용을 다시 돌아보게 된다.

입에 마스크만 착용해도 자잘한 내 일상의 욕망이나 욕구를 자제하게 된다. 일상적 삶의 태도나 습관에 변화가 생기게 된다. 내 손을 깨끗하게 씻는 것이, 내 일상의 편리함과 욕망을 유보하는 것이 내 이웃을 위한 것이라는 점을 새삼 깨닫게 된다.

한 개인이 사용하는 마스크가 주는 교훈이 이럴진대 한 교회가, 한 사회가, 전 세계가 사용해야 하는 '사회적 거리두기'라는 마스크가 '번영과 성공'이라는 욕망의 전차를 멈추고 그동안 질주했던 인간의 태도와 습관을 바꾸는 계기가 되었으면 한다.

(2020. 4. 6)

트럼프스러운 것과의 이별

안기석

　미합중국의 대통령을 선출하는 선거인단을 뽑는 투표가 지난 11월 3일 실시된 이후 전 세계는 개표의 결과에 이목을 집중했다. 필자도 엎치락뒤치락하는 개표 과정을 지루하게 지켜보다가 11월 8일 자 뉴욕타임스의 톱기사 제목 "BIDEN BEATS TRUMP(바이든이 트럼프를 이기다)"를 접하고서야 '미국 대선이 드디어 바이든의 승리로 끝났구나'라며 관심의 대문을 닫을 수 있었다.

　그러나 관심의 대문을 닫았다고 창문까지 닫을 수는 없었다. 바이든 당선자가 승리선언을 하면서 전도서의 말씀을 인용해서 모든 것이 때가 있는데 이제는 'time to heal(치유할 때)'이라고 언급한 것과 미국 역사상 최초의 여성 흑인 부통령이 된 카말라 해리스가 자신이 "첫 여성 부통령이지만 마지막은 아닐 것"이라고 말하는 모습이 인상적이었다.

　문제는 트럼프였다. 쉽사리 승복할 성격이 아닌 것은 익히 알고 있었지만 외신을 타고 들어오는 소식은 관심의 대문을 다시 열게 만들었다. 미국 역사상 바이든이 최고의 득표자지만 트럼프는 최고의 득표를 한 패배자였다. 더구나 이번 선거 구도는 민주당 후보 대 공화당 후보의 대결이 아니었다. 트럼프와 비 트럼프의 대결이었다. 공화당의 전폭적인 지지를 업고 치른 선거가 아니라 그야말로 트럼프 특유의 개인 뚝심으로 치른 선거였다. 그런 패배자가 멋있게 승복 연설을 했다면 그동안 트럼프에 대한 모든 비난, 즉 코로나 방역 실패, 인종차별, 탈세, 성추문 등이 순식간에 잊혀질 수도 있었을 것이다.

그러나 역시 예상대로 골프장에서 바이든의 승리 소식을 접한 트럼프는 이번 선거가 끝나지 않았으며 부정선거라며 소송해서 연방대법원까지 가겠다고 불복의사를 밝혔다. 미합중국 46대 대통령 취임식인 내년 1월 20일까지 트럼프는 온갖 수단을 동원해서 뒤집기를 시도할 것처럼 보인다.

지난 4년 동안 트럼프의 언행을 지켜본 바로는 자신과 지지층의 이익에 관한 한 철두철미하게 계산해서 거침없는 행보를 했지만 인류공동체나 미국 국민 전체가 공유하는 가치에 대해서는 등을 돌리거나 발로 차버리는 치기 어린 모습을 보인 적이 한두 번이 아니었다. 대표적인 것이 파리기후협약 탈퇴였다.

이런 트럼프의 행태를 두고 미국 언론은 트럼피즘(Trumpism)이라고 불렀다. 트럼피즘은 한마디로 트럼프스러운 것의 종합체이다. 미국의 민주주의가 아직은 살아있기에 트럼프스러운 것이 히틀러의 파시즘으로 변질되지 않았을 뿐이다. 그는 러시아의 푸틴과 북한의 김정은의 통치 방식이 몹시 부러웠을 것이다. 혼자서 결정하면 모든 국민이 무조건 박수쳐주기를 원하는 것, "나를 따르라(Follow me)" 했는데 따라오지 않고 이의를 제기하면 "당신 해고야(You're fired)"라며 트윗으로 해고하는 것, 현실에서는 이미 패했는데도 인정하지 않고 대안현실을 만들어내는 것 등이 모두 트럼프스러운 것들이다. 성찰은 없고 확신만 있는 모든 지도자들은 트럼프스러운 것을 내장하고 있는 셈이다.

이제 미국 뿐 아니라 모든 나라의 지도자들이, 그리고 크고 작은 모든 조직의 지도자들이 트럼프스러운 것과 이별해야 할 때임을 이번 미국 대선이 보여준 것이 아닐까.

(2020. 11. 16)

포스트 코로나(Post-Corona) 사회

김윤태

　2019년 말 중국에서 시작된 코로나19 바이러스로 대한민국과 온 세계가 지금 패닉 상태에 빠져 있다. 물론 코로나19 바이러스 사태는 어떤 식으로든 해결되리라 믿는다. 문제는 코로나19 바이러스 이후다. 프랑스의 사회학자 모리스 알박스(Maurice Halbawachs, 1877-1945)에 따르면 어떤 특정한 세대가 공동으로 경험한 사건은 집단기억(collective memory)으로 보존되어 그 세대의 공통된 특성을 결정짓는 데 영향을 준다고 한다. 예를 들어, 느림을 미덕으로 삼던 유교의 나라 한국에 발발한 한국전쟁은 "빨리 도망가야 살아남는다"는 극단적 교훈과 함께 근대 한국 특유의 "빨리 빨리 문화"를 만들어냈다. 평생직장의 개념을 가지고 있던 한국인들에게 IMF는 "회사도 망할 수 있다"는 인식의 전환을 가져와 회사에 대한 불신과 노사갈등을 가져왔고, 세월호 침몰 사고는 "국가도 나를 보호하지 않는다"는 불신을 야기시켜 국가에 대한 불신, 헬조선 신드롬, 자국혐오 현상 등을 불러일으켰다. 그렇다면 이번 코로나19 대규모 감염이 가져다주게 될 집단기억은 향후 포스트 코로나(Post Corona) 세대에 어떤 공통 특성들을 만들어내게 될까?

　포스트 코로나 세대가 가지게 될 첫 번째 특성은 불신이다. IMF를 통해 평생직장이던 기업이 불신의 대상이 되었고, 세월호 사건을 통해 목숨 바쳐 충성하던 국가도 불신의 대상이 되었다면, 사스, 신종플루, 메르스, 그리고 코로나를 거치면서 이제는 병원이나 종교기관도 불신의 대상으로 여겨지고 있다. 이번 코로나19 바이러스도 청도대남병원처럼 주로 병원을 통해, 혹은 신천지나 종교기관을 통해 대규모 확진이 이루어졌다. 아프면 병원을 갔고, 병원에서 포기하면 종교기관을 찾던 우리에게 병원도 안전한 곳이 아니며 종교기관도 더이상 기적의 현장이 아니더라는 집단기억이 심겨진 것이다.

포스트 코로나 세대가 가지게 될 두 번째 특성은 고립과 단절, 개인주의의 심화다. 코로나19 바이러스 확진으로 인해 국내 대기업들은 빠르게 재택근무와 원격근무를 결정했고, 교회는 온라인 예배로 전환했다. 포스트 코로나 세대는 굳이 출근하지 않아도 일을 할 수 있고, 예배당에 가지 않아도 예배를 드릴 수 있다는 집단기억을 얻게 되었다. 이전 세대는 전화를 하다가 자세한 이야기는 만나서 하자고 했는데, 지금은 자세한 이야기는 카톡을 통해, 속마음은 이모티콘을 통해 전달하고 있다. 이런 고립과 단절, 개인주의는 이번 코로나19 바이러스 대규모 감염사태와 맞물려 앞으로 더욱 심화될 것으로 보인다. 함께 어울려 밥을 먹고 밤새도록 술을 마시는 회식문화는 사라지고, 배달을 통해 각자 알아서 '혼밥'을 하는 시대가 더욱 일반화될 것이다. 가족과 함께 대형마트에서 두 세 시간씩 장을 보던 문화는 갈수록 자취를 감추고, 온라인을 통한 전자상거래는 더욱 활발해질 것이다. 결국 포스트 코로나 세대는 오프라인보다 온라인이 더 익숙한 비대면 사회, 고립과 단절의 사회를 만들어 갈 것으로 보인다.

무엇보다 가장 심각한 것은 배제와 혐오의 일반화다. 코로나19 바이러스의 대규모 감염사태는 중국인에 대한 혐오에서 시작되어, 슈퍼 전파자, 신천지, 오프라인 예배를 강행하는 교회, 정부, 정치인들에 대한 배제와 혐오로 이어지고 있다. 혐오와 배제는 익명이 보장되는 비대면 온라인 공간에서 더 증폭되는 경향이 있다. 코로나19 바이러스 사태가 가져온 고립과 단절, 개인주의는 기존의 혐오와 배제 문화를 더욱 일반화시킬 것 같다.

필자는 코로나19 바이러스보다 그로 인한 불신, 고립과 단절, 혐오와 배제의 바이러스가 더 두렵다. 이런 상황에 교회는 여전히 신뢰의 대상인지, 고립과 단절, 혐오와 배제를 치유하는 공간이 될 수 있을지 이 세대와 다음 세대에게 답해야 한다. 천연두가 로마를 강타할 때 초대교회는 거리에 방치된 시체들을 치우고 장례를 치러주면서 로마제국 내에서 대안 공동체가 되었다. 그러나 중세시대 로마 가톨릭교회는 흑사병이 돌자 유대인 혐오와 마녀사냥을 통해 문제를 해결하려다 오히려 교황의 권위가 흔들리고 중세가 몰락하며 대안 공동체로 개신교가 역사의 선택을 받게 되었다. 그리고 지금 우리는 코로나19라는 새로운 바이러스와 마주하고 있다. 초대교회의 길을 걸을지, 아니면 중세 로마 가톨릭교회의 길을 걸을지, 앞으로 포스트 코로나 시대를 살게 될 우리가 지금 선택의 기로에 서 있다.

화양연화 (花樣年華)

옥성삼

　새천년이 시작되는 2000년 가을에 개봉한 왕가위 감독의 영화 '화양연화'는 1960년 초 홍콩을 배경으로 중년 남녀의 삶과 사랑을 미끄러짐과 충돌 혹은 절제와 거리두기로 연출했다. 영화의 주제를 전달하는 뛰어난 영상미와 넷 킹 콜의 재즈곡 'Quizas Quizas Quizas' 같은 절묘한 선율의 조화 등으로 BBC 선정 21세기 영화 100선 중 2위에 오른다.

　한류의 대명사 방탄소년단(BTS)이 2015년과 2016년에 발매한 음반이자 콘서트 투어의 주제 역시 '화양연화'이다. 방탄소년단은 'I NEED YOU', 'RUN', '불타오르네' 등의 노래를 통하여 이 시대를 살아가는 청춘(靑春)을 '불안하고 방황하는 청춘'으로 바라보고 이를 화양연화라 재해석한다. 전 세계 젊은이들의 뜨거운 관심은 불안한 삶에서 자기다움을 성찰하려는 방탄소년단의 진정성에서 비롯되었다. '화양연화'는 BTS가 노래하고 춤추는 세계관의 주제어라 할 수 있다.

　근래 방영된 TV드라마 '화양연화 - 삶이 꽃이 되는 순간'은 1990년대 캠퍼스에서 만난 청춘남녀가 삶의 풍파를 견뎌내고 중년에 다시 만나 사랑을 약속하면서 마무리된다. 신파성 시대멜로 혹은 불륜드라마로 볼 수도 있지만, 민주화와 신자유자본주의 세계화 과정에서 우리 사회가 겪은 시대적 상처를 가로지르는 두 남녀의 분투기를 담았다. 일간지 문화부 기자는 '사랑과 올바름을 함께 생각하게 한 드라마'로 평가했다.

화양연화(花樣年華)는 '인생에서 가장 행복하고 아름다운 시절'을 뜻한다. 1930~1940년대 중국 상하이에서 인기를 끌었던 가수 주선(周璇)의 노래 '화양적연화(花樣的年華)'를 왕가위 감독이 영화 제목에 차용한 후 널리 회자된 말이다. 각기 다른 영화, 노래, 드라마를 관통하는 '화양연화'가 제시하는 공통된 메시지라면 인생의 가장 행복하고 아름다운 시간은 청춘이나 고난을 극복한 성공이 아니라 기쁨과 슬픔, 평안 속의 불안, 열정 뒤의 고독 등 양면적이면서 역동적인 삶의 모든 과정 즉 우리의 일상이라 말한다.

성경은 우리가 처한 고락(苦樂)에 대해 '내일 일은 내일 염려할 것이요 한 날의 괴로움은 그 날로 족하다'(마 6:34), "어리석은 자여 오늘 밤에 네 영혼을 도로 찾으리니 그러면 네 준비한 것이 누구의 것이 되겠느냐"(눅 12:20) 라고 말씀하신다. 예수는 우리에게 죽음과 부활 이후로 유보된 영원한 천국을 대망하는 것으로 이 땅의 삶을 평가절하 하지 않았다. 하나님의 기쁨과 아름다움으로 창조된 세상은 선악과로 인해 왜곡되었지만, 예수 그리스도가 선포하신 '이미와 아직'의 하나님 나라를 통해 새롭게 조명되었다. 믿는 자의 화양연화란 재림과 종말 이후의 영원한 천국에서가 아니라 내 인생의 희노애락과 생로병사의 전 과정에 '이미와 아직'으로 주어져 있다. 어거스틴은 지나간 과거나 오지 않은 미래가 아닌 오늘이 중요하다고 성찰했다. 선물(present)로 주어진 인생의 모든 오늘(today) 하루를 직시하고 충실할 때, 막연한 기대로 유보된 화양연화가 아니라 '항상 기뻐하고 쉬지 말고 기도하며 범사에 감사하는' '이미'의 화양연화를 누릴 것이라 한다. 팬데믹으로 사회와 교회가 '포스트 코로나' 논의에 분주하다. 하지만 언제나 내일에 대한 논의는 오늘에 대한 진정성에서 시작되어야 한다.

제4의 물결 속에서 더 필요한 '공동체성'

이성희

우리는 '정보사회'를 넘어 '스마트사회'에 살고 있다. 역사학자들은 농경사회를 3,000년, 산업사회를 300년, 정보사회를 30년이라고 연대기를 정하지만 아무리 봐도 정보사회의 기조로 우리가 살고 있는 것 같지 않다. 우리는 이미 정보사회 너머에 있는 전혀 새로운 물결 속에 살고 있는 것이다. 스마트사회는 정보사회와 별개의 기조를 가지고 있다.

토플러(Alvin Toffler)의 '제3의 물결'에 의하면 농업혁명인 제1의 물결은 이미 퇴조하였으며, 공업화인 제2의 물결은 계속 확산되고 있으며, 탈공업화인 제3의 물결은 선진공업국에 의하여 강화되고 있다고 하였다. 그러나 이후 메이너드(Herman Maynard)와 머턴스(Susan Mehrtens)는 '제4의 물결'에서 제4의 물결이 그 뒤를 바짝 뒤쫓고 있다고 하였다. 제2의 물결시대는 '분리와 경쟁'을 그 기조로 하였으며 제3의 물결시대는 '균형과 협력'시대인데 비하여 제4의 물결시대는 '통합과 공동창조'의 시대라고 한다.

한국 기독교의 제1의 물결은 이미 기독교의 전래와 더불어 지나갔으며 제2의 물결도 지난 세기에 크게 확산되었고 이제는 막을 내린 듯하다. 물결의 진행 속도는 어느 때보다 빨라 제3의 물결에서 제4의 물결로의 이동은 급속하게 진행되었다. 제4의 물결은 하나의 공동창조를 그 기조로 하기 때문에 한국교회는 생존적 자구수단으로 수용할 수밖에 없을 것이다. 이런 시대적 변화 속에서 '네트워크', '아웃소싱', '벤치마킹', '전략적 제휴' 등 이전에는 듣지 못한 새로운 생존의 절규를 듣게 되는 것이다.

세계화라는 기조 속에 사는 현대의 한 특징은 블록(block)의 발달이다. 지금 지구는 자국의 이익과 집단 이익을 앞세운 수많은 블록들로 가득 차 있다. 거대한 유럽연합(EU)을 위시하여 아시아태평양경제협력회의(APEC), 동남아시아국가연합(ASEAN), 북미자유무역협정(NAFTA), 아세안자유무역지대(AFTA) 등 많은 블록들이 세계를 분할하고 동시에 편가르기를 하고 있다. 이런 국제적 블록만이 아니라 우리 주위에도 헤아릴 수 없는 많은 블록들이 존재하고 있다. 동창회, 종친회, 상인연합회 나아가서 교회연합기구도 우리가 알고 있는 것보다 훨씬 많은 수가 존재하고 자신도 모르는 사이에 회원이 되어 있을 정도이다.

세계화 시대는 공동체의 시대이다. 세계가 하나의 촌락(Global Village)으로 형성된 시대이다. 지구 한 구석의 이야기는 세계인의 이야기이고, 한 인종의 고통은 세계인의 고통이며, 한 나라의 과제는 세계인의 과제인 시대이다. 세계인은 공동 운명체로 지구를 지키며 살아야 하는 것이다. 이제 더 이상 어느 개인이나 어느 특정 집단의 이기심으로 살아갈 수 없으며, 어느 개인이나 특정 집단이 잘 되고 나머지는 못되는 시대가 아닌 것이다.

이런 공동체의 기조는 초기 기독교 공동체에서 이미 형성된 것이다. 초대교회의 진한 공동체성은 교회의 형성과 교회에 대한 박해가 동시적이라는 사실 때문이다. 로마 황제와 유대주의자들의 교회에 대한 박해는 교회의 공동체성이 절실했다. 그리스도인이 된다는 것은 순교를 각오해야 하는 것이며, 그리스도인의 정체성은 확고하게 되었으며, 개인 보다 교회라는 공동체가 중요하였다. 이런 까닭으로 초기 기독교는 운명공동체일 수밖에 없었다.

최근 한국교회의 현상은 교회의 공동체성이 얼마나 중요한가를 절실하게 피부로 느끼고 있다. 한국교회의 신인도 추락은 모든 교회의 잘못 때문이 아니다. 사회가 교회를 비난하고, 비난을 넘어 폄훼하고, 심지어 사회가 교회를 염려한다는 말을 듣는 것은 모든 교회, 모든 성도의 탓이 아니라 몇몇 교회 때문이다. 이런 몇몇 교회나 교회의 지도자의 잘못으로 한국교회 전체가 이기적이고, 수구적이고, 부도덕한 종교로 매도되고 있는 것이다.

(이 글은 '홈런' 칼럼 책에서 발췌한 것임)

도둑 잡는 자를 때려잡는 세상

박진석

이런 예화가 있다. 늦은 밤 어느 아파트에 도둑이 들어왔다. 주인은 재빠르게 밖으로 나와 주민들에게 소리쳤다. '도둑이야 도둑놈 잡아주세요' 하고 곤히 잠자는 입주민들을 깨웠다. 그런데 입주민들은 도둑을 같이 잡아주지 않고 잠자는데 깨웠다고 핀잔과 함께 소음방지법을 적용해야 한다는 반응이었다는 얘기다. 오늘의 세태를 단면적으로 말하는 예화이다. 자기와 직접 관련이 없거나 이익이 없거나 손해나거나 자기에게 위험이나 피해가 올까 봐 도둑 잡는 데 참여하지 않는다. 그런데, 문제는 도둑은 잡지 않고 도둑을 잡으려고 하는 자를 오히려 절차 위반과 각종 관계법을 근거로 때려잡는 세태이다.

최근 검찰개혁이나 사법개혁 과정을 보면 이해되지 않는 일들이 줄을 잇는다. 가령 성 접대 특수강간 의혹으로 김모 전 차관을 송치했지만, 검찰은 무혐의 처분을 내렸다. 피해 여성들의 구체적인 증언과 동영상이 있는데도 불구하고. 김모 전 차관이 최근에는 해외 도피 의심이 되는 출국을 하려다 저지당했다는데 그 저지 공문이 허위와 압력이 의심되어 검찰은 당시 출입국 관계자들과 담당 검사들을 압수수색 조사를 했다. 어찌 범죄자로 의심되는 사람은 잡지 않고 그 범죄자를 고소 고발한 사람이나 피해자를 잡는가 말이다. 언론에 의하면 피해자들은 검찰 조사를 받을 때 범죄자로 취급당하며 심적으로 큰 고통을 당했다고 한다. 즉 법을 지키고 하는 이들까지도 범죄자로 취급하며 오히려 허위 위증 혐의로 구속하는 세태이다. 도둑을 잡고자 하는 착한 사람을 때려잡는 서글픈 세상이다.

이런 일은 교계에도 비일비재하다. 특히 총회 재판 과정에서 보면 더 적나라하다. 범죄를 고소 고발한 사람이 오히려 범죄자로 낙인찍히는 사례가 종종 일어난다. 최근 예장통합 총회연금재단 비리에 대해 여러 의혹들을 폭로한 목사를 고소 고발한 경우나 서울서남노회 분립 건으로 문제 제기하는 사람들에게 총회가 사법 처벌을 하겠다고 공문으로 보낸 사건이다. 전자의 경우, 총회연금재단 투자 의혹들은 어제오늘의 일이 아니다. 부산 민락동 투자와 관련하여 이미 사업권자들이 사기 혐의 등으로 구속됐다. 그런데 폭로한 목사를 재단 이사회는 고소한 것이다. 후자의 경우, 노회 분립은 당연히 30개 당회가 구성되어야 분립 되는 것이 헌법 규정이다. 그래서 법대로 해달라는 요구인데 총회 지시에 순종하지 않으면 사법 처벌한다는 경고 공문을 낸 것이다. 물론 문제 소지가 있어 추후 이 조항은 삭제됐다.

이런 발상이 어디서 나온 것일까? 도둑은 잡지 않고 도둑을 잡고자 하는 사람들을 잡으려는 이런 발상과 시도는 바로 권력, 힘으로부터 나온다. 사회학자들은 우리나라가 촛불혁명으로 형식적 민주화는 성취됐으나 내용적 민주화를 위해서는 최종적으로 권력 기관들이 민주화되어야 한다고 주장한다. 즉 사법, 검찰, 경찰, 국정원, 국회, 재벌 등이다. 통칭 정치 권력과 자본 권력이다. 이들 권력이 내용적 민주화를 성취하는데 마지막 저항 세력들이다. 이들은 자기 비리나 죄를 덮거나 숨기려 시도한다. 자기의 의는 의롭고 타인의 의는 불의라는 자기 기만성을 유감없이 언제나 발휘한다. 이는 자기 존재를 나타내려는 만용에 근거한다. 종교 권력도 여기서 예외일 수 없다.

진정한 권력은 자기를 위해 행사하는 것이 아니다. 헌법에도 "모든 권력은 국민으로부터 나온다"(헌법 제조 2항)고 했다. 성경도 으뜸이 되고자 하는 자는 먼저 남을 섬기는 종이 되라고 했다. 먼저, 도둑놈을 잡는 사회, 교회가 되기를 바란다. 법과 권력의 존재는 여기에 있다. 도둑을 잡는 자를 때려잡는 법과 권력이 되어서는 안 된다. 세상을 섬기려고 오신 예수를 기억하라. 이것이 진정한 기독교이며 예수의 리더십이다. 기독교는 종교가 아니기 때문이다. 한국 교회가 먼저, 도둑놈을 잡는 자를 섬길 수 있을 때 개혁의 신뢰도는 높아진다.

정치적 거리두기

김윤태

드디어 선거철이 돌아왔다. 재·보궐 선거가 코앞으로 다가왔고, 20대 대통령 선거도 1년이 남지 않았다. 선거철이 돌아올 때마다 언제부턴가 교계는 선거와 정치에 직간접으로 영향을 끼쳐왔고, 나름대로 보이스를 내기 시작했다. 특별히 민주화 이후 보수 교단들의 정치참여가 두드러진다. 예배당 안에서 노골적인 정치 설교가 등장하기 시작했고, 예배당이 아닌 광장에서 대규모 정치집회에 교인들이 동원되기도 했다. 이런 현상을 두고 국민일보 김지방 기자는 '정치교회(poli-church)'라는 신조어를 만들어 설명한 바 있다. 필자는 우리 사회에 만연한 정치중독(political addiction)이 교회 안에도 들어왔다고 생각한다.

아리스토텔레스가 말한 것처럼 인간은 '정치적 동물(homo politicus)'이다. 사회생활을 하는 인간에게 정치는 자신과 타인, 집단의 욕망 사이에 타협점을 찾을 수 있는 가장 발전된 도구다. 문제는 정치에 지나치게 과몰입되었을 때다. 정치에 과몰입되면 신문도 정치면만 보고, TV도 정치뉴스만 시청하게 된다. 대화를 해도 정치와 관련된 대화만 하게 된다. 이것이 지나치면 정치중독에 이르게 되는데, 일단 정치에 중독되면 모든 것을 정치적인 문제로 환원하여 생각하게 된다. 자신이 지지하는 정당이나 이데올로기로 모든 것을 바라보게 되고, 합리적인 이성보다 선동적인 감성에 지배되어 점점 객관적인 가치판단 능력을 상실하게 된다. 그런 면에서 지금 한국사회는 대표적인 정치중독사회라고 볼 수 있다. 전 세계에 전 국민이 이렇게 정치에 많은 관심을 가지며 정치를 소비하는 나라가 과연 얼마나 있을까?

데이비드 슐츠가 만든 '폴리테이너(politainer)'라는 용어가 있다. 연예인(entertainer)과 정치인(politician)의 합성어인데, 지금 한국에는 허경영, 김어준, 김용민을 비롯한 수많은 폴리테이너들이 정치를 예능화하며 활발하게 정치에 참여하고 있다. 최근에는 종교인(religionist)과 정치인(politician)의 합성어인 '폴리저니스트(poligionist)'들도 등장하고 있다. 최태민, 전광훈에 이어 대형교회 목사들과 교인들이 예배당에서 광장으로 나와 저마다 자신의 정치적인 견해를 피력하고 있는데, 필자는 이것 자체가 잘못되었다고 생각하지는 않는다. 대한민국은 언론 집회 결사의 자유가 있는 나라다. 누구라도 자신의 정치적인 견해를 피력할 수 있으며, 찬반 집회를 개최할 수 있는 권리와 자유가 있다. 문제는 과몰입이다. 정치에 지나치게 과몰입되어 교회 본연의 임무를 망각하거나, 정치적인 이슈를 선과 악, 종교적으로 해석하는 순간 종교는 타락하며 정치는 난장판이 되고 만다. 프랑스는 일찍부터 자유 평등 박애와 함께 정교분리를 의미하는 '라이시테(laïcité)'를 국가 통치 원칙으로 삼고 있다. 프랑스 정치인은 종교에 어떤 협조나 적의도 품지 않고, 종교인들은 성직자로서 정치에 관여하지 않는다. 우리 사회도 라이시테를 향해 한 걸음을 더 내디뎠으면 좋겠다. 정치인은 종교를 행사장이나 표밭으로 인식하지 말았으면 좋겠고, 종교인은 정치인을 포교의 수단으로 삼지 말았으면 좋겠다. 특별히 그리스도인은 예수의 이름이 아니라 시민의 자격으로 정치에 참여했으면 좋겠다. 지금 우리 한국교회에 필요한 것은 사회적 거리두기와 함께 어쩌면 정치적 거리두기가 아닐까?

정치는 중독성이 강하다. 카지노 도박장이 들어선 강원도 정선에서 도

의원으로 당선된 성희직 전 의원이 정치는 마약이라며 중독될 것 같아 떠난다고 선언했지만 10년 뒤 다시 돌아왔다가 8위로 낙선한 바 있다. 한 번 정치에 중독되면 끊기 쉽지 않다. 특별히 그리스도인이 정치에 중독되면 하나님의 음성과 소외된 자들의 음성을 듣지 못한다. 우리의 사명은 예수님이 통치하는 하나님 나라를 이루는 것이지 내가 지지하는 정당이 정권을 잡는 세상 나라를 이루는 것이 아니다. 우리는 '이게 나라냐'라고 말할 것이 아니라 '이것이 하나님 나라다'라고 말해야 한다. 사순절 기간, 정치중독을 끊기 위해 정치 발언 침묵, 정치 미디어 금식을 권해본다.

관련 말씀: 눅 20:25 이르시되 그런즉 가이사의 것은 가이사에게, 하나님의 것은 하나님께 바치라 하시니

백신공포 엔데믹

김윤태

2020년 3월 11일 세계보건기구(WHO)가 코로나19 팬데믹을 선언한 지 1년 만에 인류는 기대보다 훨씬 빨리 백신을 개발했고, 현재 빠른 속도로 백신접종이 이루어지고 있다. 그럼에도 불구하고 한국에는 코로나 바이러스보다 더 무서운 바이러스가 유행하고 있는데, 그것은 바로 백신공포 바이러스다. 백신접종 후 혈전증이 생기거나 사지가 마비되는 등 여러 부작용 사례가 잇따르자 백신을 접종하지 않겠다는 비율이 12.9%에서 19.6%로 대폭 늘게 되었다고 한다.

물론 백신 부작용으로 인한 사망사고는 전혀 새로운 것은 아니다. 1955년 미국에서 소아마비 백신을 맞은 어린이 200명이 오히려 소아마비에 걸리고 11명이 죽는 사건이 일어났다. 2017년 필리핀에서도 뎅기열 백신을 맞고 100명이 숨진 사례가 있었다. 그러나 반대로 백신으로 인해 사망한 줄 알았는데 알고 보니 백신과 무관한 사망이었음이 드러난 경우도 많았다. 예를 들어, 1976년 미군 한 명이 독감에 걸려 숨졌는데, 조사해 보니 1918년 스페인독감과 유사한 바이러스였다. 미정부는 신속히 전 국민 예방접종을 실시했는데, 백신을 맞은 뒤 인체 마비를 일으키는 "길랑바레 증후군" 환자가 속출하자 국가 접종을 중단하고 말았다. 그런데 나중에 알고보니 그해 길랑바레 증후군 사망자는 백신접종 전보다 더 적었다고 한다. 코로나 백신도 다양한 부작용 사례들이 보고되고 있지만, 백신과 죽음의 인과관계가 명확하게 밝혀진 경우는 극히 드물다. 교통사고보다 백신 부작용으로 사망할 확률이 더 낮고, 피임약을 복용해서 혈전증이 생길 확률이 코로나백신보다 무려 60배가 더 높다고 한다. 그럼에도 불구하고 우리 사회에는 지금 코로나공포보다 백신공포가 더 확산되고 있다. 도대체 왜 코로나보다 더 큰 백신공포가 우리 사회에 만연하게 되었는가?

백신공포를 부추기는 1차 집단은 언론매체다. 언론마다 백신접종 후 사망자 사례를 경쟁적으로 기사화하면서 공포를 조장하고 있는데, 이런 모습은 해외언론과 비교하면 매우 이례적이다. 예를 들어, 2021년 1월 초 노르웨이에서 노인 33명이 화이자 백신접종 후 사망한 사건이 있었는데, 당시 노르웨이 상황을 보도한 국내 언론은 "맞힐수록 늘어 사망자 33명," "백신 맞아도 되나…노르웨이서 접종 후 23명 사망" 이런 식으로 보도했다. 그러나 해외 어떤 언론도 이런 자극적인 헤드라인을 뽑아 전하지는 않았다. 영국에서는 코로나 백신접종 후 사망한 사례가 143건이라고 발표했는데, 영국 공영방송 BBC는 이렇게 제목을 달아 보도했다. "보건당국, 코로나19 백신 매우 안전" 국내언론은 정확한 팩트마저 체크하지 못하고 보도할 때도 많았다. 백신 부작용 통계를 보도할 때 국내언론이 자주 인용하는 백신 부작용 현황 공식사이트 "OpenVAERS"는 사실 미국질병통제예방센터(CDC)에서 집계한 통계가 아니라 누구라도 신고 접수를 할 수 있는 비공식 싸이트다. 공신력있는 데이터도 아닐뿐더러 이 싸이트의 통계를 인용해서 보도하는 미국 언론은 없다.

전 지구적인 유행병을 팬데믹(pandemic)이라 하고, 제한된 지역에 정착해 유행을 반복하는 질병을 엔데믹(endemic)이라 한다. 코로나19가 전 지구적인 팬데믹이었다면, 최근 갑자기 한국에만 번지고 있는 백신공포는 어쩌면 우리나라에서만 유행하고 있는 "백신공포 엔데믹(vaccine-phobia endemic)"이 아닐까? 요즘엔 코로나보다 코로나공포, 백신공포로 먹고사는 사람들이 더 무섭다. 캐롤린 엠케(Carolin Emcke)는 그의 책 "혐오사회"에서 이런 사람들을 "증오와 공포의 부당이득자들"로 표현한 바 있다. 백신공포를 조장해서 얻으려는 이득이 무엇인지 모르겠지만, 이런 식으로 백신에 대한 불신을 조장하게 된다면 코로나 팬데믹은 종식되기 어렵다. 정치인들과 언론인들은 불필요한 불안과 공포를 일으켜서 이익을 얻으려 하지 말고 정부와 중앙방역대책본부, 그리고 전문 의료인들을 조금만 더 신뢰하고 믿어주었으면 좋겠다.

공정(公正), 공평하고 정의로운 사회

김윤태

    2020년 출간된 마이클 샌델(Michael Sandel)의 저서 "The Tyranny of Merit(능력주의의 폭정)"가 "공정하다는 착각"이라는 제목으로 의역되어 출간되었다. 이 책에서 저자는 시장주도적 세계화는 불평등을 심각하게 심화시켰고, 결국 현대 자본주의 사회에서의 능력주의(meritocracy)의 희망은 사라졌다고 주장한다. 서글픈 것은 그럼에도 불구하고 우리 모두는 공정한 사회에서 살고 있다며 착각하고 있다는 것이다. 과연 우리는 공정(公正), 공평하고 정의로운 사회에서 살고 있는가? 자본주의는 민주주의와 결탁해서 능력이 있으면 누구나 신분상승이 가능하다는 능력주의 신화를 만들어냈지만 실제로는 그렇지 않다. 현대 자본주의 사회에서 가장 성공한 빌게이츠(Bill Gates)도 이렇게 말한 바 있다. "인생이란 결코 공평하지 않다. 이 사실에 익숙해져라!(Life is not fair; get used to it)" 실제로 이 사회에는 능력주의라는 이름으로 수많은 불평등과 불공평이 간과되고 있다. 서울과 지방의 수험생들이 접하는 교육의 질, 정보의 양이 서로 다르다. 그러나 그들은 모두 각자 실력대로 공평하게 경쟁해야 한다. 주식 시장에서도 개인 투자자가 실패하는 이유가 무엇인가? 정보의 비대칭성 때문이다. 기관투자자는 다양한 경로를 통해 기업의 정보를 신속히 확보할 수 있지만 개인 투자자는 그렇지 못하다. 그럼에도 불구하고 그들 모두는 공평하게 경쟁해야 한다. 이것이 과연 공정인가?

흥미롭게도 2022 대선후보들의 대선 출마 선언문에 나타난 공통된 대선의제는 공정이라고 한다. 그들이 말하는 공정이 무엇인지 조금 더 들어볼 필요가 있지만, 깊은 숙고 없이 신자유주의식 기회균등이나 공산주의식 결과적 평등만을 의미할까 우려된다. 필자는 마이클 샌델이 지적한 것처럼 오늘날 우리 사회가 극복하고 넘어서야 할 시대정신 중 하나가 능력주의라고 생각한다. 공정한 경쟁이 공정한 사회를 만든다는 주장은 봉건주의 사회에서 자본주의 사회로 넘어가던 애덤 스미스(Adam Smith) 당시의 시대정신이다. 절차적 공정이 보장되는 능력주의 사회는 신화다. 애초에 출발점이 다르고, 주어진 기회가 다르고, 조건이 다른데 절차적 공정을 보장한다는 것이 과연 무슨 의미가 있는가? 영국 시인 윌리엄 블레이크(William Blake)가 이런 말을 했다. "사자와 소를 위한 하나의 법은 억압이다. 사자와 소를 한 울타리에 넣는 것은 경쟁이 아니라 소에 대한 억압이다." 기울어진 운동장에서 공평하게 달리기 시합을 하게 한다고 해서 그것이 어떻게 공정하다고 말할 수 있는가? 능력주의자들이 종종 드는 예가 한국 양궁 국가대표팀이다. 이번 2020 도쿄올림픽에서 남녀 개인전과 단체전에 걸린 금메달 5개 중 4개를 휩쓸었다. 능력주의자들은 그 비결이 철저하게 실력과 능력으로 경쟁하는 대표 선발 과정에 있다고 주장한다. 그렇다면 우리 사회도 스포츠 경기처럼 되어야 한다는 말인가? 우리 사회 구성원들의 존재 목적이 금메달을 따는 것인가? 메달을 따지 못하는 무능한 자들은 도태되고 낙오되어도 괜찮은가? 그런 사회를 우리는 공정하다고 말할 수 있는가?

정부와 사회 시스템이 인재 선별기가 되어선 안된다. 인간은 능력이 아니라 존재, 그 자체로 대우받아야 한다. 우리 사회가 금메달을 따면 영웅이 되고, 메달을 따지 못하면 야구선수 강백호의 경우처럼 껌조차 씹지 못하게 해서는 안된다. 마이클 샌델은 "기회의 평등"을 넘어, 성공하지 못한 사람들도 존엄한 대우를 받으며 살 수 있도록 "조건의 평등"을 대안으로 제시한다. 구약성서가 제시하는 하나님 나라의 기본 정신도 "공정(公正), 공평과 정의"다. 공평, 혹은 공의는 히브리어로 미슈파트(משפט)다. 미슈파트는 공평한 재판을 의미한다. 하나님 나라의 또 다른 정신인 정의는 히브리어로 체다카(צדקה)다. 종종 자비나 긍휼로 번역되는데, 공평하게 재판하는 것을 넘어 불쌍한 마음으로 정상을 참작해 재판하는 것을 말한다. 예를 들어, 부자나 가난한 자나 똑같이 심판하면 그건 미슈파트(משפט)다. 그런데 가난한 자를 불쌍히 여겨 정상을 참작해 재판하면 그건 체다카(צדקה)다. 어쩌면 우리 사회에 필요한 정신이 바로 이 미슈파트와 체다카가 아닐까? 미슈파트의 정신에 따라 부자라고 해서 봐주고 가난하다고 해서 함부로 대해서도 안된다. 물론 기회의 평등이 공평하게 주어지는 것도 중요하고, 능력에 따라 차등적으로 보상받는 것도 틀렸다고 말할 수 없다. 그러나 낙오자에게도 자비를 베푸는 체다카의 정신, 조건의 평등 또한 있었으면 좋겠다. 능력주의의 폭정을 넘어, 공정(公正), 공평하고 정의로운 사회가 도래하길 기도한다.

위기를 기회로 만들자

박충구

지난 20개월 동안 코로나 바이러스는 2억 1천만 명 이상을 감염시켰고 무려 440만 명 이상의 소중한 생명을 죽음으로 내몰았다. 과학자들은 요즈음 "With Coronavirus", 코로나바이러스와 함께 살아야 한다는 현실론을 내놓고 있다. 코로나바이러스로 인하여 직장 생활도 상당부분 자택근무 형태로 자리를 잡아가고 있다. 그 결과 가족끼리 지내는 공간인 가정의 중요성이 그 어느 때보다 더 강조되고 있다. 가정에 머무르는 시간이 많아지다 보니 가전제품을 업그레이드하고, 가구도 더 편안한 것으로 바꾸려는 이들이 많아 가전제품과 가구가 품절이라는 뉴스도 있었다.

반면, 대면 관계를 전제로 이루어지던 교육, 예술 공연, 그리고 종교행사는 사실 심각한 존립 위기에 처해 있다. 계속 이런 상황이 이어진다면 상당한 위험을 감수하지 않고서는 다수의 회집을 요구하는 행사들을 가질 수 없을 것이며, 시간이 지날수록 부정적인 평가를 직면하게 될 것이다. 교회에서도 기존의 예배를 대체할 수 있는 간접적인 방법을 찾아 줌 예배를 드리거나, 방역 당국이 허락하는 범위 안에서 교인들을 분할하여 소규모의 예배를 여러 차례 드리는 경우도 있다. 하지만 문제는 우리의 아이들이 이웃과 거리를 두는 삶에 익숙해지거나, 친구 없는, 외롭고 고독한 삶에 갇히고 있는 현실에 대한 대안은 취약하다. 게다가 충분한 수

입이 없는 가정에서는 빈곤과 불화가 겹치고, 약자인 아동과 여성을 향한 폭력이 늘고 있다는 보도도 이어지고 있다.

2021년 각 교단 교인 통계에서 교단마다 현격한 교인 감소세가 보고되고 있다. 소규모의 교회 공동체의 경우 거의 해체되는 지경에 처한 경우도 있다. 물적 자원이 넉넉한 대형 교회에서도 교인 수와 재정의 감소 현상이 두드러지고 있다. 이러한 현상은 그동안 대중 집회를 중심한 신앙생활 유형에 의존하던 회집 양태가 직격탄을 맞았기 때문이다. 이제는 재래의 선교와 전도는 고사하고 교회 교육은 물론 예배조차 마음껏 드릴수 없는 형편이다. 이런 정황에서 옛 교회 생활 모델을 고집하며 코비드-19 정황에서 야기하는 위험을 간과하며 방역 원칙이나 당국의 조치를 무시하려드는 전략은 무감염이라는 요행을 바라다가 교회 공동체 구성원의 생명에 해를 불러오는 경우도 발생하고 있다.

이 상황이 언제까지 지속될는지 아무도 알 수 없지만, 일단은 개 교회 차원이나 교단적 차원에서 이 새로운 정황에 적절한 대안 찾기에 만전을 기해야 한다. 사회적 집합이 불가능한 언컨택트 시대에 적절한 대안은 개 교회 차원에서는 최소한의 대면성을 유지하면서 인터넷 예배를 활성화하고, 가정과 개인을 모델로 삼는 예배와 묵상, 성경공부 프로그램을 적극 개발하는 것도 하나의 방편이 될 수 있다. 기초적으로는 언컨택트 시대에서 요구되는 QT자료, 개인 성경공부, 독서모임, 그리고 조금 더나아가서 기독교 역사에 대한 이해, 기독교 기초 신학, 생명과 평화 윤리, 교회 구성원의 멤버쉽 이해 등의 신앙 학습 프로그램을 적극 개발하는 것도 필요한 일이다.

비록 위기 상황에서 강요되는 현실이지만 이러한 다양한 노력에 힘을 기울인다면 한국 교회 구성원의 신앙 체질을 개선하고 한 단계 성숙시킬수 있는 좋은 기회가 될 수도 있을 것이다. 대중 집회에 초점을 맞추어 모이던 신앙 공동체 운동이 불가능한 언컨택트 시대의 위기를 신자들의 영적, 지성적 및 기독교 윤리적 성숙의 기회로 삼는다면 한국 교회의 미래가 한층 더 밝아질 수도 있을 것이다.

면역사회와 '나아세 브니쉬마'

옥성삼

　'공동체', '전통', '계급', '경험지식' 등을 특징으로 하는 전통사회는 개인의 자유와 역량보다는 주어진 공동체 규율이 우선적 가치였다. '옳고 그름', '해야 할 것'과 '하지 말아야 할 것' 등이 분명하게 규정되는 부정성 문화에서 삶은 통제되고 사회는 예측가능한 안정성을 영위 할 수 있었다. 근대사회가 되자 선험적 규율은 합의된 법률로 대체되고, 법적 자유와 평등한 권리를 바탕으로 개인이 삶의 주체가 되는 긍정의 사회가 되었다. 근대성을 바탕으로 다양성과 가능성의 문이 넓게 열리자 성과의 주체가 된 개인은 저마다 '할 수 있다'는 긍정성을 지속적으로 충전했다. 한병철 교수는 〈피로사회〉에서 '해야 할 것'과 '하지 말아야 할 것'이 강요되는 규율사회가 부정성의 면역사회라면, 자신이 주체가 되어 "할 수 있어"라는 긍정과잉의 성과사회는 자발적 자기착취로 인한 소진과 우울증을 가져오는 비면역 사회라고 했다. 개인이 성과의 주체가 되어 긍정과잉의 경쟁과 일중독을 가져오는 성과사회는 안정된 삶과 행복이 아닌 소진과 우울증을 가져오는 '피로사회'라고 진단했다.

　유대교 신앙의 특징을 함축적으로 말하는 '나아세 브니쉬마'는 출애굽기 24장에 나오는 '우리가 행하고 우리가 듣겠습니다(이해하겠습니다)'를 뜻한다. 말씀을 듣고 성령의 역사로 믿음이 생기고 그 결과로 행함이 따라오는 기독교 신앙과는 선후의 순서가 반대이다. 유대교는 개인의 주체적 신앙보다는 공동체에 선험적으로 주어진 하나님의 명령(성경)을 실천하는 것이 우선적이다. 즉 모세 오경의 율법을 실천하는 것이 기독교의 믿음과 같다고 할 수 있다. 유대교에서 기독교로 회심한 미국의 작가 로렌 위너는 유대교 신앙의 핵심인 영적실천을 "신성한 것을 일상으로 끌어 내리는 리듬과 반복적인 틀"이라고 했다. 그는 영적 실천이 구원을 이루는 것은 아니지만, 우리의 신앙을 더 정교하게 다듬고 더 깊이 내면화시킨다고 한다. 수천년 디아스포라 기간에도 이스라엘이 공동체로서 정체성을 유지할 수 있었던 것은 선민으로서 메시야를 가다리는 것 이상으로 '율법과 안식일' 준수, 즉 하나님의 명령을 지켜 행하는 규율과 삶의 수동성이 주요했다.

"뭐든 할 수 있다", "나만 옳다"는 착각 그리고 이런 확증편향간의 충돌이 소진과 불안을 증폭시키는 오늘, 성경은 우리의 삶에 신적 주권을 인정하는 자기부정의 영성을, 무엇이든 할 수 있다는 긍정성 대신 절제를 그리고 합리적 이해에 앞서 말씀의 실천을 요청한다. 창조세계의 원형인 에덴동산은 중앙에 '생명나무'를 두어 할 수 있는 것과 하지 말아야 할 것이 구분되는 공간이었다. 창조세계의 일곱째 날은 하나님의 안식일로 하나님이 창조물과 더불어 쉬고 안식함으로 시간 역시 구분되었다. 안식일에 처음 등장하는 '거룩'이라는 단어도 '구분됨'이라는 의미를 내포하는 부정성의 규정을 담고 있다. 메시아로서 예수님의 삶은 '자기의 뜻대로 행하는 것이 아니라 아버지의 뜻을 구하고 실천하는 것이었다.(마 26:36, 요 5:30) 바울은 사도로서 사역이 자기가 주체가 되기보다는 "예수께 잡힌바 된 그것을 잡으려고"(빌 3:12) 매진했고, 모든 것이 가하나 절제했으며(고전 10:22~23), '성령의 열매' 중 마지막 열매가 '절제'(temperance)라고 했다(갈 5:22~23). 길어지는 코로나 환경에서 한국교회가 번영의 신학 이 가져다주는 탈진과 허무에서 벗어나 고통 가난 자기부정 비움 공동체성 등에 깃든 신앙의 가치를 재발견하고 공유하기를 소망한다.

크리스천 오징어 게임 읽기

김윤태

요즘 넷플릭스에서 방영되고 있는 '오징어 게임'이라는 한국 드라마가 전 세계를 강타하며 새로운 한류열풍을 불러일으키고 있다. 2021년 10월 현재 넷플릭스가 서비스되는 83개국에서 1위를 기록하며 넷플릭스 역대 최고의 흥행작으로 등극했다. 영화는 잔인하고 폭력적이다. 무엇보다 기독교에 대한 왜곡된 이미지가 곳곳에 나와서 기독교인들이 보기에 불편한 장면들이 많다. 물론 교회 입장에서는 억울하기도 하겠지만 영화는 역사적 사실(fact)을 있는 그대로 보여주는 다큐멘터리가 아니다. 감독의 세계관으로 바라보고 이해한 현실을 과장하고 재구성해서 보여주는 픽션(fiction) 일뿐이다. 그러다 보니 어쩔 수 없이 실제 현실과 다른 왜곡된 묘사가 얼마든지 나올 수 있다. 오징어 게임 영화 속에는 여성에 대한 이미지도, 외국인 노동자에 대한 이미지도 왜곡되어 있고, 과장되어 있다. 교회보다 더 억울한 것은 대한민국이다. 이 영화를 보고 전 세계 사람들이 열광하지만 한 편으론 한국을 그토록 살벌한 사회로 오해시키지는 않을까 필자는 걱정된다.

그럼에도 불구하고 이 영화가 인기를 끄는 요소 중 하나는 '서바이벌 데스 게임(Survival Death Game)'이라는 장르 때문이다. 영화 내용은 단순하다. 빚에 쫓기는 막장 인생을 사는 수백명의 사람들이 오징어 게임이라는 서

바이블 데스 게임에 초대받아 참여하게 되는데, 게임이 진행될수록 탈락자들이 죽어 나간다. 그러다 마지막에 살아남은 사람이 상금 456억을 가지게 된다는 내용이다. 이런 서바이벌 데스 게임이라는 설정 자체가 회를 거듭할수록 시청자들을 긴장하고 보게 한다. 그러나 이 영화의 더 큰 인기 요인은 이런 드라마의 설정 자체가 우리 사회를 그대로 축소해서 보여주고 있다는 점이다. 사실 우리 사회도, 우리 인생도 서바이벌 데스 게임이다. 누군가 죽어야 내가 산다. 누군가 잃어야 내가 돈을 번다. 요즘 예능도 대부분 서바이벌 데스 게임이다. '나는 가수다', '복면가왕', '미스트롯' 같은 예능처럼 매회 탈락자가 나오고 최종 1인이 우승하는 형식이다. 옛날처럼 청팀, 백팀 나와서 겨루다 마지막에 승자도 없고, 패자도 없이 끝나는 그런 예능은 이제 없다. 무조건 살아남아야 한다. 승자가 살아남는 것이 아니라 살아남는 자가 승자다. 그 사람이 인기도, 돈도, 모든 걸 다 가지고 간다. 우리가 사는 인생 자체가 무한경쟁 서바이벌 데스 게임인 것이다.

그렇다면 왜 뜬금없이 감독은 부정적인 기독교 이미지를 그 영화에 등장시켜야 했을까? 오징어 게임에서 감독이 말하고 싶었던 것이 자본주의 사회 내에 존재하는 무한경쟁에 대한 문제의식이라고 한다면, 지옥 같은 현실에서 구원을 제시해야 할 기독교인들조차도 결국 오징어 게임에 참가한 수많은 참가자 중 한 명에 불과하다는 것을 말하고 싶지 않았을까? 오징어 게임을 보며 한국 기독교는 선교적 사명을 고민해 보아야 한다. 지금도 오징어 게임 속에서 죽어가는 수많은 사람에게 과연 한국 교회는 무엇이라고 말해야 하는가? 영화 오징어 게임 속에서 선지자는 그리스도인이 아니라 참가자 1번이었다. 1번은 높은 곳에 올라가서 외친다. "이러다 다 죽어!" 어쩌면 그 자리에서 외쳐야 할 사람은 그리스도인이 아니었던가?

성경에도 오징어 게임이 나온다. 요한복음 5장에 나오는 베데스다 연못이다. 베데스다 연못은 물이 동할 때 제일 먼저 들어가는 한 사람만 치유되는 곳이다. 그러나 물이 동할 때 제일 먼저 들어갈 수 있는 사람은 병자들 중 가장 건강한 사람이었다. 다리를 못 쓰는 사람, 앞을 못 보는 사람은 무좀환자, 치질환자를 이길 수 없다. 베데스다는 치유의 장소이면서 꼭 필요한 사람들은 절대 치유될 수 없는 모순의 장소, 수많은 병자 중 오직 한 명만 치유되는 무한경쟁 오징어 게임이었다. 바로 그곳에서 물이 동하기를 기다리는 38년된 병자에게 예수님이 다가가신다. 그리고 자리를 들고 그곳에서 걸어 나오라고 하신다. 결국 예수님은 38년된 병자에게 베데스다 오징어 게임을 그만두게 하셨다. 오징어 게임 같은 세상에서 구원과 복음은 최후의 1인이 되는 것이 아니다. 한 사람 빼고 다 죽는 것이 어떻게 복음이 될 수 있는가? 오징어 게임 같은 세상에서 그리스도인의 사명은 오징어 게임을 그만두게 하는 것이다. 우리도 높은 곳에서 이렇게 외치면 어떨까? "그러다 다 죽어!"

존재 이유의 위기

박충구

    독일의 저명한 신학자 몰트만(Jürgen Moltmann)은 그의 〈희망의 실험〉이라는 책 서문에서 오늘의 기독교가 이중의 딜레마에 빠져 있다고 지적한 바 있다. 현실 세계와 밀접한 관계를 맺으려 하면 할수록 지금까지 지켜오던 신앙의 정체성에 위기가 오고, 신앙의 정체성을 지키려 하면 할수록 세상과의 관련성을 상실하는 위기다. 이 세상에서 존재 이유를 명료하게 밝혀야 할 공교회가 세상과의 관계 맺기에 어려움이 있고, 자기 정체성을 지키기에도 어려움이 있다는 의미다.

    신학적 바탕이 깊고 종교개혁 정신을 이어받은 독일 교회 안에서 이런 딜레마가 지적되고 있는 현실을 감안하면 우리 한국교회는 사회적 관련성에서도, 자기 정체성에서도 더 깊은 위기를 겪고 있다고 생각된다. 사실 독일 교회는 사회적 관련성 속에서 신앙의 정체성을 해명하기 위한 노력을 세계의 어느 교회보다 성실하게 수행해 왔다. 독일 교회 홈페이지에 들어가 보면 2차 대전 이후 기독교인이 사회에서 조우하는 문제들에 대하여 성서와 신학적 전통의 관점에서 매우 적절한 사회 윤리적 제안을 담은 문서들로 가득 차 있다.

    2019년 기준 한국 교회의 교단 수는 374개, 그중 같은 이름을 붙이는 교파가 무려 284개나 된다. 한국 교회 평균 교인 수는 약 40명이고, 목사 수는 국민 650명에 1명이나 된다. 대한민국 인구가 오천만인데 교회는 어림잡아 8만 5천, 성직자는 10만 명이 넘는다. 반면 독일의 경우 인구 8천만에 교회 1만 5천 개, 성직자 1만 8천 명이 있다. 목사 한 사람이 국민 4,450명을 맡고 있는 셈이다.

인구대비 교회 수나 성직자 수는 우리가 독일의 10배나 된다. 독일 교회 목사의 평균 연봉은 주거 공간 제공과 함께 약 6,000만 원인데 비하여 한국 교회는 교회마다 차이가 많다. 2019년 통계에 의하면 전체 목사의 45%가 월 급여 100만원 미만인 것으로 밝혀졌다. 자발적 가난이 아니라 구조적 가난이 목사 가정의 삶을 황폐하게 만들고 있는 실정이다. 중대형 교회 목사들의 경우 은퇴와 더불어 교회로부터 반 강요하여 큰 지원을 받아야만 노후가 조금이라고 보장된다. 하지만 가난한 교회 목사들은 언감생심이다.

이런 형편을 겪으며 목회하는 이들이 과연 신학적 검증 작업을 할 수 있을까? 세상과의 관련성을 공고히 하기 위하여 끊임없이 급변하는 사회를 들여다보고 신앙인의 자기 정체성을 확인할 수 있는 사회 윤리학적 분석과 이해 능력을 가질 수 있을까? 강요된 가난의 굴레를 벗어날 수 없는 자리에서 생존을 위한 목회는 신학적 사유와 윤리적 가치들을 뒤로 밀어 놓게 된다. 생존가치가 무엇보다 더 앞서기 때문이다. 결국 한국 교회는 사회와의 관련성의 위기, 기독교적 정체성의 위기에 더하여 생존 그 자체의 위기가 겹치고 있는 자리가 되고 있다.

더구나 인터넷이 불러온 사이버스페이스 열린 공간에서 다양한 기독교의 왜곡 현상과 목사의 자의적 행위들이 여과 없이 공개되면서 기독교 신뢰의 위기를 심화하고 있다. 올해도 우리는 종교개혁 주일을 지내며 종교 개혁의 의미를 되새기고 있지만, 그보다 더 중요한 것은 교회의 분열과 분파가 초래한 구조적 모순과 잉여 교회와 목사들의 그림자가 한국 교회에 깊은 어둠의 그늘을 드리고 있는 현실을 직시하는 것이다. 생존의 가치를 앞세우다가 기독교의 사회적 관련성과 자기 정체성의 지평을 상실한 교회와 목사는 사실 신학적으로 그 존재 이유를 찾기 어렵기 때문이다.

생명은 어떻게든 방법을 찾아낸다

김윤태

코로나 백신이 개발 보급되면서 집단면역의 희망과 함께 우리 사회는 자연스럽게 위드 코로나, 포스트 코로나, 그리고 비욘드 코로나를 준비하기 시작했다. 그러나 뜻하지 않게 오미크론 변이 바이러스의 출현과 코로나 5차 대유행의 시작으로 갑자기 우리가 꿈꿔왔던 코로나 이후 미래가 불투명해졌다.

한쪽에선 정부의 성급한 위드 코로나 정책을 비판하며 더 강력한 봉쇄정책을 요구한다. 그러나 다른 한쪽에선 이러다 소상공인 자영업자들이 다 죽게 생겼다고 아우성친다. 그야말로 우리 사회는 "트롤리의 딜레마"에 빠져있다. 브레이크가 고장 난 코로나 열차가 우리를 향해 달려온다. 선로 변경기를 발견하고 선로를 변경하려고 하는 순간, 한쪽 선로에는 다섯 명의 시민이, 다른 한쪽 선로에는 한 명의 자영업자가 서 있는 것을 보게 된다.

벤담과 같은 공리주의자들은 다수의 행복을 위해 소수의 희생을 요구하며 다섯 명이 아닌 한 명이 있는 선로를 선택하자고 할 것이다. 칸트와 같은 의무론자들은 열차의 선로 변경기를 변경하지 말자고 주장할 것이다. 학자들에 따르면 코로나19 사태가 가라앉는데 최소 3년에서 5년 정도 더 걸릴 것으로 추정을 하고 있다. 방역과 경제, 의료붕괴와 소상공인 사이에 앞으로도 우리는 수많은 선택을 더 해야 할지도 모른다.

우리는 과연 어느 선로, 어느 미래를 선택해야 하는가? 역사는 반복된다. 마크 트웨인이 말한 것처럼 과거는 그대로 반복되지는 않을지라도 분명 그 운율은 반복된다.

정확히 100년 전 코로나보다 더 심한 전염병이 있었다. 바로 스페인 독감이다. 당시 세계 인구의 3분의 1인 5억 명이 감염되었고, 최소 5천만 명이 사망한 인류 역사상 최악의 전염병이었다. 그 당시에도 오늘날처럼 도시나 국가 봉쇄가 있었고, 식당이나 학교같은 다중이용시설이 폐쇄되기도 했으며, 마스크를 쓰지 않으면 대중교통 탑승이 거부되기도 했다.

물론 오늘날과 마찬가지로 그 당시에도 수많은 사람들이 이런 정책들에 반발했다. 정부의 방역 정책을 비난하며 자영업자들의 대규모 시위도 있었다. 일종의 '팬데믹 데자뷰(Pandemic Déjà Vu)'라고나 할까? 스페인 독감의 영향으로 세계적인 대불황과 동시에 거대한 버블이 형성되었다.

오늘날처럼 청년 실업률이 증가했고, 희망을 잃은 젊은이들이 오늘날 가상화폐에 열광하듯 폰지사기(Ponzi Scheme)에 열광했다. 현재 서구라파에 들불처럼 번지고 있는 아시아인 혐오 현상처럼 그 당시엔 KKK 인종차별집단이 등장했다. 그럼에도 불구하고 20세기 온갖 혁신이 이 시기에 등장했다. 전기 세탁기와 전기 다리미가 발명되면서 가사노동에 해방된 여성이 새로운 사회 경제주체로 등장하기 시작했고, 자동차의 대량생산과 보급으로 물류 유통혁명이 일어났다.

재즈와 같은 새로운 음악이 탄생했고, 패션에 있어서도 일대 혁명이 이 시기에 일어났다. 당시 한반도엔 31 독립만세 운동이 일어났는데, 스페인 독감에 제대로 대처하지 못한 조선총독부에 대한 불만이 한 원인이 되기도 했다. 결국 3년 뒤 스페인 독감은 사라졌고, 인류 문명은 진일보했다.

역사적으로 팬데믹은 항상 혁신과 개혁을 동반해 왔다. 어쩌면 지금 위기가 또 다른 문명의 시작은 아닐까?

"생명은 어떻게든 방법을 찾아낸다(Life finds a way)."

영화 쥬라기 공원에 나오는 유명한 대사다. 공룡이 번식하지 못하도록 암컷만 복원했는데 알이 발견되었다. 공룡들이 번식을 위해 스스로 성변이를 일으켰던 것이다. 그때 주인공 이안 말콤이 과학자들에게 생명은 통제할 수 없다는 뜻에서 이런 말을 했는데, 어쩌면 수많은 전염병과 싸워왔던 우리 인류와 전염병의 관계도 그렇지 않을까.

아무리 치료제와 백신을 만들어도 바이러스는 방법을 찾아냈다. 백신을 무력화시키는 돌연변이를 만들어냈고, 숙주인 인간이 죽지 못하게 해서 더 빨리 전파되도록 스스로 치명률을 조절하기도 했다. 동시에 우리 인류도 어떻게든 방법을 찾아냈다. 또 다른 백신과 치료제를 개발했고, 수많은 방역시스템과 문명의 혁신을 이뤄냈다. 그런 면에서 지금은 좌절하거나 누군가를 탓할 때가 아니다.

우리가 살아있는 생명체라면 방법을 찾아내야 한다. 이 과정에서 또 다른 문명의 진보가 일어나지 않을까? 소설가 이외수는 이렇게 말한 적이 있다.

"소 잃고 외양간 고치는 사람을 비웃지 마라. 그는 지금 반성하고 있는 것이다."

소를 잃을 수 있다. 그렇다고 마냥 원망하고 탓할 수는 없다. 외양간이라도 고치다 보면 또 다른 기회는 찾아온다. 지금 이미 수많은 혁신이 진행되고 있다. 전기차, 배터리, 메타버스, NFT, 사물인터넷, 항공우주, 온갖 혁신과 개혁이 팬데믹 다음 세상에서 우리를 기다리고 있다. 우리가 바이러스보다 더 나은 생명체라면 어떻게든 방법을 찾아보자.

기독교인과 정치참여

박충구

초기 기독교 신자들은 기독교 신앙과 정치는 아무런 상관이 없다고 여겼다. 당시에는 기세등등한 로마 제국의 지배하에 있었기 때문에 정치 참여라는 것 자체가 허용되지도 않았고 있을 수도 없었다. 성서가 기록된 세계는 이런 정황을 고려하여 이해해야 한다. 따라서 성서에서 정치 참여를 직접적으로 언급하지 않으니 기독교인은 기도는 할 수 있지만 적극적인 정치 참여를 하면 안 된다는 주장은 옳은 판단이 아니다.

기독교 역사에서 기독교의 정치 참여가 논의되기 시작한 시점은 기독교인 수가 점차 증대되어 교회에 정치적 책임을 생각해야 하는 정치가들이 많아질 때였다. 5세기 어거스틴과 16세기 마르틴 루터, 그리고 존 칼빈, 18세기 존 웨슬리에 이르기까지 신학자들은 대체로 세속 군주의 의무만 언급했지 신민들의 정치 참여에 관한 논의를 적극적으로 전개하지 않았다. 그 결과 신자들은 정치 참여는커녕 오히려 세상의 질서를 일종의 왕권신수설로 해석될 수 있는 지배와 복종의 구조로 이해했을 뿐이다.

18세기 말을 지나기까지 기독교는 기존 질서를 정당화하고 그 질서를 옹호하는 편에 서 있었다. 이런 기독교의 시각은 근대 세계에서도 스스로 교정하지 못했다. 이로 인해 1789년 발발한 프랑스 혁명기에 기독교는 반개혁 세력으로 낙인이 찍히고, 심지어 마르크스주의에 경도된 사회과학도에 의해서는 사회경제적인 인민의 불행과 억압을 잊게 하는 아편으로 매도당했다. 이런 매도는 전적으로 옳은 것도 아니지만 그렇다고 전적으로 틀렸다고 보기도 어렵다.

소극적으로 개인의 변화를 통한 사회의 변화를 가르치던 유럽의 기독교는 봉건 세계의 불평등한 역사를 교정하는 데 실패했고, 그 결과 사회혁명에 의해 지배세력의 몰락과 함께 동반 몰락했다. 반면 신대륙에서는 흑인을 차별하며 봉건 영주 노릇을 하려 했던 남부 기독교 지주들의 보수성이 내전을 통해 노예해방론과 평등주의적인 시각으로 교정되었다. 그 결과 기독교인이 앞장서서 1776년 미합중국의 탄생기에 프랑스 혁명 정신에 준하는 자유와 평등 그리고 인권에 대한 민주적 합의를 이루어냈다.

유럽과 미국의 기독교는 이런 과정에서 성서적 왕조 문화의 시각을 전적으로 버리고 민주주의적 세계관으로 이행했다. 민주주의 이념 속에 담겨있는 인간의 존엄성과 권리 이해, 그리고 교회법 우월주의를 버리고 헌법에 따른 민주적 법치주의를 수용했고, 사회구성원의 의식은 복종의 의무를 지고 있었던 신민(臣民)개념을 버리고 권력재민주의 사상에 따라 나라의 주인인 시민(市民)이 되었다. 우리 사회도 이 전통을 이어받아 "모든 권력은 국민에서 나온다"는 원칙에 합의한 민주사회다.

그러나 유감스럽게도 한국 교회 일부는 "신민에서 시민에로의 이행과정"을 스스로 이룩해내지 못하고 정치에 대한 적극적 참여에 대하여 침묵하고 있는 성경에 매여 전근대적 복종의 논리를 아직도 유통하고 있는 실정이다. 신민으로서의 복종의 의무만 아는 이들은 권력자의 부패, 불신앙, 반인권, 패악, 미신숭배 등, 다양한 반기독교적인 행태에도 불구하고 권력자의 권위에 맹종하는 전근대적 정치의식에 머물러 있는 것이다.

현대 세계에서 기독교인의 정치 참여는 권위적 정치가를 섬기는 것이 아니라, 하나님만 섬기는 신앙인으로서 나라의 주인 노릇을 제대로 하는 것을 의미하며, 이는 우리 사회의 민주주의를 바로 세우는 데 모아진다. 민주주의가 제대로 실현될 때 비로소 우리는 하나님의 뜻에 따라 모든 인간의 존엄성과 권리를 지켜줄 수 있는 사회를 이룩할 수 있기 때문이다. 그러므로 기독교인은 모름지기 민주주의 실현에 늘 앞장서야 할 의무가 있고, 그것이 기독교인의 정치참여의 길임을 명심해야 한다.

품격 잃은 대통령 선거전 유감

김기태

국민을 불편하고 불쾌하게 만드는 선거전

두 달여 남은 차기 대통령 선거전이 품격도 없고, 질서도 없이 혼탁하게 전개되고 있다. 각 당의 후보자들이 지닌 장점이나 강점을 알리기보다 상대에 대한 비판과 공격만을 일삼는 싸움판으로 변질되고 있다. 하루가 멀다 하고 상대편의 가족이나 주변 사람들의 과거를 들추어내서 비리와 범죄 의혹을 터트리는 민망한 폭로전이 계속되고 있다. 매일 매일 언론에 보도되는 대선 후보자 관련 기사를 접하는 게 괴로울 지경이다. 대통령 선거전이 이렇게 국민들의 마음을 불편하고 불쾌하게 만들어도 되는지 가히 역대급 품격 잃은 대통령 선거전이다. 후보자 본인들 뿐 만 아니라 선거를 돕는 이들이나 지켜보는 유권자들까지 싸움을 말리고 자제시키기는커녕 한발 더 나아가서 싸움을 붙이고 더 큰 싸움으로 키우는 역할까지 하고 있다. 대통령 선거전이 국민들에게 희망과 비전을 주는 건강한 경쟁이 아니라 누가 더 나쁜가를 다투는 볼썽 사나운 싸움으로 치닫고 있다.

토론 없이 진행되는 유례없는 선거전

대통령 선거전이 이렇게 흘러가는 데는 그만한 이유들이 있다. 무엇보다도 제왕적 대통령제의 폐해 때문이다. 대통령에게 집중되어 있는 현 정치 체제 아래에서는 선거가 곧 생사를 가늠하는 전쟁이다. 지면 죽는다는 생각으로 선거에 임하는 한 품격과 질서를 기대하는 것은 사치다. 그 다음으로는 후보자들의 자질을 제대로 살필 수 있는 제도적 장치가 제대로 작동하고 있지 않다는 점이다. 여론조사 결과로만 각 당의 후보자가 결정되는 예선전에서부터 본선이 진행되고 있는 지금까지도 여론조사 결과에만 의존, 일희일비하고 있기 때문이다. 수사기관의 신속, 공정, 엄정함도 없고, 국민들의 판단을 위해 필수 과정인 토론도 제대로 이루어지지 않고 있다. 일방적인 주장과 성명서만 난무할 뿐이다. 입이 거칠어지고 사나워지는 것은 당연하다. 망국적인 진영논리도 한 몫을 하고 있다. 우리 편이면 무엇이든 옳다는 진영논리는 확증편향이나 내로남불과 같은 비이성적인 행동을 하게 만든다.

책임을 통감하고 교회다움의 회복이 급선무

사실과 진실 추구라는 본래의 사명을 잊은 채 오히려 선거판을 싸움판으로 만드는 쓰레기 언론도 오늘의 품격 잃은 선거판을 만드는 주범 중 하나이다. 정확한 취재 보도나 균형 잡힌 시선 유지 등은 온데간데없고 허위, 과장, 축소, 편향, 묵살 등 비뚤어진 언론 보도가 난무한다.

여기에다가 '훌륭한 유권자가 훌륭한 대통령을 만든다'는 명제처럼 유권자들의 역할이 중요한데 줏대 없이 흔들리는 국민들의 책임 또한 적지 않다. 자신의 미래를 책임질 대표자를 뽑는다는 무겁고 엄숙한 마음으로 후보자를 관찰하고 냉철한 판단을 내려야 할 유권자들도 오늘의 품격 잃은 선거판을 만드는 데 일조하고 있다.

여전히 지연, 학연에다가 낡디 낡은 진영논리까지 이성적인 후보자 평가와 선택의 가능성을 무너뜨리고 있다. 그러나 무엇보다 중요한 것은 이 어렵고 험난한 세상을 이끌어 갈 권위 있는 지도자가 부재하다는 점이다. 그 분의 말 한마디면 사람들이 하던 일도 멈추고 귀를 기울일 만한 힘과 권위를 가진 정신적인 지도자가 없다는 말이다.

오늘날 교회가 가장 뼈아파하고 기도해야 할 이유가 바로 여기에 있다. 세상을 이끄는 힘이 없는 교회는 더 이상 교회가 아니기 때문이다.

"대한민국은 민주공화국이다."

김기태

대한민국 헌법 1조 1항은 '대한민국은 민주공화국이다'로 시작한다. 국가의 주권이 다수의 국민에게 있고, 국민이 선출한 대표자가 국가를 통치한다. 민주공화국은 권력의 기초로서 국민주권의 원리, 정치적 이데올로기로서 자유민주주의, 권력 구조면에서 권력분립주의, 의회주의와 법치주의에 의한 정치 과정의 통제 등을 특징으로 한다. 대한민국 정부 수립이후 우리는 이 같이 헌법에 명시된 민주공화국의 가치를 지키고 준수하기 위해 많은 피와 눈물을 흘렸다. 민주주의는 선언이나 법조문으로 지켜지는게 아니라 많은 국민들의 희생으로 얻어지는 고귀한 열매이기 때문이다.

유난히 치열했던 제20대 대통령 선거가 끝나고 곧 새로운 대통령이 취임을 앞두고 있는 요즈음 계속 머릿속을 떠나지 않고 있는 명제가 바로 '헌법 1조 1항'이다. 선거가 끝나고 당선자가 결정되었으니 패자는 승자에게 축하를 보내고, 승자는 패자에게 위로를 보내면 될 일인데 이런 상식이 작동하지 않고 있는 현실이 걱정스럽다. 물론 근소한 차이로 당락이 결정되었기 때문이기도 하지만 새로운 정부를 이끌어 갈 사람들이 보여주고 있는 행태를 보면 여간 불안한 게 아니다. 이런 불안함은 최근 언론보도에서 보여주는 새 정부에 대한 기대치를 나타내는 여론조사결과에서도 잘 나타나고 있다. 역대 당선자 중 '잘 할 것이다'는 긍정 평가 응답률이 가장 낮게 나오고 있다. 이런 결과가 나오는 가장 대표적인 이유가 바로 대통령 집무실 이전을 둘러싼 논란이라고 생각한다. 청와대를 개방하고 국민들과 소통하기 위해 새로운 집무실로 옮긴다는 데에 대해서는 크게 반대하는 사람들이 적은듯하다. 이를 결정하고 추진하는 과정에서 보여주는 권위적이고 고압적인 태도가 국민들의 불안감을 일으키는 게 아닌가 싶다.

당선자가 직접 단호한 어조로 국방부 이전지역 도면을 설명하고, 기자들의 질문에 대해서는 단답형으로 결정사항을 통보하듯 하는 방식은 국민들의 의견을 듣는 소통과정이라고 하기 어렵다. 국민들과의 소통을 강화하기 위해 청와대를 떠난다는 본래 의도가 출발부터 퇴색되고 있는 것이다. 당선자 주변의 국회의원이나 측근들 중에도 적지 않은 사람들이 재고를 바라고 신중할 것을 요청하는 이유가 바로 여기에 있다. 코로나로 피해를 입은 사람들을 지원하는 일이나 경제난 해결 등 많은 현안들보다 집무실 이전 문제가 그렇게 시급한 해결과제가 아닌데도 무리하게 밀어붙이는 모습이 우리를 불안하게 한다. 그렇지 않아도 헌정 사상 최초로 현직 검찰총장이 임기 중 사퇴하고 대통령에 당선된 상황에서는 조금 더 부드럽고 유연한 지도력이 필요한 터였다. 모든 권력은 서로 견제하고 분리하는 방식으로 균형 있게 배치하고 행사하도록 해야 한다는 당위로 검찰개혁, 언론개혁에 대한 사회적 합의도 이미 이루어진 바 있다. 이제 마무리가 필요한 시점에 중단되거나 퇴색될까 걱정이다.

새로운 대통령 당선자가 성공적으로 국정을 이끌고 진영에 상관없이 모든 국민들의 지지를 받는 성공적인 대통령으로 임기를 마치기 위해서는 더욱 겸손하고, 부드러운 리더십으로 국민들에게 다가가야 할 것이다. 당선자 스스로도 선거기간 내내 통합과 소통을 강조해 왔다.

러시아-우크라이나 전쟁, 성전인가?

김명희

쟈크 루엘랑은 그의 책 『성전, 문명충돌의 역사』에서 성전과 신성시된 전쟁을 구분한다. '성'(聖)이 하나님 자체의 신성(神聖)을 가진다면, '신성시'(神聖視)는 인간들의 숭배대상이 되는 것을 의미한다. 즉 '신성시'는 인간이 어떤 것에 신성을 부여하면서 하는 숭배를 표현하는 말이다. 이것은 '성전'(聖戰)이라는 말에도 적용된다. 전쟁의 한 형태를 두고 '성'(聖)자를 넣어 '성전'이라 부르는 것은, 전쟁은 신의 뜻에 의해 이루어져 그 자체로 성스러운 것이지 인간이 저지른 행위가 아님을 나타내려는 것이다. 다시 말해 성전은 '신성시된 전쟁'이라는 말이다. 사실 지구상에 일어나는 전쟁 중에는 성전은 없다. 신이 직접 전쟁에 참여하는 게 아니기 때문이다. 그럼에도 불구하고 성전이란 말을 사용하는 것은 인간의 탐욕으로 일으킨 전쟁을 신의 이름으로 정당화하기 위한 것이다. 지구상에 신의 이름으로 일어나고 있는 수많은 성전은 정당한 전쟁, 곧 신성시된 전쟁일 뿐이다.

지난 2월 24일, 러시아가 우크라이나를 침공하며 러시아-우크라이나 전쟁이 시작됐다. 이 전쟁으로 우크라이나에서는 수만 명의 민간인과 군인이 희생되었으며, 도시는 완전히 파괴되었다. 상당수의 러시아군도 목숨을 잃었다. 끝이 보이지 않는 러시아-우크라이나 전쟁 이면에는 러시아 정교회의 푸틴과 우크라이나 침공에 대한 적극적 지지가 있었다. 러시아 정교회 수장 키릴 총대주교는 미사에서 러시아군을 축복하며 "이번 전쟁은 기독교의 미래에 관한 정의로운 전쟁"이라고 선언했다. 지난 부활절에도 키릴 총대주교는 "(푸틴은) 러시아 국민에게 고상하고 책임감 있는 봉사를 하고 있다." "군 복무는 이웃을 향한 적극적인 복음주의 사랑"이라며, 푸틴의 우크라이나 침공을 성전으로 정당화했다. 키릴은 '제3의 로마' 사상과 '루스키 미르' 개념 등을 동원해 '신은 러시아 편'이라며 푸틴을 지원했다.

1453년 동로마제국과 정교회의 중심이었던 콘스탄티노플이 이슬람의 오스만 투르크족에게 함락되자 러시아인들은 이 사건을 세계적인 재앙이라고 생각했다. 로마 가톨릭교회는 타락했고, 정교회의 본산 비잔틴은 멸망했다고 믿었다. 러시아인들은 제1의 로마와 제2의 로마(콘스탄티노플)에 이어 러시아가 '제3의 로마'라고 확신하며, 러시아 정교회에 그리스도교의 최종적 정통성이 있다고 믿었다. 그들은 제3의 로마 사상에서 러시아의 정통성을 찾았다. 이 사상을 기반으로 러시아는 거룩한 나라이고, 러시아 민족은 선민이라는 자의식이 생겨났다. 교회와 국가는 공존의 관계를 형성하게 되었고, 러시아는 특별한 나라가 되었다. 러시아 정교회는 정치 권력에 개입하면서 정치와 유착 관계를 형성해 나갔다.

또한, 키릴은 러시아 정교회와 국가의 관계를 '루스키 미르' 개념을 통해 정당화했다. 루스키 미르란 '러시아 세계' 혹은 '러시아 평화'가 실현되는 국가 통합의 문명 공간이다. 키릴은 문명 공간을 구성하기 위한 가장 중요한 요소가 정교회 신앙이라고 주장했다. 모두가 키예프(키이우) 교회 아래에서 세례를 받았기에 공통적 문명 공간인 '루스키 미르'의 일원이라는 것이다. 이것이 러시아가 우크라이나를 병합해야 하는 이유다.

키릴 총대주교는 우크라이나 전쟁을 성전으로, 푸틴의 우크라이나 침공을 신성한 전쟁이라고 주장한다. 그러나 우크라이나 전쟁은 '신성한 전쟁'이 아니다. 인간이 '신성시한 전쟁'일 뿐이다. 키릴은 우크라이나 침공을 신이 지지하고 있으며, 푸틴은 신의 선물이라고 말한다. 하지만 우크라이나 전쟁은 인간의 탐욕을 위해 신의 이름을 앞세운 '신성시된 전쟁'이다. 몰트만은 종교가 올바른 정치적 기능을 실천해야 한다고 역설한다. 제2차 세계대전 당시 국가교회를 만들어 히틀러에게 충성을 맹세했던 독일교회와 성직자, 신학자들처럼, 러시아 정교회가 러시아의 국가 폭력을 정당화하며 지지하는 교회가 되어서는 안 될 것이다.

정의로운 생태 평화론

박충구

  인류 역사를 살펴보면 일반적으로 종교는 생명을 지키는 파수꾼이었다. 그러나 자세히 살펴보면 모든 종교가 생명의 파수꾼 노릇을 한 것은 아니다. 생명을 지키고 보살피지 못하는 종교는 고등종교 축에 들지 못하고 대부분 그 종교가 지지해주던 문명과 더불어 소멸했다. 역사학자 토인비도 그의 기념비적인 저작 "역사의 연구"에서 이런 사실을 뒷받침하는 주장을 펼쳤다.

  토인비는 인류 문명의 발생과 쇠퇴, 그리고 몰락의 원인을 살핀 후, 지난 6,000년 인류 역사에서 문명의 중심축이 될 만한 26개의 문명권이 형성되었었지만, 그중 약 절반은 역사 속에서 존재 의미를 찾지 못하고 사라졌다고 보았다. 문명권 자체가 사라지게 된 원인은 그 문명권 중심부에 자리 잡고 있었던 종교의 영성이 건강하지 못했기 때문이었다. 종교가 생명의 파수꾼 노릇을 할 경우, 그 종교만이 아니라 사회도 건강하게 존속 발전할 수 있었지만, 그렇지 못할 경우 종교 그 자체도, 사회도 살아남지 못했다는 것이다.

  아즈텍 제국은 14세기에서 16세기 초반까지 중남미에 강력한 제국으로 존재했었다. 아즈텍 제국의 태양신 숭배자들은 "태양의 꽃"이라는 전쟁을 즐기며, 전쟁 포로를 인신 공양의희생 제물로 바치면서 그들의 힘을 과시했다. 아즈텍의 종교는 전쟁을 조장하며 생명의 파수꾼이 아니라, 적의 생명을 제물로 희생시키는 제의를 통해 공포와 두려움을 생산함으로써 약자를 지배하는 수단을 자처했다. 이런 종교는 공포와 두려움을 동반하는 지배 수단으로 잠시 이용되기는 했지만, 역사의 검증대에서 종교로서의 자격을 박탈당하고 그 제국과 더불어 소멸하고 말았다.

이와는 달리 수천 년 역사를 통해 살아남아 있는 종교는 생명의 파수꾼이라는 믿음에 더하여, 강력한 윤리성을 내재한 사랑과 자비와 인의를 가르치는 고등 종교로 진화해, 소멸하지 않고 지금도 여전히 존속하고 있는 셈이다. 그런데 오늘날 인류사회는 종교의 변화를 고대하고 있다. 환경오염과 기후변동 등 생태적 위기와 더불어 문명사적인 위기를 맞고 있는 인류사회가 종교에서 새로운 지혜와 구원의 출구를 목마르게 찾고 있다. 인간의 탐욕과 이념적 다툼을 넘어서서 모든 생명 세계에 평화와 안전을 약속할 수 있는 새로운 가르침이 절실하기 때문이다.

이런 요구는 종교가 종교 본연의 인간 생명의 파수꾼 역할에 더하여, 모든 생명 세계의 파수꾼으로서 존재 의미를 찾는 종교로 진화해야 한다는 요구이기도 하다. 어떤 이는 경전을 가진 종교가 무슨 진화냐? 라고 반문할지도 모르겠으나, 사실 종교는 그 가르침의 내용에 있어서 진화해 온 것이 사실이다.

기독교의 경우 구약성서의 성전(聖戰)론적인 전쟁 옹호론을 가진 사회관에서 출발하여, 중세를 지나면서부터는 그 야만성을 벗고 성전론 대신 정당 전쟁 이론으로 대체했으며, 급기야 핵탄두로 무장하고 서로를 겨누고 있는 20세기 이후에는 성전론이나 정당 전쟁론보다 평화주의 전통에 기독교적 가르침의 무게 중심을 옮겼다.

개별 신자의 입장에서 구약 성서에 따른 호전적 권력 이해를 지지하거나, 정의를 지키기 위하여 핵전쟁이라도 불사하겠다는 이들도 있을 수 있겠으나, 이 시대의 전(全) 지구적 기독교가 지향하고 있는 세계사적인 흐름은 정당한 전쟁이론이 아니라, 생태적으로 정의로운 평화를 지향하고 있다는 것은 이미 자명한 사실이다. 우리 사회에서도 기독교가 생명의 파수꾼으로 건강하게 존재 이유를 찾으려면 모든 호전적인 가르침을 버리고, 정의로운 생태 평화론의 지평을 열어나가야 한다.

3부

한국교회와 새로운 길

기도와 대화

이성희

많은 이들이 요즘 우리나라가 어렵다고 한다. 이같이 어려운 때가 없다고도 하고, 건국 이래로 가장 큰 정체성의 위기를 맞이했다고도 한다. 그럴 때마다 나는 이렇게 말한다. "우리나라가 언제 어렵지 않은 때가 있었습니까?" 그렇다. 우리나라는 건국 이래로 한 번도 평안한 때가 없었고, '총체적 난국'이란 말을 수시로 들었던 기억이 있다. 이런 어려움 가운데서도 대한민국은 세계 11위의 경제대국으로 우뚝 섰고, 한국전쟁 정전 이후 70여 년 동안 한반도는 가장 전쟁이 없이 평안한 시대였다고 하니 이 또한 역설이 아닐 수 없다.

한반도는 1953년 7월 27일 한국전쟁이 정전이 된 이후 아직도 종전이 되지 못한 채 전쟁상태에 있다. 천안함 사태나 연평도 포격과 같은 실제 전시상황뿐만 아니라 남과 북의 이념의 전쟁, 반목과 질시의 전쟁 그리고 소리 없는 전쟁을 끊임없이 계속하고 있다. 이런 전시상황이 지난 70여 년간 우리로 하여금 평안하지 못하게 하는 주 요인일 것이다.

그럼에도 불구하고 우리나라는 정치, 경제, 문화, 교육 등에서 선진국의 지위를 얻고 모범적으로 개발도상국의 옷을 벗게 되었다. 부존자원이 없고, 물류비용이 턱 없이 높고, 세계최강의 노조를 가진 이 땅에서 세계 경제의 선진 대열에 진입한 것은 기적이라고 세계경제학자들이 평가하고 있다. 최근에는 BTS(방탄소년단)이 세계최고의 뮤직 그룹으로 세계의 주목을 받으며 열광하게 한 것은 한류가 얼마나 큰 자산인가를 보여주고 있는 사건이다. 중국과 일본이라는 주변국의 쉴 새 없는 정치적, 경제적, 문화적 도발에도 굴하지 않고 우리의 위상을 지켜나가고 있는 것도 자랑거리이다. 그리고 오랜 역사 가운데 한반도가 중국 변방의 한 성으로 중국화하지 않고 독자적인 문화와 언어를 가지고 있는 것도 기적이라고 한다. 이런 우리의 현상은 오로지 하나님의 은혜이다. 그래서 우리는 "하나님이 보우하사 우리나라 만세"라고 애국가를 부르고 있다.

이런 국내외적으로 조여 오는 막다른 상황에서 우리 그리스도인들이 할 일이 무엇인가라는 마음의 질문을 던질 때가 많이 있다. 이에 대한 우리의 역할이나 해법도 양극으로 나뉘어 이 또한 한국교회를 더 어렵게 만들고 있는 듯한 느낌이다. 그리스도인들은 모름지기 그 답을 성경에서 찾아야 하고, 세인들의 것과는 구별되어야 할 것이다.

얼마 전 한국기독교교회협의회(NCCK)가 러시아, 터키, 그리스 등 정교회 3개국을 방문하여 '한반도 평화조약 체결'을 촉구하는 캠페인을 진행하였다. 총무를 비롯한 대표 방문자들은 그리스정교회의 콘스탄티노플 총대주교 겸 세계총대주교인 바르톨로메오(Bartholomew) 총대주교와 만남을 가졌다. 이 자리에서 총대주교는 우리 대표단을 환영하고 한반도의 평화와 통일을 기원하였고, 전 세계 3억 명의 신자를 향해 한반도 평화와 통일을 위한 기도를 당부했다. 총대주교는 이 자리에서 "우리의 가장 큰 무기는 기도이고, 그다음 할 일은 대화"라고 강조했다.

우리는 기도와 대화가 가장 큰 무기라고 말하지만 이 무기를 사용하지 않을 때가 많이 있다. 북한의 핵무기나 미사일을 의식하고, 우리나라가 들여올 스텔스기 F35A, 수직이착륙 스텔스기 F35B를 의존하고 기도하지 않으면 우리의 전쟁은 하나님의 전쟁이 되지 않을 것이다. 성경은 전쟁은 하나님께 있다고 하였다.

지금은 정치도 경제도 안보도 다 전쟁이다. 국경이 없고 모든 나라가 적인 무한전쟁시대에 우리 그리스도인들이 할 수 있는 일은 기도와 대화이다. 사무엘의 미스바의 기도가 전쟁을 승리하게 한 것처럼 기도를 무기화하고, "이르시대"로 세상을 창조하신 대화의 하나님을 믿고 끊임없는 대화로 북한을 국제무대의 테이블로 이끌어내어 대화를 무기화하자.

밭에 감추어진 하늘나라 셈법

문우일

'하늘나라는 밭에 감추어진 보화와 같으니 그것을 발견한 사람은 감추었고 그의 기쁨으로 나아가 가진 것들을 전부 팔아 그 밭을 사느니라'(마 13:44).

상상하기에도 벅찬 '하늘나라', 넓은 토지를 연상시키는 '밭', 값비싼 '보화', 슬픔이 아닌 '기쁨', 일부가 아닌 '전부', 밭을 사기에 충분한 재산, 마침내 그것을 팔아 보화 밭의 주인이 된 사람이 등장하는 이 비유는 언뜻 보기에 벼락부자 이야기에 불과한 것 같다. 그러나 찬찬히 살펴 읽으면, 풍요로운 언어 사이로 고단한 사람의 일상이 엿보인다. 남의 밭을 일구어야 했던 사람은 소작농이겠고, 부양가족이 딸린 가장일지도 모른다.

2천 년 전에 로마의 속주 유대에 살던 소작농의 고단함은 현대인의 상상을 초월하는 수준이었다. 로마인들은 세금 할당액에 따라 속주들을 구분하였고, 세리들은 할당액 이상으로 유대인을 착취하였다. 분봉왕 아켈라오스 때 유대인들은 로마에 대한 할당 세금 외에도 가족과 하인 수에 따른 부가세와 뇌물 및 부녀자까지 바쳐야 했다(요세푸스, 『유대고대사』 17.308-309). 티베리우스 황제 때에는 "속주 시리아와 유대가 과중한 세금에 탈진하여 세금 감액을 탄원하였다"고 한다(타키투스, 『연대기』 2.42). 귀족들조차 언제 재산과 목숨을 잃을지 모르는 불안한 시대였고, 소작농들은 소작료

까지 내야 했는데, 내지 못하면 노예가 되거나 가족까지 노예로 전락하였다.

당시에 소작농들이 중노동으로 얻는 대가는 보잘것없었다. 소출할 때, 세금과 소작료를 내고 남는 것으로 자신과 가족이 연명하면 다행이었다. 그런데 이 비유에 등장하는 사람은 소출 시기도 아닌 때에 기대 이상의 놀라운 대가를 얻는다. 노동 현장에서 보화를 발견한 것이다! 그는 슬그머니 보화를 캐어가지고 굶주린 가족에게 달려가지 않았다. 특이하게도 보화를 원래대로 밭에 감추어 둔 채, 기쁨으로 나아가 자기 소유를 다 팔아 그 밭을 산다(경영한다).

대체 어떤 보화이기에 밭까지 사게 할까? 밭에서 분리하는 순간 가치를 상실하는 보화일지 모른다. 감춘 행위는 단순과거형 동사로 표현하고, 팔고 사는(경영하는) 행위는 현재형 동사로 표현하였으니, 이 사람은 보화를 감춘 채로 모든 것을 팔아 밭 사기(경영)를 계속하고 있다고 해석할 수 있다. 여기서 '보화'는 그리스어로 thēsauros인데. 이에 상응하는 영어 thesaurus는 온갖 비슷한말과 반대말이 담긴 '유의어사전'을 뜻한다. 그렇다면 보화는 누가 어떤 일터에서 발견하느냐에 따라 천차만별로 드러나는 속성일지 모른다.

그 보화는 어느 지역 어떤 밭에 묻혀 있는가? 소재지가 어디든 보화는 남의 밭에 묻혀 있고, 남의 밭에서 일하는 사람의 눈에만 들어온다. 그렇다면 주인은 자기 밭에 보화가 있었다는 사실을 알았을까? 만약에 몰랐다면 주인은 밭을 헐값에 속아 판 것이고, 알았다면 자기 밭에서 일하는 소작농에게 밭 값만 받고 보화를 선물한 셈이다.

그 밭의 가격은 얼마인가? 전 재산이 10원인 사람에게는 10원이고, 10조인 사람에게는 10조라고 할 수 있다. 가진 것이 얼마건 모두를 바치면 살 수 있는 밭이요, 무일푼인 사람에게는 공짜인 밭이다. 이런 밭이 세상에 어디 있나? 세상 전체가 그런 밭일 수도 있고, 세상 어디에도 없는 밭일 수도 있다. 하늘나라가 세상에 감추인 것처럼 보화는 밭에 감추어져 발견하는 사람의 눈에만 들어온다. 착취와 설움, 헐벗음과 굶주림이 일상이던 사람들에게 예수님의 셈법은 벅찬 소망과 위로가 되었겠다. 하늘나라 셈법이 한국교회에서도 작동하고 있는가?

지식의 변화와 성찰하는 목회

옥성삼

    지식은 무엇에 대한 경험과 이해, 논리 체계, 과학적 정보 등으로 문화를 이루는 시대적 얼개라 할 수 있다. 특정 사회와 시대의 표준으로서 지식은 불변의 진리와 같이 고정된 것이 아니라 끊임없이 쌓이고 확장되며 새로워지기 마련이다. 지식의 변화는 경험의 축적, 문명 교류를 통한 이식 그리고 학문적 성과를 통해 이뤄진다. 지식의 변화는 보통 수년에서 수백 년 기간으로 완급과 리듬을 갖고서 점진적으로 진행된다. 그러나 지식의 축적과 확장이 기존의 문명 속에 갇혀있을 수 없는 임계점에 이르면 지식의 변화는 세계관의 전환과 함께 거시사회 구조적인 변동을 일으킨다.

    농경 생활과 신분제를 근간으로 하는 전통사회에서는 경험(經驗)이 핵심적인 지식이었다. 농사는 논리나 과학보다는 현장에서의 오랜 경험이 축적된 '경험적 지식(empirical knowledge)'이 최상의 경쟁력을 가진다. 자연스레 연장자의 축적된 경험적 지식은 실용적이고 사회적 권위를 인정받는다. 생활 현장에든 학문과 기술 지식이든 경험의 양이 지식의 양과 비례한다. 18세기 전후 산업혁명과 시민혁명으로 시작된 근대사회는 자본주의 체제의 발달과 중앙집권적 근대국가로의 전환 등과 더불어 과학적 세계관이 문명사적인 변화를 가져왔다. 생산방식과 교통수단의 변화로 시작된 기술문명은 더이상 전통사회의 경험적 지식으로는 작동할 수 없었다. 사회 각 분야별 변화를 관리하고 통제하는 '전문가 집단(Expert group)'이 필요하게 되었다. 과학의 눈부신 발달과 함께 지식의 축적과 확장 그리고 변화의 폭이 급증했다. 지식은 세분화되고 각 영역별 전문가의 등장과 함께 전문가 양성제도 및 자격증(라이센스)도 다양화되고 다층화된다. 근대 산업사회를 움직이는 힘이 '경험적 지식'에서 과학이라는 '전문가 지식(professional knowledge)'으로 전환된다.

과학적 지식과 합리성에 근거한 근대사회는 과학기술문명의 고도화와 세계화(globalization)로 인한 문명 변화의 가속화가 이전과 다른 질적 변화를 가져온다. 달리 표현하면 변화가 늘어나는 정도가 아니라 변화가 일상화됨으로 사회전반에 불확실성이 급증한다. 더불어 근대사회를 이끌어가던 전문 지식체계의 축적 확장 변화가 예측 및 통제 가능한 범위를 벗어난다. 이러한 고도근대사회를 이끌어가는 힘은 '전문가 지식'에서 창의성(creativity)과 통찰력(insight)을 동반한 '성찰적 지식(Reflective knowledge)'이다. 물론 '경험적 지식'과 '전문가 지식'이 일상적 생활에 상당부분 역할을 담당하고 있지만, 불안정성이 일상화된 시대를 가로지르는 힘은 '성찰적 지식'이다.

종교개혁은 르네상스, 인문주의, 지동설과 신대륙의 발견 그리고 인쇄술이라는 지식체계의 변화 위에서 터져 나왔다. 사회적 변동을 저변으로 한 신학적 대전환으로써 종교개혁은 프로테스탄트라는 새로운 교회와 목회 양식 그리고 목회자의 위상과 역할에 일대 개혁을 유발했다.

오늘날 인공지능이 가져올 사회적 변화는 점차 전문가 지식체계를 새롭게 재구성할 것이고, 개인과 단체 및 기업의 지식체계 역시 구조적인 변동을 가져올 것이다. 거시사회구조적인 변동 속에서 교회의 정치체제와 목회 양식의 변화 역시 불가피하다. 목회 현장의 변화는 현재의 신학교와 목회자의 지적 영적 변화를 요청하게 된다. 교회가 갈아입을 문화의 옷이 어떤 형태일지 아직 분명하지는 않지만, 현재와 같은 교파중심의 교회, 관료화된 교단 구조, 문화지체를 보이는 신학교와 지역교회 목회 등의 변화는 자명하다. 새로운 도전 앞에서 사회는 스스로의 생존을 위해 성찰한다. 한국교회가 낡은 문화를 벗어나지 못하고 부조리한 현재와 싸우는 동안 사회와의 간극은 점차 멀어지기 마련이다. 지구촌의 문명사적 변화가 개인의 일상과 밀접하게 연결된 시대, 문명전환기의 도전이라는 교회의 거시담론은 더이상 나와 무관할 수 없다. 지역교회 목회의 현실이고 목회자 개인의 지성과 영성 그리고 삶의 문제와 직결된다. 한국교회와 크리스천이 하루속히 전근대적인 체제와 부조리한 현실을 벗어나 시대변화를 깊이 성찰하고 힘써 하나님의 음성에 주목해야 할 때이다.

총회 계절을 맞이하여

이성희

　가을의 문턱에 접어들 이 무렵 한국교회는 대한예수교장로회(통합)를 비롯한 장로교 각 교단의 총회의 계절을 맞아하게 된다. 매년 열리는 정기적 행사이지만 연례행사가 아닌 은혜롭고 의미 있는 총회가 되기를 먼저 마음 깊이 바란다. 최근 한국교회는 과열된 교단장 및 부서장의 선거로 경쟁적 구도가 갈등으로 표출되고, 이로 말미암아 총회의 본질이 훼손된 듯하다. 반면 이에 대한 자성으로 거룩성 회복에 대한 소리도 고조되는 가운데 아무쪼록 '거룩한 공교회와 성도의 교제'를 실현하는 사도신경적, 고백적 총회가 되기를 기대한다.

　먼저 총회는 장로교회의 최고의 의결기구로서 권위와 책임성을 잃지 않아야 한다. 교회가 선출한 대표자들로 하여금 교회를 치리하게 하는 장로교회의 정치제도는 대의정치, 의회정치의 모체이다. 그러므로 대표자인 총대들은 파송처인 노회와 지교회를 대변하며 이를 위하여 유익한 결의를 할 수 있도록 해야 하는 책임이 있다. 몇몇 사람에 의하여 지배되고 주도되는 총회가 되지 않도록 모든 총대들의 자발적 참여와 자리지킴이 필요한 것이다.

　총회는 역사적 종교회의이다. 기독교 역사의 종교회의는 당대에 가장 중요하고 필요한 결의를 남겨줌으로서 지금도 그 결의가 신학의 근간이 되는 것을 알 수 있다. 니케아회의, 칼케돈회의, 에베소회의 등은 신학적 교리, 교회의 정치, 치리회의 역할, 그리스도인의 신앙적 규범 등을 규정하는 회의였다. 우리 총회가 한번 모였다가 헤어지는 회의가 아니라 교회의 혼란을 잠재우고, 시대적 방향을 제시하며, 교회의 질서를 정립할 수 있는 역사적 획을 긋는 회의가 되어야 할 것이다.

신학자 칼 바르트는 "한 손에 성경, 한 손에 신문"이라고 하였다. 영성가 리처드 포스터도 "묵상은 한 손에는 성경을, 한 손에는 신문을 가지고 있을 때 가장 잘할 수 있다"고 하였다. 교회는 '변하는 세상' 속에서 '변하지 않는 말씀'을 외치는 신성한 기관이다. 그러므로 교회는 끊임없이 변하는 세상을 바르게 이끌어가는 힘을 가져야 한다. 그 힘은 말씀에서 얻는 하나님의 현재적 계시이다. 그러므로 총회의 모든 결의는 성경적이어야 하며, 시대적이어야 하며, 미래전망적이어야 한다.

현금 한국사회의 현상은 어느 때보다 국론이 분열된 어려운 때이다. 이렇게 가짜뉴스가 진짜처럼 회자된 적도 없을 것이다. 가짜뉴스가 판을 친다는 것은 언론의 책임이며, 나아가서 정치의 책임이다. 그러나 돌이켜보면 우리나라는 건국 이래로 어렵지 않은 때가 없었다. 그리고 "요즘처럼 어려운 때가 없었다"는 말도 이번이 처음은 아니다. 한국사회뿐만 아니라 한국교회도 내적인 부패와 외적인 신인도 추락으로 사방에서 뭇매를 맞고 있다. 성경은 하나님의 사람 요나의 잘못으로 하나님의 사람이 아닌 뱃사람이 함께 고통을 당한다고 전한다. 하나님의 교회가 불순종과 부패로 그릇 가므로 세상의 물결이 요동치고 있는 것이다. 이런 때에 교단 총회는 대사회적 신인도를 회복할 수 있는 진정성 있는 소리로 사회에 외쳐야 한다. 이번 총회를 통하여 하나님의 교회가 자정능력이 충분히 있음을 보여 주자.

총회는 최고의 의결기관이다. 우리는 가끔 국회나 지방의회 의원들의 비상식적인 회의에 눈살을 찌푸리고 비난의 화살을 퍼부을 때가 있다.

이런 비상식은 총회에서도 흔히 경험할 수 있는 우리의 치부이다. 총회가 모든 사람의 알 권리를 위해 생방송으로 방영된다고 하더라도 한 점 가려질 것이 없는 모범적인 회의가 되어야 한다. 이런 회의가 하나님께 영광이 되고 모든 교단 성도들에게 기쁨이 될 것이다. 금번 총회는 세상에 부끄러움을 남기지 않는 성숙한 회의문화로 축제와 같은 '성회'가 되게 하자.

총회는 주제가 있다. 대한예수교장로회(통합) 제104회 총회 주제는 '말씀으로 새로워지는 교회'이다. 총회 주제가 한낱 총회 기간의 구호에 그치는 것이 아니라 한 회기 동안 모든 교회의 방향타가 되기를 바라며, 주제에 걸맞은 회의와 행사 그리고 교단과 한국교회 나아가서 한국사회에 새로운 지침을 제시할 수 있는 총회가 되기를 소망한다.

포스트 프로테스탄트를 전망하며

옥성삼

유대라는 역사적 토대 위에서 예수 그리스도의 성육신과 하나님나라 사역 그리고 십자가와 부활사건은 오순절 성령강림을 통해 급진적 종말을 대망하는 결사체로서 새로운(reformed) 신앙공동체(ecclesia)를 탄생시켰다. 혈육과 언약으로 주어진(given) 가나안의 선민(選民) 공동체가 아니라 메시아 사건과 성령의 역사하심으로 시대문화를 돌파하는 미션공동체가 시작되었다. 로마 근교의 카타콤베나 터키 카파도키아의 데린쿠유 지하도시는 초대교회의 정체성이 얼마나 종말론적이고 공동체적인지를 극단적으로 보여준다.

4C 로마제국의 종교가 된 기독교는 초대교회의 급진성과 역동성 대신 천국과 지상의 시공간을 연결하는 기독교문명(Christiandom)을 전망했다. 어거스틴으로 대표되는 교부신학은 기독교 세계관의 경이로운 뼈대를 만들었지만, 제도화로 인한 공(公. Catholic) 교회의 한계(교리와 전통의 경화)를 어찌할 수는 없었다. 이것이 고대와 중세 교회에 대한 가치평가 문제는 아니지만, 당시 교회는 예수의 복음공동체는 물론 초대교회와도 질적인 차이가 있다. 사막 교부와 수도원운동 역시 구조상으론 중세 교회의 패러다임 안에서 각기 서 있을 뿐이다.

16C 종교개혁은 공교회의 심각한 부패를 원인으로 보지만, 넓게는 지

동설과 신대륙의 발견, 르네상스와 문자 미디어 등 거시사회의 문명사적 변동과 낡고 병든 교회체제간의 충돌이었다. 후스, 루터, 칼뱅, 쯔빙글리 등의 추동이 아니라 해도 중세교회는 복음의 성육신적 역동성을 담을 수 없는 철 지난 옷이 되었다. 종교개혁의 이신칭의, 만인사제, 4가지 신앙 기치(오직 믿음, 오직 은혜, 오직 성경, 오직 예수그리스도) 등은 시대변화에 소통하는 교회로서 프로테스탄트를 탄생시켰다. 수도원과 세상, 성직자와 평신도의 이분법적 구분과 위계는 해체되었고, 성직의 권세는 만인의 소명이라는 과제(task)로 전환되었다. 이후 500년 동안 프로테스탄트는 교파 교회(감독제, 대의제, 회중제)의 다변화와 재분열이 미션의 동력이자 피할 수 없는 그림자가 되었다. 근대시민사회와 영미자본주의의 발전이 프로테스탄트 확장의 토양이기도 했지만. 두 차례 세계대전이 남긴 깊은 상처는 고도근대사회의 일상화된 변화와 함께 '소속 없는 신앙인'(Believer without Belonging) 같은 탈 교파 교회체제의 도전에 직면하게 하였다.

근래 한국교회가 경험하는 부조리 현상 - 양극화, 목회자 일탈, 교회 세습, 청소년 감소, 에큐메니칼 쇠퇴, 이단과 안티기독교 발흥, 가나안성도 - 도 이제는 윤리적 문제를 넘어 사회구조적인 차원에서 바라 볼 때이다. 시민사회가 합리성과 윤리 잣대로 교회의 부조리를 비판하는 것 그리고 교회 내 개혁그룹의 비판 - 맘몬이즘, 번영의 신학, 가부장적 권위주의와 근본주의 신학 - 역시 신학적이고 종교사회학적인 진단일 수 있다. 하지만 이러한 교회 안팎의 분석과 진단은 오늘날 한국교회의 현실을 근본적으로 이해하는데 한계를 드러냈다. 한국교회의 부조리한 현실을 현상비판과 당위적 요청이 아니라 구조적인 문제로 접근해야 하는 것은 거시사회변동 속에서 진행된 16세기 종교개혁과의 유사성 때문이다. 오늘날 한국교회 현실을 압축성장의 부작용이나 성장정체기의 위기만으로 볼 수 없는 것은 교파 교회체제의 자정능력과 시대문화와의 소통능력에 근거한다. 세계화 20여 년 동안 한국교회의 내적 자정과 외적 소통이 함께 작동하지 않는 것은 현상의 차원보다 구조적 불일치에서 재조명되어야 한다.

　서구교회(protestant)는 20C 후반 교회의 쇠퇴를 포스트모더니즘이 가져온 탈중심성과 다원사회 그리고 정보통신사회의 고도화와 신자유자본주의 세계화 등의 거시사회변동에서 재해석하려는 노력을 이어오고 있다. 이런 문명사적 변화에 대한 교회의 대응으로 1980년대를 전후하여 '공공신학'(Public Theology)과 '선교적 교회'(Missional Church)가 본격적으로 제시되었다. 하지만 서구사회의 이러한 실천을 오늘날 한국교회에 그대로 적용하는 것 역시 충분치 못하다. 세계화로 대표되는 거시사회구조변동의 공통분모와 함께 한국사회의 특수성에 대한 통합적 이해가 동반되어야 한다. 한국사회의 압축근대화 - 개화, 식민, 해방과 전쟁, 남북분단, 산업화, 민주화, 세계화 - 경험은 세계화로 인한 한국교회의 문화지체와 함께 한국교회 정체성 위기의 밑바탕이라 할 수 있다.

　오늘날 서구교회의 전환기적 노력은 한국교회의 현 논의 수준과는 달리 종교개혁의 프로테스탄트 체제의 경계를 넘어서고 있다. 칼바르트 신정통주의 신학과 라인홀드 니버의 변혁적문화관에 근거한 교회론의 한계는 폴 틸리히의 상호변혁적 문화관(복음의 정체성이 아닌 교회체제의 작동과 사회 관계성 측면에서 상호변혁)을 바탕으로 한 새로운 교회상을 요청하고 있다. 21세기 세계화 환경은 더 이상 서구 프로테스탄트의 앞선 발걸음에 대한 한국교회의 학습(catch-up)을 무력화할 것이다. 문명사적 변동과 소통하는 창의적인(first move) 교회론의 모색은 동시대 세계교회 공통의 문제이면서 각자가 처한 특수성의 문제이기도 하다. 종교개혁이 프로테스탄트의 출현과 함께 공교회의 변화를 촉진한 것과 같이, 한국교회의 포스트 프로테스탄트 전망은 한편으로는 갈등적 양상의 개혁성(reforming)을 촉진하면서 다른 한편으로는 거시사회 구조적 변동을 품는 새로운 교회체제를 현실화할 것이다. 상당 기간 이어질 낡은 체제와의 충돌과정에서 철 지난 옷을 세탁하는 노력보다 더 중요한 과제는 시대변화에 맞는 흰옷을 찾고 준비하는 수고와 안목이다. 이미 시작된 포스트 프로테스탄트에 대한 한국교회의 진지한 성찰이 절실하다.

한국 대형교회 신뢰 회복 계기 마련을 위한 회개 운동

이민규

한낮의 수은주가 사람 체온을 오르내리는 무더위 속에 8월 2째 주를 맞이하여 주초와 주말 사이 한국 대형교회와 관련해 2가지 판결이 세간 언론의 주목을 받았다. 우리는 왜 이 같은 교회의 사건이 사회적으로 큰 관심을 불러일으켰는지 깊이 생각하고 재발 방지를 위해 회개하고 자복해야 한다. 우선, 첫 번째 뉴스는 지난 8월 5일 저녁 대한예수교장로회 통합측 총회 재판국에서는 재심의 안건으로 올라온 명성교회 담임목사직 세습이 교단 헌법상 세습금지 조항 위반안건에 대하여 '청빙 결의는 위법하다'는 판결을 내린 것이었다. 두 번째 뉴스는 8일 민유숙 대법관이 주심인 대법원 3부에서 교인들을 수십 차례에 걸쳐 상습적으로 성폭행과 성추행한 혐의로 기소된 만민중앙성결교회 이재록 목사에게 징역 16년과 80시간의 성폭력 치료 프로그램 이수와 10년간 아동청소년 관련 기관 취업제한을 명령한 원심을 최종 확정한 판결이었다.

두 교회 모두 등록된 교인이 10만 명이 넘는 국내외를 망라한 초대형교회의 담임목사와 관련된 사건이다. 명성교회는 김삼환 원로목사와 김하나 목사의 교회 부자세습 논란으로, 만민중앙성결교회는 이재록 목사의 '그

루밍 성범죄' 확정 판결로 교계는 물론 사회적으로 지탄을 받고 있다. 대형 교회의 세습 문제는 명성교회만의 문제가 아니라 세대교체를 앞두고 있는 상당수 다른 교회들의 문제이기 때문이고, 이재록 목사의 경우는 자신을 신격화하여 이단으로 규정되었고, 더 나아가 자신이 하고 싶은 것은 범죄행위를 포함하여 무엇이든지 다 해도 된다는 독단적인 생각을 가지고 있는 목회자들에게 큰 경종을 울리는 대표적인 사례라고 할 수 있다.

예장 통합교단 총회는 2013년 교단 헌법에 '은퇴하는' 담임목사의 배우자와 직계비속과 그 직계비속의 배우자는 담임목사로 청빙할 수 없다는 세습금지 조항을 만들었다. 하지만 명성교회 측은 김삼환 목사가 '은퇴하고' 2년이 지난 후이니 문제가 될 것이 없다며 청빙을 강행했고 명성교회가 소속된 서울동남노회에서 2017년 10월 김하나 목사 청빙을 승인하게 되었다. 이를 두고 계속 논란이 진행되고 있는 중이다. 금란교회 등 국내 대형 교회에서는 목회자 부자세습이 완료되었고 세습금지 조항을 교묘하게 피하는 변칙 세습 관행이 만연해 있어서 사회적 지탄을 받고 있는 가운데 교인의 헌금으로 운영되는 공공적인 교회를 일부 목회자들은 마치 개인의 사유재산처럼 생각하고 세습과 성범죄 등 각종 비리와 범죄를 저지르고 있어서 전체적인 교회 이미지에 큰 손상을 주고 있다. 이재록 목사의 성추행은 어릴 때부터 만민중앙성결교회에 출석하여 담임목사를 신격화하는 분위기에서 성장하고 성적 지식이나 경험이 없는 20대 여성을 대상으로 성범죄를 자행하였다.

무엇보다도 대형 교회는 사회의 모범이 되어야 하는데 실제로는 돈과 권력으로 교단에서 전횡을 일삼고 있다는 비판이 끊이질 않고 있다. 이번 2개의 판결을 계기로 한국의 대형교회가 사회로부터 신뢰를 회복하고 일제 강점기 기독교 인사가 독립운동을 주도했던 정신을 계승하여 사회적으로 의미 있는 역할을 할 수 있는 회계운동이 광야의 들불처럼 퍼져나가는 계기가 될 수 있기를 기대한다.

'코로나 블루'와 교회의 역할

김기태

'코로나 블루'는 교회가 나서서 방역하고 치료해야 한다. 교회는 사람들의 마음에 든 병을 위로하고 고치는 일이 가장 중요한 사명이자 역할이기 때문이다. 신종 코로나 바이러스에 감염된 환자들을 치료하기 위해 전국의 많은 병원에서 의료진들이 최선의 노력을 다하고 있지만 갈수록 '코로나 블루'로 인한 정신적인 아픔을 호소하는 사람들이 늘고 있다. 코로나19 확산이 장기화 되면서 질병에 의한 직접적 건강 악화 외에 연속된 '사회적 거리 두기'로 인한 고립감·소외감·피로감 등을 호소하는 등 정신건강 피해를 호소하는 사람들이 늘고 있다. 이러한 심리적 불편감을 겪는 이들이 많아지면서 감염 불안, 외부 단절, 경제·사회적 위기 등을 통해 우울한 감정을 느끼는 '코로나 블루'(코로나19와 우울함을 뜻하는 블루(blue) 합성어)'라는 신조어도 탄생했다. 코로나19로 인한 정신건강 악화는 불안·공포, 감염병 관련 정보 검색 집착, 의심 및 경계, 외부 활동 감소, 무기력, 스트레스 등의 증상으로 나타나고 있다. 코로나 블루의 여파는 개인이 느끼는 감정의 범위를 넘어서서 전 사회적인 집단의식 차원의 사회적 질병 수준으로 빠르게 증폭, 확산하고 있다. 마치 코로나19 라는 질병 자체의 전파 양상인 집단 감염의 모습을 연상시킨다. 코로나19의 확산 속도 만큼 코로나 블루도 무서운 속도로 퍼져 나가고 있다.

코로나19는 우선 무증상 상태에서도 감염될 수 있으며 다른 유사 전염병에 비해 전파 속도가 매우 빠르고 치료기간이 매우 길 뿐 아니라 결정적으로 아직 백신과 치료제가 없다는 점에서 감염 불안감 유발 가능성 자체가 매우 높은 질병이다. 이탈리아, 스페인, 미국 등 세계 많은 나라에서 나타나고 있는 높은 치사율도 감염 불안감을 증폭시키는 요인이 되고 있다. 장기간 계속되고 있는 '물리적 거리 두기'는 코로나 블루를 촉진하는 결정적 요인이다. 소통의 욕구는 인간의 생존 조건 중 하나이다. 주변 사람들과 관계를 맺고 함께 살아가는 사회적 동물인 인간에게 원천적으로 교류의 길을 차단하는 물리적 거리 두기는 곧 살아가는 의미 자체를 상실하게 만드는 괴로운 형벌과 같다. 아울러 주변 사람들과의 교류 차단은 외부 단절로 인한 외로움과 불안감의 원인이 된다. 처한 상황에 따라 차이는 있겠지만 오랜 시간을 집안에서만 생활하는데서 오는 무력감이나 스트레스도 코로나 블루를 야기하는 원인 중 하나이다. 소상공인이나 자영업자 그리고 각종 프리랜서를 비롯한 많은 사람은 경제적 어려움으로 인한 고통도 심각하다. 언제 끝날지 모르는 기약 없는 장기적 경기 침체에 대한 우려는 온 국민에게 엄청난 두려움으로 다가오고 있기 때문이다.

이런 심각한 정신적 스트레스로 고통받는 사람들에게 교회가 나서서 위로와 평안을 주어야 한다. 그동안 세상과 높은 담을 쌓은 채 자신들끼리 '거룩한' 종교의식에만 매몰되어 있었다면 이번 기회에 그 담을 허물고 세상으로 나와야 한다. 코로나 블루로 고통받는 많은 이웃에게 교회의 메시지가 희망을 주고 기쁨을 주는 치료제가 되어야 한다. 각 교회가 속한 지역사회에서 소통의 고리가 되고, 코로나19로 받은 마음의 상처를 어루만져주는 따뜻하고 부드러운 손길을 지금 바로 교회가 내밀어야 할 때이다. 무성한 말이 아니라 진심 어린 행동과 실천으로.

코로나 시대의 기독교 신앙

김승호

코로나 사태로 예배당 예배를 온라인 예배로 전환하자, "내가 지금까지 이단 교회를 다녔다!"라면서 다니던 교회를 떠난 성도들이 있다. 안타까운 현실이 아닐 수 없다. "주일예배는 예배당에서!"라는 슬로건은 그들에게 타협의 여지가 없는 절대적인 신앙의 기준이었다. 아마도 그들은 비가 오나 눈이 오나 바람이 부나 주일이 되면 모든 일을 중단하고 어김없이 예배당을 향해 발걸음을 옮겼을 것이다. 출타 중에도 주일날이면 어김없이 근처 예배당을 찾아가 예배를 드렸을 것이다. 주일날 예배당 예배 출석은 그들에게 의문의 여지가 없는 주일성수의 기본으로 각인되어 있기 때문이리라.

이런 성도들에게 예배당 예배의 온라인 예배로의 전환은 분명 '신앙의 변절'로 여겨질 만한 충격적인 사건으로 다가간 것 같다. 예배당은 성도에게 자신의 신앙 역사와 공동체의 신앙 경험이 농축되어있는 특별한 공간이 아닐 수 없다. 오래 몸담고 있었을수록, 예배당 건축에 깊이 참여했을수록, 예배당 공간에 대한 애착은 남다를 수밖에 없다. 그런데, 예배당 공간에 대한 애착은 한편으로는 신앙적 열정의 깊은 헌신으로 이해될 수 있지만, 다른 한편으로는 예배당이란 특정 공간을 신앙의 대상으로 우상화할 위험이 있다.

기독교는 삼위일체 하나님을 예배하지, 특정 공간을 신성시하지 않는다. 특정 공간을 거룩한 장소로 수용하는 문화는 구약의 '성전' 개념에서 유래한다. 구약의 성전이 '하나님이 임하시는 거룩한 장소'를 의미한다면, 오늘날의 예배당은 말 그대로 '예배드리는 장소'를 뜻한다. 예수의 부활로 성전 휘장이 둘로 찢어졌다. 성전이라는 특별한 장소에서 제물을 드려야 유효했던 구약의 제사가 이제는 누구든지 예수의 이름으로 하나님께 나아갈 수 있게 되었다. 이로써 '특정 장소'를 의미했던 성전 개념이 '예수'와 '예수를 영접한 성도'로 그 의미가 전환된 것이다.

문제는 오늘날에도 여전히 많은 이들이 '예배당'과 '성전'을 동일시하고 있다는 사실이다. 성도들의 모임인 '교회' 역시 '성전'과 동일시하는 경향이 남아있다. 1960년대까지만 해도 한국교회는 '성전'이나 '교회'라는 용어보다는 '예배당'이라는 용어를 더 흔히 사용했다. 그 후 '예배드리는 장소로서의 예배당' 개념이 '하나님이 특별히 임하시는 거룩한 장소로서의 성전' 개념으로 전환된 측면이 있다. 이런 의미의 전환은 성도들에게 예배당 건축에의 적극적 참여를 독려하는 방안이었던 것으로 보인다. '예배당' 개념의 '성전' 개념으로의 전환은 성공적인 예배당 건축을 결과했지만, 성도들의 관심을 예배당 공간 내에 머물게 함으로 교회의 사회적 책무로부터는 멀어지는 결과를 초래했다.

교회 역사는 예배당 예배 및 예배당 모임의 중요성을 강력하게 예증한다. 그럼에도 불구하고, 오늘날 예배당은 다른 장소들과는 구별되는 신비롭고 거룩한 장소는 아니다. 이제 우리는 기본적인 개념에 대한 분명한 이해가 필요하다: 하나님은 예배당이라는 특정 공간에 갇혀 계신 분이 아니라는 사실, 예수 그리스도와 예수 그리스도를 영접한 성도 자신이 곧 성전이라는 사실. 그래서 세상 사람은 거룩한 장소를 찾아가지만, 성도는 자신이 나아가는 장소가 곧 거룩한 장소가 된다는 사실. 코로나 시대에 기독교 신앙은 기본적인 개념에 대한 명료한 이해의 바탕 위에 든든히 세워질 수 있다.

코로나19 시대의 자립 대상교회

김승호

코로나19 사태는 특히 자립 대상교회에 심각한 영향을 미쳤다. 이제는 교회폐쇄를 고민하는 목회자가 적지 않다는 소식도 들린다. 자립 대상교회의 생존 문제는 어제오늘의 일이 아니지만, 코로나19 사태를 계기로 새로운 전환점에 접어든 것으로 보인다.

지난 3~4월 코로나19 사태로 대경 지역 교회마다 비대면 예배로 전환했을 때, 적지 않은 수의 자립 대상교회가 대면 예배를 유지했던 것으로 알려져 있다. 이유인즉슨, "코로나19 확진자가 나와서 교회 문을 닫으나 교인들이 교회 안 나와서 교회 문을 닫으나 그게 그거"라는 인식이 팽배했기 때문이다. 비대면 예배로 전환할 경우, 몇 안 되는 교인들마저 교회를 이탈할 것이라는 불안감이 강하게 작용한 것이다. 그만큼 절박한 상황이었다. 그런데, 코로나19 사태가 장기화되면서 교인 이탈 현상에 대한 자립 대상교회 목회자들의 불안감은 점점 더 커지고 있다.

몇 차례의 집합 금지 명령으로 인한 대면 예배의 금지는 한국교회 전체에 상당한 타격을 주었지만, 그 체감 정도는 자립 대상교회에 더더욱 크게 다가갔다. 어느 정도 규모 있는 교회의 경우에는 인적 물적 자원을 사용할 여력이 있어서 어느 정도 타격을 완화 시킬 수 있었지만, 자립 대상교회들은 하나같이 속수무책일 따름이었다. 특히 농촌교회와 중

소도시교회의 성도 연령대가 주로 노년층인 점을 고려하면, 비대면 예배의 시행은 자립 대상교회에 상당한 부담이 아닐 수 없었다.

그나마 다행한 사실은 자립 대상교회의 힘든 여건을 돕기 위한 시도가 교단과 중대형교회 차원에서 다양하게 이루어졌다는 점이다. 그러나, 이러한 외부의 도움은 일시적인 위기극복용이지 지속가능한 도움이 아니라는 한계가 있다. 결국, 코로나19가 바꾸어 놓은 새로운 세상에서는 자립 대상교회가 외부의 지원에만 의존하는 방식으로는 주어진 현실을 타개해 나갈 수 없음을 깨닫게 된다.

교단마다 차이는 있지만, 현재 자립 대상교회에 대한 지원은 노회 차원에서 월 일정액을 지원하는 방식에 의존하고 있다. 나름대로 의미가 있지만, 이런 방법은 밑 빠진 독에 물 붓기에 지나지 않는다. 사실 코로나19 사태 이전부터, 자립 대상교회에 대한 교단총회와 노회의 지원은 점점 더 그 부담이 가중되어 왔다. 그것은 자립 대상교회에 대한 중대형교회의 지원금액이 고정되어 있거나 줄어드는 상태에서 각 노회에 가입하는 자립 대상교회의 수는 계속해서 늘어났기 때문이다. 이런 현실은 향후 자립 대상교회에 대한 지원금액이 점점 더 줄어드는 결과를 초래할 수밖에 없다.

한때 영국교회는 교단에 속한 교회마다 평균적인 지원, 즉 개별교회와 목회자의 현실을 고려하지 않는 '묻지 마 지원'을 했던 적이 있다. 그러나, 후에 그 정책의 문제점이 드러나 급진적인 대안을 마련했다. 그것은 '묻지 마 지원'에서 '지원-평가-후속 조치'의 방식으로 전환이다. 교단 차원에서 일정 기간 어려운 교회에 제대로 된 지원을 함으로, 자립교회로의 전환을 적극적으로 유도했다. 일정 기간 전폭적인 지원에도 불구하고, 교회의 기능을 제대로 감당하지 못한 경우에는, 교회합병, 교회폐쇄, 목회자의 목회지 이동 등을 적극적으로 유도한 바 있다.

이러한 영국교회의 교훈은 현재 한국교회의 자립 대상교회에 대한 지원정책을 근본적으로 돌아보게 한다. 매월 일정액의 지원 방식이 자립 대상교회의 현 상태 유지를 위해서는 도움이 될 수 있지만, 장기적인 대책 없이 현 지원정책을 유지한다면 심각한 결과가 초래될 수 있다. 지원에는 평가가 뒤따라야 하고 평가 뒤에는 후속 조치가 이루어져야 한다. 모든 조직은 이런 순환을 통해 발전한다. 교회도 다르지 않다. "현 상태를 그대로 유지하자!"라는 말 속에는 어쩌면 무책임과 나태가 똬리를 틀고 있을지 모른다.

한국 교회여, 아기 예수를 맞이할 수 있는가?

문우일

요한복음은 아기 예수의 탄생과 화려한 메시아 족보를 생략한 채, "태초에 로고스가 있었고...로고스가 살이 되어 우리 가운데 장막을 쳤다,"고 선언한다 (요 1:1, 14). 사람다움의 빛이 꺼져가고 세상이 어둠에 질식할 위기에 처하자, 사람과 세상을 낳은 로고스 하나님이 스스로 아기 예수의 살과 피로 세상에 잠입하여, 장막을 치고 구호 활동을 시작하신 것이다. 그러므로 아기의 살에 인류와 세상의 생사가 달렸다! 아기는 하나님이 창조하신 사람다움이 무엇인지 몸소 살아내며 정결한 열매로 결실해야 하고, 그 열매가 땅에 떨어져 죽어야 비로소 사람다운 사람들이 태어나 세상의 심장이 박동하는 것이다 (12:24; 15:2-16).

이처럼 요한복음의 성탄 기사는 가시계와 비가시계를 오가며 우주적 차원으로 펼쳐지기 때문에 자칫 그 안에 담긴 살과 피의 진통을 간과하기 쉽다. 더구나 요한복음은 성대한 혼인잔치와 명절 축제로 휘감겨있지 않은가! 요한복음은 소녀 마리아가 성령으로 잉태하였을 때 그 약혼자 요셉이 가만히 파혼하려다가 천사의 현몽을 보고 마리아를 맞이한 사건을 보도하지 않는다. 가이사의 영에 따라 호적 하러 베들레헴에 간 마리아가 마구간에서 출산하고, 별 따라온 동방박사들이 아기 예수께 경배하고 황금과 유향과 몰약을 드린 사건도 줄였다. 헤롯왕의 유아학살령에 애굽으로 피신했다가 아켈라오의 학정을 뒤로하고 갈릴리 나사렛까지 갈 수밖에 없었던 아기 예수의 고단한 여정도 적지 않았다.

요한복음은 예수의 가족조차 자세히 소개하지 않는다. 그 어머니 이름이 무엇인지, 형제자매들은 있었는지 말이 없다(1:45; 6:42). 요한복음에서 사람들은 예수를 "요셉의 아들 나사렛 예수"로 알고 있으나, 예수 자신은 하나님을 아버지라 부르며 아버지와 혼연일체가 되어 일한다고 주장한다(1:45; 6:42). 그런 예수를 용납할 수 없었던 이들은 평소에 그와 알고 지낸 사람들이다: "이는 요셉의 아들 예수가 아닌가? 그 부모를 우리가 아는데 어찌 그가 지금 하늘에서 내려왔다 하는가?(중략) 어찌 갈릴리에서 그리스도가 나는가? 성경은 다윗의 씨로서 다윗이 살던 마을 베들레헴에서 그리스도가 난다고 말하지 않았는가?"(요 7:41-42). 이후로 요셉은 어찌 되었는지, 왜 예수의 십자가 아래에 요셉은 없는지 요한복음은 침묵한다.

그럼에도 요한복음은 아기 예수의 탄생과 그의 성년 세례식이 와야 할 자리에서 "세상 죄를 지고 가는 하나님의 어린양"을 소개함으로써, 예수의 살과 피로 오신 하나님이 무방비 상태로 도살당하며 겪을 극심한 진통을 간결하지만 충분하게 예고한다(1:29). 그 살과 피를 먹고 마시는 유월절이 되기까지 요한복음의 예수는 제자들과 성찬식을 거행하지 않는다. 공관복음은 유월절에 최후의 성찬식을 거행하지만, 요한복음은 "유월절 전에" 세족식을 거행하는 것이다(13:1-10). 그리고 마침내 유월절은 하나님의 살과 피가 응축된 예수가 한 알의 정결한 밀알로 결실하여 땅에 떨어지는 날이요, 그 살과 피를 먹고 마시는 날이다(18:28)! 그 성찬식에 참예하는 자는 어떠한 상황에서도 죽음을 맛보지 않으며, 죽어도 다시 살아 많은 열매를 맺는다(8:51; 11:25).

유대인이라면 대제사장이나 왕조차도 정체성에 혼란을 겪고 생사의 갈

림길을 오가야 했던 로마 압제하에서 일체 꾸밈없는 살과 피가 전부였던 사람 예수는 하나님의 아들이 되었다! 세상의 조롱과 야유에 흔들리지 않고 하나님 품에 깊이 안겨 하나님의 로고스를 살아내고 사람다움이 무엇인지 시연한 것이다. 이런 아기 예수를 한국교회는 감당할 수 있겠는가?

하나님 신앙과 효용가치

박충구

"무서운 사회에서 하나님 신앙이란 돈과 직결되는 것이 아니라 우리의 인간다움을 지켜주는 위대한 정신적 유산이라는 사실을 우리는 다시 기억해야 한다."

펜데믹 상황이 지속되면서 "전염병도 못 이기는 기독교"라는 비아냥을 듣는 경우가 생겼다. 하나님의 전지전능하심을 주장하며 효험 있는 종교라 주장한 목회자일수록 난감한 정황에 빠지게 된 것이다. 미국에서는 질병치유의 은사와 능력을 자랑하던 목사가 코비드-19에 걸려 사망한 경우도 있었다. 기독교의 하나님만 우주 최강의 능력 있는 분이라고 자랑해온 주장이 과연 정직하고 진실한 주장인지 되묻게 된다. 이런 문제를 생각하다가 보면 기독교 신앙의 위기는 하나님으로부터 오는 것이 아니라 하나님 신앙에 대한 사람들의 오해에서 오는 것이 아닌가 하는 생각이 든다.

하나님의 절대적인 능력에 대한 신앙이 가장 큰 위기를 맞았던 정황은 2차 대전 당시 히틀러 세력이 사회적 증오를 표출하는 수단으로 "살 가치가 없는 생명"이라는 표어를 내 건 때였다. 살만한 가치가 있는 생명이란 사회적으로 기여할 수 있는 사람의 생명만을 일컫는 것이 되면, 자연히 살만한 가치가 없는 생명이란 효용가치가 없는 사람들이었다. 거기에는 독일 국민의 전체 이익에 반해 자신들만의 이익을 챙겨온 유대인, 장애인, 자녀 생산 능력이 없는 동성애자, 그리고 노환의 단계에 들어선 고령 노인들이 포함되었다. 나치는 그들을 살 가치가 없는 생명(lebenunwertes Leben)이라고 규정했다.

현대사회는 실용적 가치를 따라 가성비를 계산하는 인간의 지혜를 예찬한다. 이왕이면 같은 비용을 치르고 좋은 것을 가지려는 욕망은 어쩌면 당연하고도 합리적인 요구라 볼 수 있다. 그러나 이런 실용주의적 행태에 익숙하다보면 만질 수 없고 계산할 수 없는 것들을 가치가 없다고 판단하는 어리석음에 빠지게 된다. 하나님 신앙이나 사람의 생명을 효용적 가치에 따라 판단하는 경박한 신앙은 결과적으로 하나님 신앙과 사람의 생명을 경히 여기는 심리를 낳는다. 하나님 신앙이란 내가 무엇을 획득하기 위한 수단이 아니라, 내 자신이 하나님이 창조하신 그 목적에 따라 살아가기 위한 필수 요건이다.

사회 경제적으로 어려운 정황에 처하게 되면 곤경에 빠진 이들은 하나님 신앙을 삶을 풍요하게 해주는 것으로 오독하고 부유하고 강한 자들을 숭상하는 편견으로 포장하기도 한다. 우리 사회에 기독교가 처음 들어왔을 때에도 사람들이 이렇게 물었다. "교회 가면 저절로 돈이 생기나?" 신앙을 돈으로 환산하는 사고방식, 하나님 신앙이 사람의 욕망을 만족시키는 능력으로 오판하는 그릇된 생각, 사람을 귀하게 여기지 못하고 자기나 자기 집단의 욕망에 따라 생명 가치를 판단하는 방식은, 결국 인간성의 파괴라는 무서운 화를 불러온다.

홀로코스트 나치의 시대는 언제든 변형되어 우리 삶에 다시 찾아온다. 힘없고 가난한 이들을 업신여기는 부유한 이들, 어린 생명을 무차별로 가해하여 죽음에 이르게 하는 어른들이 많아지는 무서운 사회에서 하나님 신앙이란 돈과 직결되는 것이 아니라 우리의 인간다움을 지켜주는 위대한 정신적 유산이라는 사실을 우리는 다시 기억해야 한다. 온 몸에 피멍이 들어 숨진 세 살 아기가 겪은 세상이 하나님의 부재, 홀로코스트를 겪은 것이 아니고 달리 그 무엇이겠는가?

뉴 노멀과 개혁교회 정체성

옥성삼

'뉴 노멀(new normal)'은 2003년 IT 경제의 거품이 꺼지면서 등장했다. 2008년 글로벌 금융위기로 저성장, 저소비, 고실업, 고위험 등의 세계적 경제체제 그리고 미국과 중국 두 나라 경제의 위상이 바뀌는 새로운 국면 등을 '뉴노멀'이라 불렀다. 이와 더불어 4차산업혁명 AI 등 디지털 정보통신혁명을 중심으로 가속화되는 문명사적 변화를 '새로운 일상'이라고 한다. 하지만 뉴 노멀이 일반시민에게 구체적 현실로 와 닿은 것은 2020년 COVID-19로 인한 전 세계적 경험이다. 모이고 식사하고 여행을 가고, 학교에서 수업 받는 그 모든 일상이 이제 지나간 옛 일상(old normal)이 되었다.

같은 모습으로 교회는 비대면 온라인 예배와 온라인 목회가 일상이 되었다. 코로나 상황이 1년을 넘기면서 교회의 양극화와 작은 교회들의 위기, 지역교회 소속감 약화와 교인 수 감소, 헌금 감소 등 여러 가지 부작용이 뒤를 이었다. 어느 날 다가온 팬데믹은 성장 정체와 가나안신자 23%, 교회 양극화, 이단과 세대주의 발흥, 목회자 일탈과 교회세습, 교회 정치체제 왜곡, 연대사역 약화와 개교회주의 강화 등이라는 한국교회의 '탈 교회(Post Church)'적 현실과 맞물려 한국 교회의 정체성 위기를 가속화시키고 있다.

'예수를 그리스도로 믿고 따르는 무리'를 의미하는 에클레시아(ecclesia)가 신앙공동체로서 교회의 본래적 모습이라면, 개혁교회(Reformed Church)의 정체정은 '개혁성(reforming)'이 핵심이다. 예수가 선포한 '이미와 아직'이라는 하나님 나라의 현재적 실현이 교회이기에, '개혁되었고, 언제나 개혁하는' 개혁교회의 정체성은 힘이 있다. 장로교회 신학과 토대를 놓은 칼뱅은 '교회는 개혁된 교회이면서 동시에 항상 개혁하는 교회여야 한다.(Ecclesia reformata semper reformandat)'고 했다. '항상 개혁하는(always reforming)'의 의미는 4가지로 생각 할 수 있다. 먼저 자주 개혁해야 한다는 개혁의 빈도를 뜻하는 것이 아니라, 개혁성이 구조화되었다는 것이다. 둘째로 개혁성은 과거의 개혁된 역사와 연결되어 있다. 셋째 개혁의 가능성이 아니라 시대와 현장에 성육신적으로 부름 받는 개혁성이 체질이고 실재이다. 넷째 교회가 개혁의 대상이지 주체가 아니라는 것이다.

지금 한국 교회는 개혁교회로서 '개혁성'을 불편한 진실이 아니라 정체성으로서 깊이 성찰해야 한다. 시대 변화에 복음의 옷을 갈아입는 성육신적 과제, 사회와 함께 소통할 수 있는 역량, 세상의 빛으로 진리를 전하며 자유와 평등이라는 본질적 가치를 실현하는 과제, 세상의 소금으로 정의를 세우고 생명을 존중하는 섬김의 과제가 있다. 이러기 위해서는 교회가 먼저 '개혁성'이라는 자기 정체성 회복이 시급한 선행 과제이다. 지난 한 세대 동안 한국 교회가 정체성 위기를 맞이하면서도 겉으로 내세운 신학적 모토가 리처드 니버의 '변혁적 문화관'이었다. 교회가 신앙적 응답 및 사회적 책임으로써 사회를 변혁시켜야 한다는 것이다. 그런데 정작 세상은 교회의 부패와 부조리에 대해 비판의 목소리를 높이고 있다. 기독교 신앙의 본질이 아니라 교회가 행하는 비윤리적, 비합리적, 비합법적, 이기적 행동에 대한 비판이 대부분이다. 뉴 노멀이 가져온 변화에 교회의 쇠락을 걱정할 것이 아니라, 위기와 고통가운데 개혁교회의 정체성을 안고 몸부림칠 과제이자 기회가 주어졌다.

"반사회적 예수?"

박충구

"…자기 신앙을 일방적으로 강요하는 행위는 자기 종교에 취한 상태, 책임적 인격이 증발한 비정상적인 행위와 하등 다름이 없다."

기독교인은 오늘날 최소한 세 부류로 나뉜다.

첫째. 역사의식이 있는 지성적 기독교인이다. 역사 속에서 기독교의 공헌과 과오를 잘 이해하고, 지난 과오를 인정하고 다시는 그런 오류를 범하지 않으려 노력하는 기독교인이다.

기독교는 무슨 이유에서든지 오만에 빠지면 참혹한 비극을 초래하는 무서운 결과를 초래했다. 나치가 저지른 홀로코스트도 종족적 우월주의에 빠진, 기독교인들이 지녔던 오만의 결과였다. 이런 류의 오만의 역사를 부끄럽게 여기는 지성적 기독교인, 그 수는 매우 적다.

둘째, 역사적이며 지성적인 신앙보다 교리상으로 기독교의 우월성을 굳게 믿고 있는 배타적 구원론을 믿는 기독교인이다.

아마 80% 이상의 기독교인들이 이 무리에 속하고 그중 절반 정도는 그 배타성을 자기 합리성과 지성으로 다소 극복하는 이들이라면, 나머지 절반은 합리성과 지성이 약하여 오만하게 이웃 종교인의 가치를 평가 절하하며 개종을 강요하는 이들이다. 이런 기독교도들이 역사 속에서 가장 많은 악을 저질렀다.

셋째, 기독교인의 교리적 우월성보다 실천적 우월성을 중시하는 이들도 있다.

이들은 성품이 착하여 신앙적 우월성이 요구하는 배타적 호전성을 받아들이지 못하는 이들이다. 호전적이기보다는 자기 성찰적이고, 교리적이기보다는 윤리적인 가치를 중시하는 신자다.

이런 부류의 기독교인들은 교리적 신앙을 앞세우는 신자가 되기를 강요하는 교회의 통제와 관리를 받는 것을 불편해하고, 신앙의 길이 반드시 교회를 중심으로 이어지는 것이 아니며, 자기 내적인 영성적 교감을 통해 신에 대한 경건한 마음을 품고 평화 윤리적인 삶을 살아간다.

요즘 일부 목사나 기독교인의 그릇된 처신으로 인하여 기독교가 "개독교"라는 소리를 듣고 있다. 개독교란 참된 그리스도인의 모습은커녕, 사람다운 인격도 지니지 못한 기독교인을 비하하는 표현이다.

이런 정황에 전혀 아랑곳하지 않는 정체불명의 사람들이 부처님 오신날, 우리가 예수의 탄생을 축하하듯 경축해 마지않는 불자들 앞에서 "오직 예수"라는 피켓을 들고 불자들의 신앙을 조롱하는 시위를 벌였다.

이들의 행태를 바라보며 비기독교인은 물론이고 뜻있는 기독교인조차 경악해 했다. 이들은 무지하고, 편협하며, 건전한 상식이나 사회 윤리 규범도 무시하는 반사회적 신앙을 고취 받은 이들이다.

사람됨의 규범을 버린 종교 행위는 어떤 경우라 할지라도 미숙한 것이거나 맹신에 빠진 결과다. 각양각색의 사람이 어울려 살아가는 민주사회에서 자기 종교만의 우월성에 빠져 이웃 종교인에게 자기 신앙을 일방적으로 강요하는 행위는 자기 종교에 취한 상태, 책임적 인격이 증발한 비정상적인 행위와 하등 다름이 없다.

이들이 증거 하는 예수는 사랑과 평화를 가르치신 예수가 아니라 반사회적으로 해석된 사이비 예수다.

교단 총회의 역량 강화 방법

김승호

이제 한국교회 각 교단 총회가 막을 내렸다. 지난해의 비대면 총회와는 달리, 올해는 코로나 팬데믹 가운데서도 교단마다 철저한 방역수칙 준수 하에 대면 총회를 개최했다. 특히 예장 통합은 하루로 단축된 총회 기간 동안 부총회장 선거 및 각종 헌의안 처리가 심도 있게 진행될 수 없는 시간적 한계에 직면할 수밖에 없었다. 각종 피켓을 들고 총회 장소인 한소망교회 앞에 도열한 이들의 모습에서는 자신들의 주장을 총회에서 반드시 관철시킬 것이라는 결연한 의지를 느낄 수 있었다.

매년 9월에 열리는 교단 총회는 지난해를 돌아보고 새로운 한 해를 준비한다는 점에서, 교단마다 가장 중요한 행사로 여겨진다. 특히 부총회장 선거는 총회의 하이라이트라 불릴 정도로 참여하는 총대들의 관심이 집중되는 사안이다. 그러기에 교단의 새 리더를 뽑는 과정은 대선이나 총선 못지않게 그 열기가 대단하다. 그동안 교단장 선거에서 회자되어 온 각종 부정적인 루머는 이제 상당 부분 해소된 듯 보이지만, 선거운동 과정에서의 치열한 경쟁은 여전한 듯 보인다.

그런데, 시간적 제약으로 인해서인지, 교단장 선거에 쏟는 관심에 비해, 총회에 상정된 각종 헌의안 처리에 관한 관심은 상대적으로 부족해 보인다. 심도 있는 논의가 부족한 상태에서 주요 헌의안이 졸속으로 처리되지 않을까 우려되는 이유가 여기에 있다. 실제로 총회에서 제대로 다루지 못한 미진 안건들이 총회가 끝난 이후에 총회 각 부서와 위원회에서 다루어지고 절차를 거쳐 실행에 옮겨질 예정이라 한다.

총회에서 결정되는 안건은 교단 소속 교회들과 교회 리더들에게 직접적이고도 실제적인 영향을 미친다. 이 점을 고려한다면, 교단 총회는 총대들에게 총회에서 다루어질 주요 헌의안 내용을 사전 고지하고, 노회별로 주요 헌의안에 대한 전문가 의견 청취 및 토론 과정을 거쳐 주요 안건에 대한 이해가 완료된 상태에서 총회에 참석하는 것이 바람직하다. 이러한 사전 준비가 충분치 못한 관계로, 주요 헌의안에 대한 의사결정이 해당 이슈에 대한 기본적인 팩트체크도 없는 상태에서 '카더라'(?) 통신에 의지하여 파벌의식과 정치 논리로 결정되는 경우도 발생한다. 이런 식의 후진적 의사결정 구조는 교단 소속 교회들뿐 아니라 한국교회 전체에 악영향을 끼칠 수밖에 없다.

어떤 조직이든 조직의 미래를 위한 연구개발(R&D) 그룹을 필수적으로 두고 있다. 국가기관과 사기업체 역시 연구개발 기능을 점점 더 강화하는 추세에 있다. 전문가 그룹의 집단지성을 통하여 조직의 현 상태를 냉정하게 분석하고 조직이 나아가야 할 미래 방향을 설정하는 일이 조직의 생존과 미래에 결정적으로 중요하기 때문이다. 한국교회 각 교단 역시 이와 다르지 않다. 교단마다 교회 내외의 다양한 이슈에 관하여 전문가 그룹을 통하여 충분한 연구와 논의를 하게 하고 적절한 의견수렴 과정을 거쳐 교단의 공식적 입장을 확정한다면, 보다 성숙하고 미래지향적인 의사결정이 이루어질 수 있다.

이제는 한층 나아진 분위기이지만, 한국교회는 여전히 교회와 신학, 목회자와 신학자 간의 괴리가 크다. 교단 총회의 의사결정 과정에서, 교단 내의 브레인이라 할 수 있는 신학자들의 견해가 포함될 공간 역시 극히 제한적이다. 교회사의 획을 긋는 주요 결정은 하나같이 의식 있는 신학자들의 신학적 토대 위에서 이루어졌다. 신학자는 교회 내외의 특정 이슈에 대한 신학적 토대를 제공할 수 있다. 지금까지 개신교 각 교단 총회는 신학자의 전문성을 충분히 활용하지 못한 측면이 있다. 만일 교단 총회가 교단 내의 신학자 그룹을 효과적으로 활용한다면, 교단 총회의 역량은 한층 강화될 수 있다.

상호변혁적 문화관

옥성삼

한국교회가 선교 100주년을 지나면서 일천만 신자를 바라보며 대형예배당 건축과 신학교 증설이 붐을 이룰 때, 일부에서는 교회가 사회의 주류가 되어 선한 영향력을 행사할 수 있다는 기대도 있었다.

더불어 교회 성장의 정점에서 출판, 신문, 방송, 영화, 음악, 미술, 스포츠 등 문화선교에 대한 관심 또한 활발하게 일어났다. 한국사회가 민주화에서 세계화로 넘어가는 90년대 전후 한국교회의 문화선교는 교회성장의 도구에서 한걸음 더 나아가 한국사회 문화에 대한 관심으로 이어졌다.

이러한 문화선교의 신학적 근거로 폭넓은 공감대를 형성한 것이 미국 신학자 리처드 니버의 '변혁적 문화관'이다. 변혁적 문화관의 장점은 세상문화에 대한 교회의 책임을 강조한 것이다. 교회와 세상이 상호관계 속에 있기에, 교회는 세상문화에 대하여 책임적으로 참여해야하며, 사회를 기독교 문화로 변화시키는 적극적인 사역(문화선교)이 필요하다는 것이다.

'변혁적 문화관'은 문화변혁에 대한 교회의 사명을 일깨워준다는 면에서 긍정적 기여를 한다. 하지만 '변혁적 문화관'의 큰 약점은 변혁의 주체가 되는 교회의 정체성 문제이다. 각 시대별로 세상에 존재하는 교회가 성경 및 그리스도와 일치하지는 않는다는 것이다.

16C 종교개혁이 중세교회의 부패와 문화시차에서 시작되었듯, 이 땅에 존재하는 교회는 완전하지 않다. 더욱이 변혁의 주체인 교회가 부패할 경우 변혁적 문화관은 언제든 세속적이고 패권적 문화관으로 변질될 수 있다. 교회가 세상을 변화시키는 역할을 감당하기 위해서는 변하지 않는 상수로 존재하는 것이 아니라 불완전성을 인정하고, 각 시대와 환경속에서 성령의 역사 가운데 성육신적으로 끊임없이 재해석되어야 한다.

하나님의 선교를 구체적으로 실천하는 대행자로서 자리매김하기 위해서는 적어도 개혁교회의 3가지 정체성 위에 서있어야 한다.

개혁교회의 정체성은 첫째, '개혁성(reforming) - 개혁교회는 항상 개혁하는 교회이다'-이다.

둘째, 교회의 '본질성(ad-fontes) - 교회는 신앙의 근거인 성경과 성령의 역사 위에 존재해야한다'-이다.

셋째, 교회의 '공동체성(adiaphora) - 본질에는 일치 비본질에는 관용 모든 일엔 사랑'이다. 교회는 신앙의 일치와 함께 말씀의 시대적 재해석과 사회적 소통을 위해 열려 있어야 하며. 생명을 살리고 사랑하는 공동체여야 한다. 교회의 개혁성, 본질성, 공동체성 등은 불완전한 교회의 정체성을 하나님의 선교를 대행하는 선교적 교회(Missional Church)를 구체적으로 세워주는 기둥이기도 하다.

바로 이 지점이 정체성 위기를 맞이한 한국교회의 현실에서 '변혁적 문화관'의 한계를 극복하고, 새로운 관점으로서 '상호변혁적 문화관'의 필요를 요청한다. 상호변혁이란 신앙의 본질에 대한 교회와 세상의 관계성을 말하는 것이 아니다.

세상에 존재하는 불완전한 교회는 세상과 상호작용(선교. 봉사. 협력. 소통)하면서 합리성 윤리성 보편성 등의 잣대로 상호 소통 할 수 있어야 한다는 것이다.

하나님의 구원행동은 성육신을 통해 성취되었듯이, 교회를 통한 하나님의 선교는 세상을 향한 교회의 일방적이고 승리주의적 활동이 아닌 시대의 언어와 현장의 절박함에 성육신적 대화를 통해 이뤄져야 한다. 세상에 있는 교회가 불완전하다는 것은 역으로 하나님의 역사가 일어나는 현재성을 담고 있고, 동시에 세상을 향해 소통해야하는 교회의 현실성을 나타낸다.

한국 교회가 정체성 위기를 벗어나지 못하는 오늘, '상호변혁적 문화관' 전망이 새로운 교회 공동체를 위한 작은 발판이 되기를 기대한다.

99+1=100

김명희

　얼마 전 우연히 EBS〈위대한 수업〉을 시청했다. 그날 『호모 데우스』와 『사피엔스』로 잘 알려진 이스라엘 예루살렘대학교 역사학과 교수 유발 하라리가 '민주주의'에 대해 강의하고 있었다. 하라리 교수는 그동안 내가 알고 있던 민주주의에 대한 고정관념을 깨는 말을 하고 있었다.

　나는 TV 앞에 바싹 앉아 귀를 기울였다. 그것은 '투표'에 관한 내용이었다. 요즘 대통령선거로 나라가 떠들썩한 터라, 더 관심이 갔다.

　하라리 교수는 많은 사람이 선거만 하면 민주주의라고 하는데 그렇지 않다는 것이다. 51%의 사람들이 표를 던진 정당이 정부가 되면 그게 민주주의라고 생각하는 데 그렇지 않다고 강변했다. 그는 사람들이 민주주의를 잘못 인식하고 있다며 우려했다.

　"국민의 99%가 나머지 1%를 강제수용소에 끌고 가서 죽이라고 투표하는 건 민주주의가 아닙니다. 국민 51%가 나머지 49%의 투표권을 박탈하라고 투표해도 민주주의가 아닙니다. 진정한 민주주의란, 모든 시민에게 보편적 자유와 기본적 권리를 보장해 주는 것입니다. 다수의견뿐 아니라, 소수의 의견도 존중해야 하는 것이 민주주의입니다."

　그 날 나는 하라리의 민주주의에 대한 정의를 듣고 눈이 번쩍 뜨였다.

그것은 내가 교회 생활을 하면서 평소에 생각해 오던 것과 일치했기 때문이다. 누가복음 15장 1~7절 〈잃어버린 한 마리 양〉의 비유가 생각났다. 예수는 바리새인과 서기관들에게 말한다.

"너희 중에 어느 사람이 양 일백 마리가 있는데 그 중에 하나를 잃으면 아흔아홉 마리를 들에 두고 그 잃은 것을 찾도록 찾아 다니지 아니하느냐."(눅15:4) 이어서 예수는 "죄인 하나가 회개하면 하늘에서는 회개할 것 없는 의인 아흔아홉을 인하여 기뻐하는 것보다 더하리라."(눅15:7)고 덧붙인다.

예수는 들에 있는 99마리의 양보다 잃어버린 1마리 양을 찾는 일이 더 중요하다고 역설한다. 99에 1을 더하면 100이다. '100'은 완전을 상징하는 수다. 100이 되려면 어느 한 수라도 없어선 안 된다. 예수는 완전한 구원의 수 '100'을 알았기에 '1'을 찾아 나선 것이다. '한 마리 잃은 양을 찾은 후 벗과 이웃을 불러 함께 즐겼다.'라고 성경은 전한다.

오늘날 한국교회는 어떠한가? 교회는 '우리(교회)' 안에 있는 99마리 양을 보며 만족해한다. 1마리 잃은 양에 대해선 무관심하다. 배금주의로 세속화된 교회를 보고, 복음의 길과 멀어진 목사를 보고, 권력을 휘두르는 장로를 보고 상처받고 실망해 떠나는 1마리 양을 붙들 생각이 없다. 왜일까?

교회는 1마리 양이 없어도 예배당 건물은 커지고 헌금은 쌓이고 교인은 저절로 찾아온다고 믿어서다. 1마리 양이 없는 교회가 완전한 교회일까? 1이 빠진 99로만 100이 될 수 있을까? 500년 전 교회가 99로 만족했을 때 교회는 서서히 몰락하였다.

1517년 루터가 비텐베르크 성채 교회 문에 95개 조 반박문을 붙이며, 교회는 다시 일어설 수 있었다. 일개 수사 한 명의 작은 소리가 교회를 개혁의 길로 들어서게 했다. 사제(99)가 아닌 소외된 신자(1)에게 신앙의 자유가 주어졌고, 만인이 제사장이 되는 '100'의 교회로 재탄생할 수 있었다.

지금 한국교회는 500년 전 교회처럼 몰락의 길에 들어섰다. '소수'의 신자가 교회를 향해 외치는 개혁의 소리를 외면하고 있다. 교회 밖 '1'마리 양을 찾는 일이 교회의 사명임을 잊고 있다. 이제라도 '99'에 '1'이 더해져야만 온전한 '100'이 된다는 진리를 교회가 깨달아야 한다.

2030 세대와 교회 리더십

김승호

지역교회에서 리더십에 해당하는 중직자 그룹은 보통 5060 세대가 주를 이룬다.

이 연령대가 다수인 교회에서는 40대라 해도 별 존재감이 없고, 2030 세대는 그야말로 교회물정(?) 모르는 햇병아리에 불과하다. 역사가 오래된 교회일수록, 가족 혹은 친족 중심의 교회라는 특징을 가진다. 이런 교회는 가족이나 친족이 교회 내의 작은 그룹이 되어 교회 전체 분위기나 의사결정에 결정적인 영향을 미친다.

가족이나 친족은 수직적 인간관계를 특징으로 하고 있다. 웃어른이 한 말씀 하면 상대적으로 서열이 낮은 이들은 토를 달지 않고 그대로 따르는 것을 당연시한다. 이런 분위기의 교회에 새 신자가 들어오면, 그 역시 기존의 수직적 인간관계라는 체계에 자연스럽게 편입된다.

문제는 이러한 수직적 인간관계가 고착된 교회에서는 교회의 중요한 의사결정에 있어 해당 분야의 전문적인 견해나 합리적인 토론이 들어설 자리가 없다는 사실이다. 이미 상명하복의 분위기가 형성되어 있기 때문이다. 교회의 대사회적 신뢰도가 바닥을 치고 있는 마당에, 여전히 교회가 전도와 부흥에 힘쓰고 있지만, 현재로서는 상황이 역전될 가능성이 크지 않아 보인다.

교회 내 폐단을 진리 수호라는 이름으로 미화시켜 폐쇄적인 구조를 강화한다면, 향후 교회는 더더욱 세상에서 고립된 외로운 섬으로 남을 가능성이 있다. 교회에서 이런 분위기를 주도하는 세력은 당연히 교회 리더십에 속하는 이들이다.

오랜 신앙경력에다 교회 문제에 있어서라면 전문가라 자처하는 소위 교회 베테랑들이다. 그들은 목사일 수도, 장로일 수도, 혹은 안수집사나 권사일 수도 있다. 교회 문제에 대한 그들의 전문성은 자신들의 오랜 목회 경험이나 신앙 경험에서 비롯된다.

그들이 보기에 '요즘 애들'이 어떤 사안에 대해 진지하게 말하면 이렇게 대답하곤 한다. "그런거 우리 젊을 때 다 해 봤어! 쓸데없는 짓이야!" 그들은 이미 정답을 갖고 있다. 이런 분위기에서 '요즘 애들'은 그들과 대화할 필요를 느끼지 못한다. 대화 자체가 안 된다고 생각하기 때문이다.

교회 리더십이 자신들의 경험만을 의지한 채 젊은 연령대와 수평적 관계에서 대화하려 하지 않는다면, 한국교회의 미래에 관해서는 더 논할 필요조차 없다. 흔히들 문화를 가리켜 복음을 담은 그릇이라고 말한다. 그릇은 계속 씻어야 한다. 씻지 않으면 더러워지기 때문이다.

그러므로 이미 형성된 교회 문화는 계속 건설적인 비판의 대상이 되어야 한다. 보존할 것은 보존하고, 수정할 것은 수정하고, 폐기할 것은 폐기해야 한다. 이 과정을 통하여, 교회 문화는 더욱 복음을 밝히는 그릇으로 제 기능을 발휘할 수 있고, 교회 전통의 발전적 계승을 이룰 수 있다.

이미 형성된 교회 문화에 대한 건설적 비판은 교회 내의 세대 간 대화에서 비롯된다. 아무리 중시하는 교회 전통이라 해도, 젊은 세대가 거기에 별 관심이 없다면, 머지않아 그 전통은 옛날얘기로만 남게 될 것이다. 최근 교회 안팎에서 2030 세대가 화두로 떠올랐다. 반면 교회에서 2030 세대는 점점 줄고 있다. 그들은 웬만하면 교회 어른들과 대화하려 하지 않는다.

자신들에게 다가오는 교회 어른들을 별로 환영하지도 않는다. 왜? 그들은 이미 가정에서 교회 어른의 일원인 자신들의 부모와 소통 불가능을 경험한 터이기 때문이다. 그들의 부모가 중직자일수록 이런 경향이 있다. 이게 바로 교회에서 세대 간 소통이 어려운 이유다.

그러므로 이제부터라도 교회 리더십은 2030 세대, 즉 '요즘 애들'이 교회에서 눈치 보지 않고 자신들의 생각을 피력할 공간을 허해야 한다. 다소 어설퍼 보이더라도, 때로 이해 안 되는 부분이 있다 해도, 그들이 마음껏 세상과 교회와 신앙에 대해 건설적인 비판의 칼을 휘두를 자유를 허해야 한다.

그들은 어설픈 존재만은 아니다. 내일의 한국교회를 이끌어 가야 할 주역들이다. 그들이 교회에서 이성적 토론과 합리적 의사결정과정, 그리고 세대 간 소통을 몸으로 익히지 못한다면, 우리 사회를 선도하는 내일의 한국교회를 기대하기란 힘든 일이다.

이제 우리 사회에서 2030 세대는 정치 경제 사회 문화 모든 영역에서 핵심세대로 떠올랐다. 하지만 그들은 교회에서만큼은 여전히 주변인에 불과하다. 교회에서 그들은 양육의 대상이지만, 어떤 영역에서 그들은 교회 리더십의 선생이다. 코로나 시대에 5060 세대가 교회 온라인 사역의 주역이라는 말을 들어본 적이 있는가?

솔직히, 2030 세대의 도움이 없었더라면, 한국교회는 더 큰 혼란의 소용돌이에 빠져들었을 것이다. 교회 리더십은 그들을 단지 양육의 대상만으로 여겨서는 안 된다. 협력의 대상이요, 때로 그들은 교회 리더십의 선생으로 수용해야 한다. 흔히들 말하는 '패러다임의 전환'은 2030 세대에 대한 이런 인식의 전환에서 시작된다.

"개신교 목사는 교도권을
행사할 수 없다."

박충구

사순절 기간, 저마다 소욕을 멀리하고 십자가를 향하신 주님을 묵상하며 지내야 하는 절기다. 이 절기에 우리는 대선을 치렀다. 이번 대선 기간, 한쪽에서 목사들이 모여 이 사람을 지지한다고 선언하고, 저 쪽에서는 다른 이를 지지한다고 선언하는 모습을 보여 흡사 목사 집단이 대선 후보 지지 패싸움을 벌리는 것과 같은 모습을 보였다. 보기에는 흉해도 이 정도면 그럴 수도 있겠다고 생각한다. 정치적 견해가 달라 지지하는 이를 달리 할 수도 있기 때문이다.

그러나 그저 지나칠 수 없는, 보다 심각하고 치명적인 문제도 있었다. 하나님의 교회가 증오와 혐오를 가르치는 자리로 전락하고 있는 현실도 있었기 때문이다. 심지어 증오와 혐오를 불러일으키기 위해 목사와 장로들이 허위 사실을 카톡으로 퍼 나르는 사례들도 있었다. 목사들 중에는 신도들에게 차별금지법을 반대할 정치가를 지지하라고 설교하는 목사가 있는가 하면, 특정 후보를 지지하면 우리 사회가 사회주의로 전락할 것이라는 근거 없는 공포를 조장하면서 특정 후보를 위해 투표해야 한다고 설교하는 이도 있었다.

우리 한국교회가 아름답게 키워온 신앙의 열성을 일부 목사들이 정치적 선전을 위한 수단으로 전락시켜, 신도들에게 합리적이며 이성적인 판단 능력을 주체적으로 행사할 수 있는 민주시민으로 여기는 것이 아니라, 신도들로 하여금 목사가 원하는 이를 위해 소중한 주권을 행사하도록 교도하는 것은 민주적 가치를 파괴하는 동시에 개신교 목사로서 지켜야 할 목회 윤리를 위배하는 행위다. 심지어 신도에게 거짓 증언으로 특정한 이를 향하여 증오와 편견을 품도록 교사하는 목사들이 있다는 사실은 무엇을 의미하는 것일까?

이런 경향은 지난 날 하나님의 교회를 좌파 공포증에 몰아넣어 빨갱이 몰이의 현장으로 삼거나, 동성애자들을 향한 공포를 부추겨 신자가 성소수자의 인권을 부정하거나 박탈해도 좋다는 어처구니없는 반인권적인 정서를 오염시키는 비신학적인 행태에 이어 나온 것이라고 판단된다. 이런 행태가 만연해지면, 신자들은 목사가 요구만 하면 마치 자기 생각을 버리고 목사의 교사대로 누군가를 혐오하며 증오하는 것이 참된 기독교 신자의 길이라고 오해하는 어처구니없는 일이 벌어지는 것이다.

개신교 목사는 신자의 사회 윤리나 정치적 판단을 교도할 권위를 가질 정도로 거룩한 존재거나, 해박한 지식을 가진 존재가 아니다. 종교 개혁 이전, 가톨릭교회는 신부에게 신적인 우월성을 부여함으로써 미성숙한 신자들을 계몽하고 교도할 수 있는 교도권(teaching authority)을 행사하게 했다. 하지만 종교 개혁자들은 가톨릭교회가 신부에게 부여한 신적 우월성은 성서적 근거가 없다고 판단했고, 성직자를 신자보다 거룩하고 우월한 존재로 여기는 것은 "모든 인간은 하나님의 의에 이르지 못 한다" 기독교 인간론을 위배한 것이라고 판단했다. 따라서 개신교 목사는 신자에게 교도권을 행사해서는 안 된다고 선언했다.

그런데 어찌하여 한국 교회의 개신교 목사들은 신도들에게 정치적 이념에 따라서 한 편을 의로, 한편을 불의로 규정하며 증오와 혐오를 품게

하고, 동성애자를 향하여 차별을 조장하고 이를 마치 기독교 신앙의 과제인양 신도들에게 가르치며, 심지어 민주주의의 꽃이라 할 수 있는 선거에서도 조야한 지식을 동원하여 특정 후보를 지지하도록 교도하는 것인가? 이런 행위는 '인간적인 것'을 '하나님의 것'인 양 오독하게 만들어 기독교 신앙에 대한 신뢰를 위태롭게 하는 짓이다.

성과 정치, 사회 문제, 환경위기, 그리고 교육 등등에 관한 교회적 합의는 성직자의 단견에 복속하는 교도의 과제가 아니라, 합리적이며 열린 토론 과제가 되어야 한다. 그래야 한국 교회가 보다 성숙한 교회의 지평으로 나아갈 수 있다는 사실을 명심해야 한다. 사순절 개신교 정신에서 벗어난 목회의 오류를 자각하고 참회해야 할 절기다.

코로나 이후 한국교회의 수사적 전략

김윤태

들으면서 기분 나쁜 말이 있다. "기분 나쁘게 생각하지 말고 들어." 논리적으로 생각하면 기분 나빠선 안 되는 말인데 그 말을 듣는 순간 우리는 기분이 나쁘다. 왜냐하면 인간은 항상 논리적으로 소통하는 존재도 아니고, 행동경제학자들이 주장하는 것처럼 항상 합리적인 존재도 아니기 때문이다.

그렇기 때문에 소통하거나 설득할 때 우리는 논리 이외의 것들을 염두에 둘 필요가 있다. 아리스토텔레스는 설득의 3요소가 로고스, 파토스, 에토스라고 했다. 로고스는 논리적 근거를 말하며, 파토스는 감정적 근거, 에토스는 호감이나 윤리, 성품적 근거를 말한다.

아리스토텔레스에 따르면 논리적 근거를 통한 로고스적 소통보다 감정적 근거를 통한 파토스적 소통, 호감이나 신뢰를 통한 에토스적 소통이 더 설득력 있다고 한다. 에토스와 파토스를 잘 활용한 인물이 독일의 괴벨스와 히틀러였다.

그들은 나치 인종주의를 통해 히틀러와 독일 국민들을 하나가 되게 했고, 유대인 혐오를 조장하며 독일 국민들 스스로 나치가 되어 자발적으로 전쟁에 참여하게 하였다. 러시아의 우크라이나 침공에도 불구하고 푸틴 지지율이 83%가 넘는 이유도 따지고 보면 네오나치즘과의 전쟁을 명분으로 내세운 푸틴의 파토스와 에토스적 대중 선동 전략 때문으로 볼수 있다.

현대 선거전략에도 이런 설득기법이 잘 활용되고 있는데, 지난 20대 대통령 선거전에 이런 전략적 차이가 돋보였다. 예를 들어, 이재명 후보의 선거공보물은 마치 보험 카탈로그를 보는 듯한 느낌이 들었다. 어떤 성과를 냈는지, 어떤 성과를 낼 것인지, 조목조목 열거하며 철저하게 논리와 사실에 기반한 로고스적인 접근이 두드러졌다.

이와 달리 윤석열 후보의 선거공보물은 마치 여성잡지를 읽는 느낌이었다. 감성을 자극하는 파토스적 화법, 이웃집 아저씨 같은 연출을 통한 에토스적 화법으로 대중을 공략했다. 젠더 갈라치기나 지역주의 자극, 문재인 정권으로부터 탄압받는 피해자 코스프레 전략도 대중을 분노케 하며 지지층을 결집시키는 아주 효과적인 파토스, 에토스적 설득전략이었다.

인간은 합리적인 존재가 아니라 합리화시키는 존재다. 이재명 후보 아내의 법인카드 사용에 대해 독설을 퍼붓던 사람이 윤석열 후보 아내의 주가조작에 대해서는 네거티브 공세라고 항변한다. 이렇게 되는 이유는 이재명 후보가 틀리고 윤석열 후보가 옳아서가 아니라, 윤석열 후보가 내 편이라고 생각하기 때문이다. 내 편은 항상 옳은 법이다.

인간은 옳기 때문에 선택하는 존재가 아니라, 내 편이기 때문에 옳다고 생각하는 존재다. 파토스나 에토스적 설득전략이 효과적인 이유가 바로 여기에 있다. 그런 면에서 코로나 이후 한국교회의 소통방식도 조금 달라졌으면 좋겠다. 선거든, 전도든 설득하려면 옳고 그름을 따지기 전에 먼저 같은 편이 되도록 노력해야 한다.

같은 편이 되면 나라를 팔아먹어도 표를 주는 것이 인간이다. 불행히도 지금까지 한국교회의 소통전략은 지극히 로고스적인 화법이었다. 대중을 감동하게 하거나 그들의 편이 되는 것보다 무엇이 옳은지, 무엇이 진리인지를 설명하는 데 더 주력했다. 설상가상 코로나 팬데믹을 거치면서 한국교회의 신뢰도가 많이 떨어지고 말았다.

정부 방역 지침에 대립각을 세우기도 했고, 온갖 정치 현안에 일부 보수 기독교도들은 태극기와 성조기, 십자가를 들고 광장에서 시위까지 벌였다. 그때마다 언론에 비친 교회의 모습은 그리 호의적이지 못했다. 이런 상황에 사회적 거리두기 지침이 완전 해제되었고, 이제 한국교회는 교세회복을 위한 다양한 전략들을 구상하고 있다.

이럴 때 다시 이전처럼 성경의 진리만을 설명하려고 한다면 과연 그 누가 그 진리를 진리로 받아들일 수 있을까? 사기꾼의 진실을 누가 믿겠는가? 마찬가지로 한 번 신뢰를 잃은 교회의 메시지를 과연 누가 진리로 믿어줄 것인가? 거짓을 전하는 것도 나쁘지만, 진리를 전하는데 그 진리가 거짓처럼 여겨지는 것은 더 불행한 일이다.

설득에 있어서 논리보다 더 중요한 것은 감동을 주는 것이다. 감동을 주는 것보다 더 중요한 것은 내 편이 되게 하는 것이다. 그런 면에서 코로나 이후 한국교회는 파토스와 에토스적인 화법을 통해 대중에게 다가갔으면 좋겠다.

만유 안에 계시는 만유의 주

김은혜

　오슬로 평화연구소에 따르면 지난 팬데믹 2년간 코로나로 숨진 사람이 1950년 이후 전쟁에서 사망한 사람의 수와 유사하다고 합니다. 보이지 않는 바이러스는 인간의 생명뿐만 아니라 인류 문명 자체를 위협하고 전쟁 같은 죽음의 행렬을 계속 진행시키고 있습니다. 이것은 인간이 결코 세계의 중심이 아니며 온 우주는 촘촘히 연결되어 있다는 것을 깨닫게 합니다.

　2년을 훌쩍 지나 아직도 계속되는 팬데믹을 겪는 지구는 하나님께서 강력하게 경고하시는 계시의 현장입니다. 코로나의 엄청난 충격 앞에서 여전히 교회는 기후위기에 대한 관심은 미미한 수준입니다. 창조세계 회복에 대한 생태설교나 미래 세대를 위한 다채로운 기독교 교육이 이루어지는 교회 공동체를 찾기가 쉽지 않습니다. 이처럼 강력한 하나님의 경고 앞에서도 왜 많은 교회와 신자들은 생태파괴와 기후 위기의 문제들에 아직도 소극적이거나 무관심할까. 우리는 하나님 앞에 진지하게 묻고 새 길을 찾아야 합니다.

　로마서 8:19-22의 말씀대로 피조물은 다 이제까지 함께 탄식하며 고통당하고 있으며 모든 피조물들은 하나님의 아들을 간절히 기다립니다. 이처럼 하나님께서는 온 피조물을 위해 지구의 한 부분이 되셨고 지구 생명공동체의 한 구성원이 되셨습니다. 이 세계는 죄 많은 세상, 타락한 세계가 아니라 인간의 탐욕과 죄로 파괴된 하나님의 아름다운 창조세계입니다.

인간은 바로 이 아름다운 땅과 하늘, 그리고 바다와 산에 속한 소산을 먹음으로 살아갑니다. 우리는 단 한순간도 물질적 환경과 생태적 환경을 떠나서는 존재할 수 없는 나약한 존재들입니다. 그러나 인간은 만물과 함께 이루어가는 하나님 나라를 꿈꾸는 능력을 상실했습니다. 하나님께서 만드신 창조세계 안에서 하나님을 인식하며, 그분의 영광과 위엄을 고백하는 성서의 소중한 전통을 잃어버렸습니다.

팬데믹은 인간에게 혼자서 생존할 수 있는 길이 없음을 일깨워주었습니다. 따라서 인간은 만유의 연결망의 한 부분으로, 하나님께서 창조하신 피조세계의 신적 기원을 깨달아 하나님의 능력과 신성에 감탄하며 이 세계를 애써 돌보아야 합니다. 만물의 소생을 위한 삶의 결단과 생명 경외의 실천은 인간이 더욱 하나님의 깊은데로 나아갈 수 있는 비결이 됩니다. 또한 창조세계의 회복을 위한 우리들의 사랑의 실천을 통하여 신음하고 혼돈에 빠진 만유를 회복시키시는 만유의 주, 예수 그리스도의 능력을 경험할 것입니다.

종교 중독을 방조하는 한국교회

박성철

한국교회의 종교중독이 심각하다. 종교중독이란 '종교 행위, 종교 집단, 종교 지도자 등 종교의 제반 요소에 통제력을 상실할 정도로 강박적으로 집착하는 현상'을 의미한다. 종교중독은 종교의 본질적 요소를 외면한다는 점에서 종교의 왜곡 현상이다. 여기서 우리는 질문을 던질 수밖에 없다: '왜 공교회성에 기반한 교회를 고백하는 한국교회의 그리스도인이 종교중독에 빠지게 되었는가?'

다양한 신학적 혹은 종교 사회학적인 분석이 가능하겠지만, 그 가운데서 절대로 빠뜨릴 수 없는 원인 중 하나는 바로 '성장지상주의에 의한 가치체계의 왜곡'이다. 한국교회 내 성장지상주의는 교인 수의 증가와 같은 교회의 양적 성장을 기독교 신앙의 최고 가치로 상정하고 이를 위해 교회의 모든 재원을 사용하는 현상을 의미한다. 이는 한국교회가 경제 성장을 인간의 삶에 있어 최고의 가치로 상정했던 산업 사회의 이념을 무분별하게 받아들인 결과이다.

혹자는 '한국교회 내 성장지상주의가 정말 문제인가?'라고 질문을 던질 수도 있다. 필자의 대답은 교회의 양적 성장이 하나님 나라의 확장을 위한 유일한 길이라고 가르치는 왜곡된 가치체계를 정당화한다는 점에서 성장지상주의는 심각한 문제이다. 초기 기독교 공동체(행 1:12~13)가 예루살렘에 형성된 이후, 신약성서의 어느 구절도 교회의 정체성을 양적 성장과 연관하여 설명하지 않았다. 또한 복음의 선포는 사람들을 교회 공동체에 많이 불러 모으기 위해서가 아니라 예수께서 제자들에게 "분부한 모든 것을 가르쳐 지키게"(마 28:20) 하기 위한 것이었다.

한국교회 내 성장지상주의는 지금까지 종교중독의 문제를 심화하였다. 성장이 교회의 존재 이유가 되어 버린 한국교회에서 이를 위한 강력한 형태의 지도력은 필수적인 요소였는데, 이는 종교적 권위에 기반한 것으로 막스 베버(Max Weber)가 정형화한 카리스마적 권위에 기반한 지도력이었다. 그 결과 교회의 재원들은 효율화의 가치에 종속되었고 교회의 다양성은 획일화를 위해 파괴되었다. 담임목사와 같은 종교 지도자에 대한 우상화 혹은 절대화가 촉진되는 가운데 종교중독은 한국교회 전반으로 퍼져 나갔다. 하지만 성장지상주의에 기반한 번영신학에 종속되어 있었던 한국교회는 이를 제대로 성찰하지 못했다.

중독의 특성상 중독에 빠진 이들은 스스로 문제를 해결할 수 없다. 그래서 보다 포괄적인 시각을 통해 교회 내 종교중독의 문제를 해결할 수 있는 교단 차원의 노력이 필요하다. 하지만 오늘날 한국교회의 보수 교단들의 경우, 이해관계 혹은 이권에 의해 조직이 좌지우지되다 보니 그 역할을 제대로 감당하지 못하고 있다. 개인적인 경험에 따르면, 이권에 영향을 받는 교단 조직은 종교중독으로 인해 무너지고 있는 교회들의 문제를 더욱 복잡하게 만든다. 종교중독으로 인해 몰락의 기로에 서 있는 한국교회의 현실을 직시한다면 오늘날 그리스도인은 작은 이권에 집착하여 현실을 외면해서는 안 된다. 맛을 잃은 소금은 "아무데도 쓸 데가 없어서 밖에 내버려 사람들에게 짓밟힐" 뿐이다(마 5:13).

의도적 허비

김승호

오늘날 목회자는 '바쁜' 사람으로 인식되고 있다. 실제로 상당수 목회자는 일주일 내내 바쁜 일정을 소화하고 있다. 이렇게 바쁘다 보니, 목회자마다 시간 사용에 있어서 효율성을 진지하게 생각한다. 목회 활동에서 효율성은 물론 중요하다. 그러나 효율성의 극대화만을 추구하다 보면, 치명적인 부작용이 초래될 수 있다. 그것은 목회자에게 기본적으로 요구되는 자질인 한 영혼에 대한 사랑이 약화되고, 사람을 무리나 집단으로 보는 경향이 강화된다는 사실이다.

오늘날 우리 주변에는 교회 성장의 주역으로 주목받는 목회자 중에서도 개인적으로는 냉담한 인간으로 평가받는 목회자가 있다. 그것은 그가 성공적인 사역자라는 평가를 받으면서도 한 영혼에 대한 사랑이 식은 때문이 아닐까? 스스로는 고귀한 하나님의 사역을 수행해 왔다고 자부할 수도 있을 것이다. 하지만, 그런 그의 자부심은 자신과 성도들을 바쁜 상황 가운데로 몰아넣으면서, 자신과 성도들을 자신의 목회적 능력을 인정받기 위한 하나의 수단으로 여긴 결과일지도 모른다.

목회자는 바쁜 상태 자체가 마치 자기 능력의 표시인 양 여기는 문화에서 벗어나야 한다. 모든 것이 바쁘게 돌아가는 시대에, 목회자는 의도적으로 '시간적 여유'를 가질 필요가 있다. 바쁜 환경에서는 스스로를 진지하게 대면할 수 없고, 진정한 영성도 주어지지 않기 때문이다. 바쁨은 열정의 표시일 수 있지만, 지나친 바쁨은 잘못된 탐욕의 표시일 수 있다. 구약에 나오는 안식일, 안식년, 희년 개념은 바쁜 상황 속에서 허덕이는 현시대의 탐욕에서 벗어나 여유와 쉼, 숨 고르기의 환경으로 우리를 초대한다.

목회자는 시간 사용에 있어 '의도적 허비' 개념을 실천할 필요가 있다. 이 개념은 타인의 필요를 위해 의도적으로 시간을 비워놓는 것을 의미한다. 이는 자신에게 주어진 '시간' 역시 온전히 자신의 것이 아니라, '하나님으로부터 잠시 부여받은 것'임을 고백하는 신앙 고백적 행위이다. 하나님이 원하시면 언제라도 자신의 시간 계획을 수정하거나 변경할 수밖에 없는 존재임을 겸손히 하나님 앞에 인정하는 모습이다.

그런 점에서, 촌각을 아껴 바쁘게 사역하는 목회자일수록, 시간 사용에 있어 '의도적 허비' 개념을 실천할 필요가 있다. 그것은 탐욕으로부터 자신을 지키는 중요한 결단이기 때문이다. 이는 아무리 바빠도 기도 시간을 실천하는 것이 목회자에게 근본적으로 중요한 것과 같은 이유이다.

사도행전 16장에는 사도바울이 아시아에서 복음을 전하려 했지만, 성령께서 이를 막으시고 마게도냐로 인도하시는 내용이 나온다. 목회자 역시도 스스로 심사숙고한 시간 계획이라 해도, 그것은 그 자체로 완벽한 것이 아니다. 때로는 바울처럼, 자신의 시간 계획이 하나님의 뜻과 배치될 수 있다.

그런데 목회자는 예기치 않게 자신의 시간 계획이 틀어질 때, 상당한 분노를 표출하는 경우가 있다. 스스로는 자신이 세운 시간 계획이 하나님의 영광을 위한 것이었다고 말하지만, 이런 분노의 표출은 자신의 시간 계획을 절대화하는 증거가 아닐 수 없다. 자신의 시간 계획과는 다른 상황에 직면할 때, 그 상황에서 목회자는 자신을 향한 하나님의 뜻이 무엇인지를 진지하게 성찰할 필요가 있다. 때로는 내가 세운 시간 계획과

다르게 전개된 하루가 더더욱 하나님의 뜻을 이루는 데 쓰임 받는 하루
가 될 수 있기 때문이다.

시대의 벽

대결

II

"책 제작을 위해 후원해주신
주하늘교회(이정원 목사)에
감사드립니다."